倾盖如故

人物研究视角下的近世东亚海域史

王鑫磊　著

復旦大學出版社

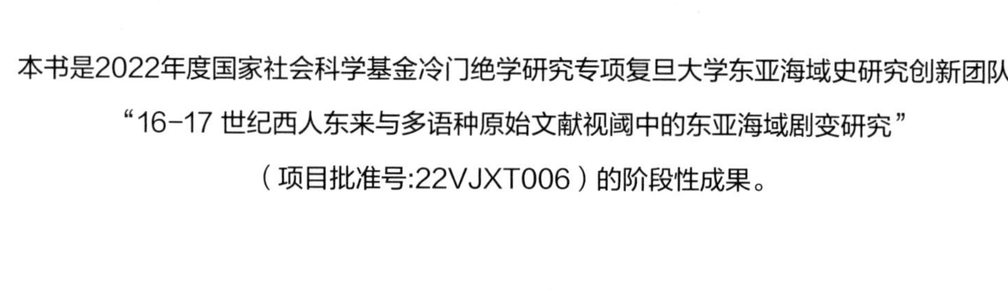

本书是2022年度国家社会科学基金冷门绝学研究专项复旦大学东亚海域史研究创新团队

“16-17 世纪西人东来与多语种原始文献视阈中的东亚海域剧变研究”

（项目批准号:22VJXT006）的阶段性成果。

目　录

白头如新　倾盖如故（代序）

我近年来在专注于东亚海域史研究的过程中，对人物研究的兴趣日益高涨，究其缘由，一方面是感觉做关于人的研究，材料更容易具体地把握，论述更能够言之有物，呈现出来的内容也更加生动鲜活；另一方面，也是因为我始终认为，人是一切历史的前提和基础，从关注作为个体的人，可以由点及面地扩展到一定的群体、一系列的事件，由微观入手，最终能够达到对于一种思想趋势、一个时代背景等宏观面向的把握和理解。

当然，人物研究的正确展开方式，应当是以人物个体为聚焦点和出发点，不断去丰富和拓展其与自身以外各种要素的连接，将其置于一个复杂的周边系统中去考察，而决不能将其与外部世界割裂开来，仅仅就其自身谈其人、就其想法谈思想，这种孤立式的人物研究，对我们认知和理解历史，可以说并没有太大的价值。做好人物研究的第一步，必然要从重视和关注人与人的互动开始。有了人的互动，才会产生事件，诞生思想。没有人是一座孤岛，同样的，所谓历史，即便不都是大陆和大洋的宏伟结合，至少也应是一片群岛间的守望相助。

因为对人物研究情有独钟，我自然就会关注到更多人与人交往的历史场景。人与人的交往，贵在相知。若干年前，我读朝鲜王朝时期学者朴趾源的《热河日记》，其中有“倾盖录”一章，起初不知“倾盖”之意，朴氏于文中提到：“古语有之，白头如新，倾盖如旧，自一语以上，收为《倾盖录》。”查之，乃知“白头如新，倾盖如故”语出《史记·鲁仲连邹阳列传》，原文为：“谚曰：有白头如新，倾盖如故。何则？知与不知也。”大意是说，这人和人的关系，有的就算相处了一辈子，等到头发花白四目相对之时，竟发现彼此并不真的了解对方，就像新近相识一样；而有的即便只是坐车在大街上因车盖相碰首次搭话，言语相谈间便觉彼此相知，好似故人旧识，甚至引为知己。

朴趾源化用了“倾盖如故”的俗语作为标题，将自己当年在热河遇到的有过交流的人物，都记录在自己的日记之中。被他记录在册的有这样一些名字：王民皞、郝成、尹嘉铨、敬旬弥、邹舍是、王鹄汀、奇丰额、汪新、破老回回图、胡三多、曹秀先、王三宾。这些人中，有官员（有文官，也有武官）、举人、小儿、仆从，有汉人、满人、蒙古人，甚至有祖上是朝鲜人的满人，他们虽然身份地位、年龄、族属各异，但都留在了朴趾源的记录中。按朴氏所言，只要和他有过“一语以上”，凡是搭过话的，就都记录下来了，显然这个门槛是极低的。当然，朴趾源的具体记录内容是还有详略之别的，交流内容越多的，相应记录也越多。

朴趾源的《倾盖录》，是一种很有意思的人物研究的材料。一是它反映出了历史上一种跨国人员交往的场景。二是它所记述内容的进入门槛较低，并没有很强的取舍性，通常事无巨细，均做记载，会留下较多细节性的资料，就人物研究而言，这就更容易保留下一些底层人物，或者说“小人物”的记录。这类材料往往会因其稀缺性而成就其史料价值。

我们还可以再进一步思考一个问题，朴趾源作为一名朝鲜的知识分子，为何能够在身处热河短短六日的时间内，结交如此多身份各异的清朝人士，且和他们都进行了程度不同的交流。我们知道，人与人的交流是需要有前提的，至少要有两个条件，一是交流意愿，二是技术条件。当时，技术条件比较容易解决，因为大家都写汉字，用笔谈方式交流即可。而就交流意愿而言，从朴趾源的例子中我们看到，他主观上愿意和任何身份的清朝人进行交流，抱持着一种非常开放的态度。相应地，凡与他交流的清朝方面的人士，也都不对外国人有拒斥的心态。但话又说回来，朴趾源某种程度上算是比较特殊的朝鲜知识分子，因为我们同时能够看到，当时也有相当一部分朝鲜知识分子，因为一种"尊明蔑清"的心态，是相对保守和不愿与清朝人过多交流的。

对于"白头如新，倾盖如故"这样一个出自中国古代文献中的谚语，当代中国人应该都很少知道其意涵了吧，但是在二百多年前，朴趾源这样的朝鲜知识分子那里，却是当做不言自明的典故来用的。用这句话来形容"一见如故"式的朋友之交的情况，在朝鲜时代文人笔下可谓比比皆是。

朝鲜时代诗人李达（号荪谷，1539—1612）曾写过这样的诗句："新知乐，反胜旧知恶，白头如新霜。倾盖若旧欣相识，杨山客里晚得君。"赵翼（1579—1655）为友人安邦俊（1573—1654）所写祭文中有"倾盖如旧，昔人所美。意气相合，今古一揆"之句。权克中（1585—1659）给友人郑斗卿（1597—1673）的诗集题序，开篇便写道："古人云：'倾盖若旧。'交在知心，既知一见即亲，何必久也，此所谓'倾盖若旧'者也。"

朝鲜士人洪良浩（1724—1802）在《答宋德文书》中写道："古语云：白头如新，倾盖如故。盖言友之云乎，不在面而在于心耳。仆与足下俱白头矣，始于今夏相见于他席，则所谓白头而倾盖者也。人有玄首而识面，白头而不知心者。今吾辈识面于白头，而许交于倾盖，新而如故，又非昔人之比也。"

任守干（1665—1721）的《东槎日记》中记录朝鲜通信使赵泰亿（1675—1728）与日本学者新井白石（1657—1725）的笔谈，二人均用“倾盖如故”来形容该次会面。新井白石写道：“古人谓‘倾盖如故’，仆与诸贤，生于万里之外，会于一堂之间，真天数而已。一别之后，幸赐东望相思。”赵泰亿回答：“古语云‘倾盖如故’，若一笑莫逆，何论疆域之异同。今日之会一堂笑谑，真两国交欢以来，不易得之事也。肝胆相照，浑忘楚越之远隔。”

洪大容(1731—1783)写给清朝友人潘庭筠的寄别诗中写道：“是日霜风扑窗鸣，新知未洽还离愁。从古倾盖如旧识，出门握手情悠悠。”1828 年出使到北京的朴思浩，曾记载自己与清人蒋铁的笔谈，其间蒋铁写道：“十年以长则兄事之，况长我十三，多承谬奖，令人汗颜。古人云‘白头如新，倾盖如旧’，正谓吾两人道也。百年之间，得一知己足矣。”

由上述事例，我们看到了“倾盖如故”这样一种人际交往过程中的特殊状态，同时我们也看到，这样一种特殊的状态，并不仅仅反映在本国人之间，在当时的中、朝、日三国知识分子的跨国交往过程中，也同样有所表现。人与人的相识，往往由一些在外的客观条件所致，而彼此之间的相知，更多是由人的主观感受所决定的。“倾盖如故”的意涵，从源头上来看，就是在强调“知”的层面。那么，人与人彼此相知的感受，要如何才能达到呢？相似的文化背景、相近的认知水平和共同的兴趣爱好等，大概是最基本的前提。

近年来，我的研究领域有一定拓展，在原先重点关注中韩关系、朝鲜半岛历史问题的基础上，开始有意识地去触碰一些与日本相关的内容。在此过程中，又有幸与身边的同事、学友们一起，组建起一个以“东亚海域史研究”为共同旨趣的学术团队，我在参与团队学术活动的过程中受益良多，特别是在补齐原本缺失的日本这一块拼图的方面，可以说是达到了事半功倍的效果。而以“东亚海域史研究”为学术取向，也让我感到更有助于实现自身的学术理想。

当然，学术理想是一方面，踏踏实实、一步一个脚印的具体研究工作才是累台之基。以我做研究的习惯，并不擅长先制定宏大的研究计划，然后按部就班地执行。相反，我总是喜欢零敲碎打，全凭自己的兴趣，去做一个个的个案研究，用俗话说就是"打一枪换一个地方"。再加上我偏爱做人物研究，所以这些年累积下来的研究成果，基本上就是一堆的人物故事。

当我回过头去审视这些人物和故事的时候，发现了一个有意思的现象：我研究过的这些人物，都是东亚国家的历史人物，他们每个人都有一个确定的国家属性，或者是中国人，或者是朝鲜/韩国人，或者是日本人，但是我对他们的研究所涉及的内容，在空间上却无不关涉到两个以上的东亚国家。正如我之前所说，我没有设计研究计划的习惯，所以这些人物并非刻意选择出来的，那么这样的结果，大约只能归因于巧合。但是细想之下，我意识到，这一看似偶然的结果，其实并非没有必然的逻辑。

任何个人，都是身处在他所生活的时代环境当中的，在近世东亚的历史上，中国、朝鲜半岛、日本三者，总体处在一个你中有我、我中有你的密切关联状态中，因此不难想见有大量的人群是活动在国与国互动的场合中的。作为一名在研究取向上努力跳出"一国框架"，将研究视野扩展至东亚"整体区域"的研究者，我的问题意识和材料偏好，最终决定了我选择的研究对象必然具有的前述特质，即以一国国民的身份，关涉到多个国家的历史。

本书的目的，是希望集中地将一些特殊人物的故事呈现出来，展现一个在过去曾经是那么密切地联系在一起的东亚世界，并通过介绍这些以往较少被提及的人物和历史事件的细节，丰富和完善读者对于东亚海域历史的认知和理解。以下先对本书中登场人物及相关故事做一素描式简介。

箕子，明确见于中国史书记载的历史人物，被孔子尊称为“殷末三仁”之一，商亡后不臣于周，“走之朝鲜”，被认为建立了朝鲜半岛历史上第一个国家政权——箕子朝鲜。箕子的故事在朝鲜半岛流传甚广。高丽王朝时期，半岛上出现了诸如箕子墓、箕子庙等纪念性历史建筑。本书关于箕子的故事，主要围绕自高丽王朝至今箕子墓历史变迁的相关情节展开。箕子墓历史变迁的背后，反映出的是朝鲜半岛民众对于箕子这样一个来自中国的文化符号从接受、拥抱到摒弃、遗忘的思想过程。

平道全，生卒年不详，是一名出生于对马岛的日本人。1407年，他投效于朝鲜王朝政府，成为一名“向化倭人”。为朝鲜王朝服务期间，他一方面发挥海军指挥的特长，为朝鲜王朝护卫海防；另一方面也在朝鲜与日本外交场合起到积极作用。1419 年，朝鲜王朝以讨伐倭寇为名发兵日本对马岛，史称“己亥东征”，平道全在战役前夕被问罪流放。从平道全这一历史人物身上，我们可以看到 15 世纪初期朝鲜和日本关系的特殊面貌，包括以“向化倭人”形式表现出来的人员流动、朝鲜王朝与对马岛的关系等。不仅如此，其中反映的倭寇相关情况，不仅限于朝日之间，更能够联系到当时整个东亚海域的倭寇问题。

金诚一（1538—1593），朝鲜王朝时期文臣，1590 年至 1591 年以通信使副使身份出使日本。该次使行过程中，发生了著名的丰臣秀吉致书朝鲜国王事件，丰臣秀吉以国书形式要求朝鲜王朝与其共同进攻明朝。后因朝鲜方面拒绝，1592 年，壬辰战争爆发。金诚一记载当次使行的日记，提示了“秀吉国书”存在的问题，即存在两份内容不同的国书，而真正送到朝鲜国王手中的国书，并非今天我们所熟知的版本。根据金诚一提供的线索和其他史料的佐证，“秀吉国书”曾被改写的事实大体浮出水面。而此个案也提醒我们，即便是所谓的正史记载，也极有可能遮蔽历史的真相。

郑斗源(1581—?),朝鲜王朝时期文臣,1630年奉命由海路出使明朝。1631年,郑斗源回国途中,在登州遇到葡萄牙人陆若汉,后者以包括火炮、自鸣钟等在内的一批西方器物相赠。郑斗源将这批礼物带回朝鲜,进献给国王。这是近世西方器物首次大规模传入朝鲜半岛的事件,但其引发的反响却并不热烈。除了火炮因军事功能稍稍引起朝鲜方面关注外,以自鸣钟为代表的精巧器物被斥为"徒为巧异,无所实用"。与中国方面应对"西器东传"时的表现不同,朝鲜方面的不同反应是由其国内现实的经济状况和整体思想认知水平所决定的。这提示我们,当讨论到近世西方文化进入和影响东亚世界时,还是要具体情况具体分析,不能一概而论。

林庆业(1594—1646),朝鲜王朝时期武将,从低级军官一路成长为重要军事将领。明清战争初期,林庆业曾带领军队积极配合明军对后金的军事进攻,朝鲜王朝投降清朝后,他先是消极配合清朝军队作战,之后又干脆只身前往明朝,投入明军作战。明亡后,他被清军俘虏,并被遣返朝鲜,最后死于狱中。林庆业身死若干年后,因朝鲜王朝"尊周思明"思想盛行,以其效忠明朝的表现被平反且追封。在当下的朝鲜半岛,林庆业是一位民族英雄式的著名历史人物。本书主要展开介绍林庆业在后金攻打朝鲜王朝的"丁卯之役"后,前往平安道任职期间的事迹,这部分内容前人研究较少,但是能够反映出诸多明清鼎革时期东北亚地区复杂的军事、外交互动关系。

黄景源(1709—1787),朝鲜王朝时期文臣、学者。他早年担任史官期间,因从《明史》中考证出崇祯帝曾于1637年清朝进攻朝鲜期间下令出兵援助朝鲜的史事,直接促成了朝鲜王朝将崇祯帝列入大报坛祭祀。他编撰《皇明陪臣传》一书,为在抵御后金的战事中死节的臣子立传,表彰坚守"尊周"大义的朝鲜士人。他还曾计划整理编撰《毅宗皇帝实录》，补全《明实录》之缺，未果。但他完成了另一部重要的作品——《南明书》，这是朝鲜人编撰的首部以南明政权为主体对象写作的专题史书，且似乎也是“南明”一词最早被使用在书名之中的史籍。他在史学领域的成就及鲜明的“尊周思明”立场，令其在晚年成为朝鲜士林公认的学术泰斗级人物。

博明（1721—1789），清代乾隆时期蒙古族学者，文臣，晚年曾参加乾隆帝举办的“千叟宴”，著有《西斋偶得》《凤城琐录》《西斋诗辑遗》《西斋诗草》等，清代正史中无其传记，今人研究有评价其文史兼善，是蒙古族学者中的一代硕儒。博明在中国方面的文献中留存记录有限，但有意思的是，我们却能在同时期朝鲜士人的文字中找到与其有关的丰富记载。这些记载显示，在博明一生中，曾长期且频繁地与朝鲜来华使臣有交游往来，可以称得上是朝鲜燕行使们的挚友。而当我们从朝鲜士人撰著的文集中考证出有关博明的材料时，博明的人物形象也更加丰满起来。博明作为一名蒙古族学者，能够与朝鲜燕行使臣有如此深入的交往，充分体现出当“尊周思明”的影响逐渐褪去，清代中后期中朝之间的思想文化交流进一步走向深入。

卢以渐（1720—1788），朝鲜王朝时期文臣、学者，1780 年随朝鲜王朝燕行使团前往北京，归国后写作了关于该次使行的记录文献《随槎录》。卢以渐是朝鲜王朝历史上的“小人物”，如果没有《随槎录》的存世，他或许根本不会被后人注意到。在卢以渐的《随槎录》中，留下了 6 000 余字的笔谈记录，均是他与清代蒙古族学人博明的笔谈内容。本书除考证卢以渐生平外，主要详细展开分析这部分笔谈的内容，用最为细节的方式，呈现中朝两方的儒学者进行学术思想探讨的真实场景和具体内容，以及了解他们是如何通过这样的交流，达到彼此之间一见如故、惺惺相惜的状态。

本书所涉及的八位历史人物，除了箕子以外，大概都是中国读者鲜有耳闻的，甚至可能都是第一次听说。历史学领域做人物研究，往往面对一个尴尬的局面：对于众所周知的“大人物”们，已经极少有进一步发掘出新内容的空间，而相对来说并不重要的“小人物”，即使有材料可做，能讲出一些新的东西，却往往又在“重要性”的评价指标上达不到一定的高度。我过去也曾在一些场合听到有研究者提出要关注“中等人物”的想法。为了做好人物研究，同行们也真可以说是绞尽脑汁了。而我也不由得会想，我在这里写到的八个人物，究竟算“大人物”“小人物”还是“中等人物”呢？还是说，我干脆不要去管这种“等级分类”呢？我的结论是，先不去管它。

另外，本书在正文之外还附录了一些史料原文，这些史料均是我在开展本书所涉人物研究的过程中收集到的文献资料。由于正文论述的角度和内容有限，这部分资料并没有完全被使用到。但是，它们对于更全面了解这些历史人物，以及与之相关但本书未及论述的史事，同样具有重要的参考价值。因此，我对这些史料进行了点校整理，根据人物主题附录于后。这一方面是为了提醒自己，对于这些人物的研究，仍然还有进一步展开的空间；另一方面，分享这些史料，也是想表达一种看法，那就是人物研究的最终目的，绝不止于介绍人物个体事迹，而是要以小见大，去关注更广阔的历史全景。这些附录的史料所囊括的信息，相信在不同的研究者看来，一定会有不同的利用价值，如果能为同行的研究提供一些史料的线索，亦不失为美事一桩。

对于我研究的每一个人物，我曾经总是不能免俗地试图去赋予它一定的价值和意义，比如讲箕子和箕子墓，就要谈到历史记忆和历史遗忘；讲到平道全和向化倭人，就要谈到国家意识和身份认同；讲金诚一和秀吉国书，就要谈到历史书写和历史真相；讲郑斗源和自鸣钟，就要谈到西器东传和西方的失败；讲林庆业，就要谈到超越国家的天下大义；讲黄景源，就要谈到尊周思明；讲博明，就要谈到超越民族界限的文人交往；最后讲卢以渐，就要去谈小人物的价值和儒学的无国界。但谈归谈了，反复审读几遍之后，德不配位的感觉一遍比一遍明显。

所以，在给自己的这本书写序言的时候，我决定放低对于这本书学术价值的预期，转而寄望其能够起到一些简单而现实的作用就足矣。只要读者读完之后能够知道这些名字，知道他们身上发生的大概故事，当有一天在和别人聊天的时候，能够把他们作为一种谈资和话题，就很不错了。

箕子:“千年故人”与图新存旧

1. 从历史记忆到文化景观

箕子,一般被认为是中国历史上真实存在的人物,他是殷末“三仁”之一,商纣王的叔父,商亡后不臣于周,走之朝鲜,之后回来朝见武王,与其论治国之道,述《洪范》九篇。

关于箕子“走之朝鲜”(进入朝鲜半岛并建立政权)的问题,学界存在较大的争议。中国学界对此基本持肯定观点,认为箕子或其后人最终进入朝鲜半岛并建立了箕子朝鲜政权,只是在移动线路和进入时间上存在不同的看法。[①] 在日本学界,以 20 世纪 20 年代今西龙等学者为代表的研究,全面否定箕子朝鲜的历史,对当时韩国学界产生较大影响。[②] 而当代朝鲜和韩国学界,由于民族立场的原因,也主要表现为否定或回避这一问题,在他们的历

① 首先是陆上迁移说,包括两种观点:一是平壤说,即箕子及其族人经辽东地区直接迁移至平壤,建立了箕子朝鲜政权,持此观点的代表学者为金毓黻(《东北通史》,五十年代出版社,1943 年);二是辽西说,认为箕子一族首先迁移至辽西,最初的箕子朝鲜政权建立于辽西,此后又再南迁至平壤,持此观点的代表学者为张博泉(《箕子与朝鲜论集》,长春:吉林文史出版社,1994 年)。其次是海上迁移说,认为箕子及其族人最初渡海迁移至朝鲜半岛南部,建立“辰国”政权,其后裔又北迁至朝鲜半岛北部地区,其政权改称“箕氏朝鲜”,持该观点的代表学者有蒙文通、罗继祖、刘子敏等。(参见苗威:《箕氏朝鲜史》,中国社会科学出版社,2019 年)

② 参见今西龙:《箕子朝鲜传说考》,《支那学》第二卷第 10、11 期,1922 年。又见今西龙:《朝鲜王朝古史の研究》,东京:国书刊行会,1970 年。

史叙述特别是国民历史教育中，几乎不再提及箕子朝鲜的历史。

然而，回到历史场景中，我们可以发现，在朝鲜半岛历史上，箕子朝鲜的概念很早就开始出现，并且长期持续存在于半岛民众的认知之中，在高丽时代和朝鲜王朝时代，箕子朝鲜的历史记忆，都曾不同程度地被官方政权突出强调，以此凸显和渲染半岛文化与中华文化的纽带关系，成为十分重要的政治资源和思想资源。孙卫国教授曾以朝鲜半岛历史文献为考察对象，从思想史的角度，对此问题做出精辟而全面的论述。①

近年来，有关物质文化史的研究越来越为学界所关注，物质文化史的研究方法在某种角度上提示我们，研究历史问题时，物质遗存、实物资料应该引起研究者的足够重视，如果将可视化、具象化的实物资料和文献资料相结合使用，或许能够呈现一种更直观、更鲜活的历史景象。这可以算是对传统基于文献资料展开的历史研究的一种有益补充。

回到朝鲜半岛箕子文化的问题，从朝鲜半岛的历史文献中我们能够看到，高丽时代起，国家就开始了箕子文化建构的相关活动，其中最具代表性的事件便是在相传为箕子朝鲜都城的平壤地区发掘并修建箕子墓（1102 年）以及建立箕子祠（1325 年）。②

而到了以儒家思想为立国根基的朝鲜王朝时期，类似建设活动进一步得到重视和推进。朝鲜王朝为强化箕子文化认同，在平

① 参见孙卫国：《传说、历史与认同：檀君朝鲜与箕子朝鲜历史之塑造与演变》，《复旦学报（社会科学版）》2008 年第 5 期，第 19—32 页。

② “肃宗壬午，求封箕子坟茔立祠以祭。”[尹斗寿编：《箕子志》（全三册），韩国学中央研究院藏书阁藏，藏书号：K2-174，第一册，第 58 页]“十月壬子朔，礼部奏：我国教化礼义自箕子始，而不载祀典，乞求其坟茔，立祠以祭。从之。”“忠肃王十二年十月，令平壤府立箕子祠以祭。恭愍王五年六月，令平壤府修营箕子祠宇，以时致祭。……（恭愍王）二十年十二月，命平壤府修箕子祠宇，以时祭之。”（《高丽史》卷六十三，志卷第十七，礼五）

壤地区修建了一系列与箕子相关历史文化遗迹工程，包括箕子墓、箕子祠（崇仁殿）、箕子井田遗迹和箕子宫等。由此出现的大量历史遗迹和纪念性建筑，可以说构成了一个成体系的"箕子文化景观群"。由图1中可以看到上述建筑在当时平壤地区所处的具体方位。

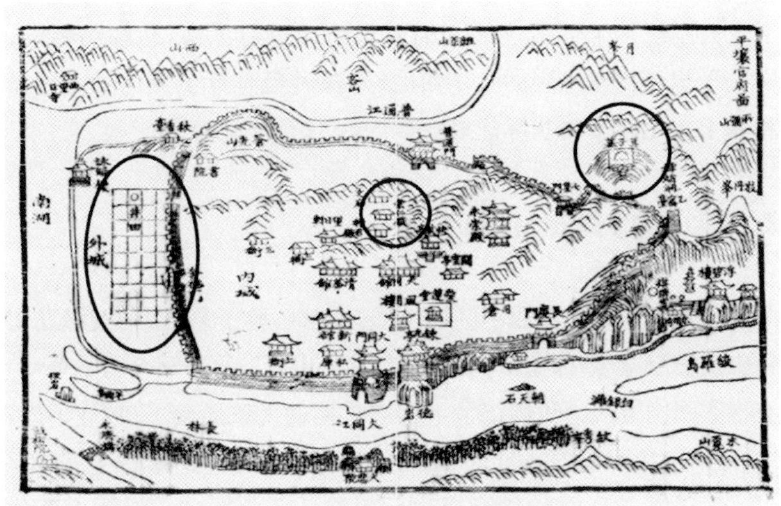

图1 《平壤志》中的平壤官府图[①]

在今天的平壤市，除了当年作为箕子祭祀空间的崇仁殿还有部分建筑遗存外，其他相关建筑几乎都已不存，殊为可惜。然而，仍有一类作为当时建筑一部分的物质资料有幸被保留了下来，那就是记录了相关建筑"身份"和"背景故事"的碑刻资料（实物、拓片或照片）。这些资料涉及的有箕子墓碑、崇仁殿碑、箕子井田纪迹碑和箕子宫碑等，为我们尝试还原朝鲜王朝时期建设的这一系

① 韩国首尔大学奎章阁图书馆藏：《平壤志》（上、下），藏书号：古 4790-2-v. 1-2，上册，第 19—20 页。

列箕子文化景观的历史情况提供了物质性和可视性的材料，将它们与文献资料相结合，有助于我们更好地分析其营建工程背后的政治、文化动机。

本文将以上述文化景观之一的箕子墓为对象展开研究，一方面试图还原和呈现朝鲜王朝政府对箕子墓的重新营建、持续维护的历史细节，另一方面尝试结合朝鲜时代文集资料，对当时文人士大夫围绕箕子墓遗迹展开的游观活动进行考察，从政治活动、文人思想与物质景观的互动角度，来探讨当时箕子文化景观建设和箕子文化建构的实际样貌。

2. 箕子墓的修建与维护

据朝鲜王朝时期成书的《箕子志》记载，箕子墓在“平壤城北王荇山负子原”，“俗称兔山”[①]，故又俗称兔山墓。箕子墓今已不存，但有一些图像资料为我们记录下了它早期的大致面貌。在《箕子志》中有一幅《兔山墓图》(图 2)，绘制了当时兔山墓的形制。

箕子墓于高丽时代修成，由墓、祠两部分构成。朝鲜王朝建立后，因陵墓建筑年久失修，太宗时期下令重建[②]，至世宗十年(1428)完工。《箕子志》成书于 16 世纪末，故其中这幅《兔山墓图》所反映的，应是其在朝鲜王朝重建之后的面貌。

① 尹斗寿编：《箕子志》(全三册)，韩国学中央研究院藏书阁藏，藏书号：K2-174，第一册，第 18 页。

② 1408 年，时任平壤府尹的尹穆向朝鲜太宗上疏：“吾东方礼乐文物，侔拟中国者，以有箕子之风。是以《九畴》明八条行，民受其赐，万世景慕。而其坟墓在于草莽之中，朝廷使臣过此者，必问而礼焉。我国家修举废坠，无所不至，独此一事，尚循旧弊而不举，良可慨也。臣等以为扫坟加土，置石羊石兽，命攸司颂德立碑，委定守冢民户。”太宗接受了他的意见。[《朝鲜太宗实录》，太宗八年五月九日丁巳条，[韩]国史编纂委员会编：《朝鲜王朝实录》，探求堂，1968 年(以下简称“国编影印本”)，第一册，第 438 页]

图 2 《箕子志》中的兔山墓图[①]

这虽然只是一幅简单的示意图，但已经传递出一些有关箕子墓建筑的直观信息。包括：陵墓主体为半圆体砖封坟冢，在墓前设有龟趺墓碑，又有石像生（马、羊各一，文武官各一），整个墓区以覆檐矮墙四面围起。墓区地势较高，有一石阶通向墓区。在墓区的围墙之外，石阶之下，建有丁字阁建筑。此外，箕子墓周围有山丘围绕，四周遍植树木。

关于箕子墓的形制和面貌，以文字形式留下的记录也不少，一旦结合图像和文字两方面的材料，会让我们对箕子墓的实际情

① 尹斗寿编：《箕子志》，第一册，第 16 页。

况有更精确和丰满的认知。比如：实际看到的坟冢，应该是在砖封结构之外尚有覆土和植草。石像生的数量和形制描绘比较准确，但图像反映的是箕子墓早期的情况，后期石像生数量有所增加。另一项图像无法明确传递而文字多有记录的信息则是，箕子墓周围种植的树木主要是松树和杉树。

关于图像上所描画的丁字阁建筑，可见的文献资料还为我们补充了其内部空间相关的情况，丁字阁在文献中往往也被称为"箕子祠"或"箕子庙"[①]，它是祭祀箕子的重要礼仪空间。其中设有箕子的木主，上书"朝鲜后代始祖"[②]，同时里面还设有各种祭享礼器[③]。除此之外，更值得一提的是，据《朝鲜王朝实录》记载，在朝鲜王朝第一次完成对箕子墓的重建之后，曾经在丁字阁中竖立一块石碑，名为"箕子庙碑"。[④]

---

① "(高丽)肃宗壬午求封箕子坟茔立祠以祭(此祠即丁字阁)。"(尹斗寿编：《箕子志》，第一册，第58页)

② 朝鲜王朝时期学者李圭景撰有《箕子事实坟墓辩证说》一文，其中引明朝人董越《朝鲜赋》中文字"东有箕祠，礼设木主，题曰：朝鲜后代始祖。盖尊檀君为其建邦启土，宜以箕子为其继世传绪也。墓在兔山，维城干隅。有两翁仲，如唐巾裾，点以斑烂之苔藓，如衣锦绣之文襦"。见李圭景：《五洲衍文长笺散稿》，明文堂，1977年，卷下，第210页。但此"木主"在箕子墓丁字阁(箕子祠)抑或在平壤城内崇仁殿(亦称箕子祠)存疑，根据董越原文之意，似乎指向崇仁殿。不过，董越《朝鲜赋》中明确描写箕子墓的文字，恰好也能与此处《兔山墓图》的描绘相对照："墓在兔山，维城干隅。(自注：箕子墓在城西北隅之兔山，去城不半里，山势甚高)有两翁仲，如唐巾裾，点以斑斓之苔藓，如衣锦绣之文襦。左右列以跪乳之石羊，碑碣驮以昂首之龟趺。为圆亭以设拜位，累乱石以为庭除。此则其报本之意虽隆，而备物之礼亦疏也。"见董越：《朝鲜赋》，《文渊阁四库全书》，上海古籍出版社，1987年，第594册，第108页。

③ "丁字阁中，设钟簴于左右，祭享器用也。"朴思浩：《燕蓟纪程》，复旦大学文史研究院编：《韩国汉文燕行文献选编》，复旦大学出版社，2011年，第27册，第25—26页。

④ "我太宗大王命重营箕子祠宇，世宗大王命改建祠宇，立墓碑，令卞季良撰文。"(《箕子志》，第一册，第58页。)"详定所议，书箕子碑篆额以启，左议政黄喜、右议政孟思诚、赞成许稠等以为宜书曰'箕子庙碑'，总制郑招以为宜书曰'朝鲜国箕子庙之碑'。从喜等议。"(《朝鲜世宗实录》，世宗十二年四月十六日丙戌条，国编影印本，第三册，第230页)

箕子庙碑,实物已不得见,但由文献记载可知,这块碑上刻有长篇称颂箕子功德的文字,是当时朝鲜王朝史官卞季良受世宗钦命所撰,共计 644 字。该碑文在《朝鲜王朝实录》和《箕子志》中均有收录,《箕子志》在收录时将其命名为《兔山墓碑文》,以下为全文:

宣德三年,岁在戊申,夏四月甲子,国王殿下传旨若曰:昔周武王克殷,封殷太师于我邦,遂其不臣之志也。吾东方文物礼乐,侔拟中国,迨今二千余祀,惟箕子之教是赖。顾其祀宇隘陋,不称瞻式,我父王尝命重营,余承厥志而督之,今告成矣。宜刻诸石,以示永久,史臣其文之。臣季良承命,只栗不敢辞。臣窃惟:孔子以文王、箕子并列于《易》象,又称为三仁,则箕子之德,不可得而赞也。思昔禹之平水土也,天锡《洪范》,彝伦叙矣。然其说未尝一见于虞、夏之书。历千余年,至箕子而始发,向非箕子为武王而陈之,则《洛书》天人之学,后之人何从而知之?箕子之有功于斯道也,岂偶然哉?箕子者,武王之师,武王不以封于他方而于我朝鲜,朝鲜之人朝夕亲炙,君子得闻大道之要,小人得蒙至治之泽,其化至于道不拾遗,此岂非天厚东方,畀之仁贤以惠斯民,而非人之所能及也邪?井田之制、八条之法,炳如日星,吾邦之人,世服其教,后之千祀,如生其时,愀然对越,自有不能已者矣。洪惟我上王殿下,聪明稽古,乐观经史,而我殿下,以天纵睿知之资,缉熙圣学,其于《洪范》九畴之道,盖由神会而心融者矣,所以作之述之,以致其崇德报功之典者,出于至诚,实非前代君王所可得而俪也。卿士若民,相率而起,是训是行,以近天子之耿光,而得与敷锡之福也无疑矣。于戏盛哉！凡为屋若干，置田以供粢盛，复户以应洒扫，命府尹以勤享祀，庙宫之事，盖无憾矣。臣季良不胜感激，谨拜手稽首而献铭。

铭曰：

呜乎箕子，文王为徒，允也洪范，帝训是敷，匪直师殷，实师武王，殷弃以亡，周访以昌，大哉天下，身佩安危，敛而东来，天其我私，以教以治，八条其章，孰愚不明，孰柔不强，汉书称美，道不拾遗，俾夷为华，唐有其碑，亹亹我王，光绍绝学，心契其理，躬行其法，既作乃述，祠宇翼翼，有峙其堂，神御攸宁，岁时享祀，克敬克诚，嗟嗟小臣，潜心遗经，今承王命，稽首撰铭，盛德以光，弥万亿龄。[①]

从这篇碑文中可以看到，1428 年，明宣德三年，朝鲜世宗十年，朝鲜王朝完成了对箕子墓的重建，朝鲜世宗为此专门发布谕旨，一方面高度评价箕子于朝鲜之功绩："吾东方文物礼乐，侔拟中国，迨今二千余祀，惟箕子之教是赖。"另一方面则着重表明国家对重修箕子墓的高度重视，经两代国王相继努力，终告达成："我父王尝命重营，余承厥志而督之，今告成矣。"

而在此之前，朝鲜世宗元年（1419）二月，箕子墓的重修工作尚在进行之中，判汉城府事权弘上疏称，箕子有功于朝鲜，所以太祖开国后制定国家祀典时就将其纳入，但遗憾的是高丽时代留存下来的箕子墓却没有碑记，不足以宣扬箕子功德。因此他建议国王命人撰写碑文，待箕子墓重修后，再刻碑竖立于墓旁，世宗采纳

---

① 《朝鲜世宗实录》，世宗十年四月二十九日辛巳条，国编影印本，第三册，第 126 页；《箕子志》，第三册，第 54—56 页。

了这一建议。[①]

卞季良受世宗钦命撰写碑文，毫不吝惜溢美之词，高度评价箕子教化朝鲜之功："朝鲜之人朝夕亲炙，君子得闻大道之要，小人得蒙至治之泽，其化至于道不拾遗""井田之制、八条之法，炳如日星，吾邦之人，世服其教"，最后还撰写了称颂箕子功德的144字赋文一篇，附于文末。

碑文撰成并刻诸石碑后，就其竖立何处的问题，朝堂之上又进行了一番讨论，卞季良主张立在墓前，称其为"箕子墓碑"，而以星山府院君李稷为代表的一批大臣认为，在墓前直接竖立刻有表彰功绩碑文的墓碑，不合古法，因而建议将其竖立在祠堂（丁字阁）之内，命之为"箕子庙碑"。最终，世宗采纳了后者提出的建议，石碑被立于丁字阁内。[②]

从这篇碑文中还可以看到，朝鲜王朝政府不仅对箕子墓进行了修复重建，还对其今后的长期维护做出了保障性安排，包括安排专门的财政开支、设置专人进行日常管理、责成地方最高长官（平壤府尹）开展经常性的祭祀活动等："为屋若干，置田以供粢盛，复户以应洒扫，命府尹以勤享祀"。至此，朝鲜王朝第一次大

---

① "箕子之贤，天下万世所共敬慕。吾夫子尝言殷有三仁焉。我东方礼乐文物，侔拟中华者，以箕子受封于此，而施八条之教也，其有功于东方甚大。太祖开国，首载祀典，所以尊崇先圣者至矣。然而墓无碑记以显扬功德，乞下文臣撰碑文，树之墓下，以诏后世。上以平壤人所传箕子墓，世远难信，乃命参赞卞季良为文，树碑于祠宇。"（《朝鲜世宗实录》，世宗元年二月二十五日庚子条，国编影印本，第二册，第303页）

② "星山府院君李稷、左议政黄喜、吏曹判书许稠、礼曹判书申商、参判柳颖、总制郑招等议以为：墓之有碑，以记行迹，非古也。况箕子墓，土人相传耳，更无文籍可考，生于数千载之下，而据土人之传，以为的说，恐非敬谨之道。乞依永乐十七年二月日教旨，立碑于祠堂。判府事卞季良以为：请依曾降教旨，立碑于墓。从稷等议。"（《朝鲜世宗实录》，世宗十年一月二十六日己酉条，国编影印本，第三册，第112页）

规模重建箕子祠的工程，算是告一段落了。

不过，世宗时期对箕子墓后续维护做出的保障性安排，似乎没有得到很好的贯彻落实。1473 年，朝鲜成宗“下书平安道观察使李继孙曰：闻道内平壤有称为箕子墓，设丁字阁，差人守护，其守护人数及致祭与否，详考以启。且称为箕子墓，始于何代，有何典记可征，并考以启。”成宗下这一道命令的具体缘由无从考得，但从命令的内容大致可以推断，在过去四十多年的时间里，朝鲜王朝政府并不怎么关心和了解箕子墓的实际情况。

之后又过了二十年，到了 1493 年，成宗因收到一个名叫俞好仁的官员奏报“箕子墓祠宇颓落污秽，请加修治”，下令平安道观察使李则进行实地勘察，并评估修缮所需投入。① 李则将相关勘察情况详细上报的同时提出自己的意见，认为箕子墓确有修缮必要，但考虑到凶年及农时临近等原因，建议修缮工程不宜急在一时。成宗又与朝臣商议，朝臣意见也倾向于不急于操办，应先以农事为重，待农事结束，若收成状况良好，则可以责成平壤地方独自办理修缮事宜，若收成不好，则留待来年再行处理。总之，中央政府无须直接介入。②

---

① “下书平安道观察使李则曰：箕子墓垣墙、丁字阁等，高低长广，备细尺量，图画上送，垣墙则燔砖改筑，又墙内布砖，丁字阁则整齐改构，以人巭几名几日毕役，所入物件，详悉录启。”(《朝鲜成宗实录》，成宗二十四年十二月二十二日壬午条，国编影印本，第十二册，第 455 页)

② “传曰：前者俞好仁于经筵乃曰箕子墓祠宇颓落污秽，请加修治。予令平安道观察使李则图庙制及修缮处以启，本道役军处多，加之以年凶，今且临农，非及期之事。以是意问诸政院。佥曰：徐观今年农事举此役可也。命问于领敦宁以上及议政府。尹弼商、李克培、卢思慎、尹壕、郑文炯议：依承政院所启。许琮议：此非大段役事，平壤可以独办，然当农时不可役民，来秋始役何如？韩致亨议：本道防御筑城，民间事多，此非及期之事，防御事歇后更议。柳轾议：箕子墓大举修治，非急急事也，观农事施行为便，虽不大举修治，使不至颓破，则观察使犹可为也。传曰：其下谕观察使，今年农事稍稔，则可以修治，否则待丰年为之。”(《朝鲜成宗实录》，成宗二十五年一月二十二日壬子条，国编影印本，第十二册，第 468 页)

由上述情况可知,箕子墓的重修,虽在朝鲜王朝初期被作为一项重大国家工程予以展现和宣传,但箕子墓的后续维护和管理,实际上并没有得到中央的持续关注和重视,而是全权交予平壤地方政府长官负责,在中央不重视的情况下,地方长官自然也不会有很高的积极性。所以,因疏于管理而导致相关建筑日渐荒颓的情况,也在情理之中。

然而,政府的态度是如此,社会舆论和当时人的观感却又是另外一种状况。先前国家主导的形象工程,或多或少已经在朝鲜儒生群体中树立起了箕子作为儒家文化朝鲜化代表人物的光辉形象,在他们之中,总有一些关注着箕子墓状况的人,会时不时站出来,提醒政府对这一朝鲜儒家"圣域"进行必要的维护。政府对这样的声音则必须予以积极的回应,因为维护箕子墓这件事情,既是在维护朝鲜儒家文化的尊严,也是维护政府在儒生群体和广大民众心目中的声望和威信。

当然,有时候政府的表现往往并不令人满意,这时候儒生群体中的一部分又会发挥他们另一方面的舆论作用。在朝鲜半岛流传着一些有关箕子墓的传闻,比如"嘉靖丙午四月日,雨雹大作,兔山松木尽为摧折,而环圣墓松杉少无所伤,人皆异之以为神明所护",又比如"箕子墓木鸱鹗不敢巢"①。大雨冰雹唯独没有摧折箕子墓周围的松树和杉树,鸟类不敢在箕子墓周围的树上做巢,这些现象渲染出箕子墓具有受到神佑的特质。言外之意,即使政府偶尔疏于管理和维护,箕子墓也能以其自身灵性保持相对良好的状态。

创造出这些传闻的人,定是具有超强的与政府休戚与共的使命感,在朝鲜王朝儒教国家的政治环境中,这或许是儒生群体中

---

① 《箕子志》,第一册,第 52 页。

一部分人与生俱来的一种使命感。

前述成宗朝箕子墓修葺之议最终是否得到落实，以及得到了何种程度的落实，从文献中我们不得而知。或者是不了了之，或者是地方稍作应付，或者是大力修葺，这三种状况的可能性，大约是依次递减的。不过，对朝鲜王朝政府维护箕子墓的力度，似乎也不能全盘否定，因为我们还是能看到朝鲜政府在箕子墓修葺问题上迅速反应、立竿见影的例子。

1567 年，朝鲜宣祖元年，成川府使郑礥上疏："箕子东来，变夷为华之功德不下于孔子，而坟茔芜没，庙貌荒凉，未免华人讥笑。臣窃恨焉。臣请条陈尊奉之目，伏愿圣明采择焉。"[①]这位郑府使向国王反映了当时箕子墓和箕子庙芜没荒凉的情况，有趣的是，他要求政府予以重视并修葺的理由中，有一条是"未免华人讥笑"，也就是说，应该尽力避免因箕子墓的失修，而让当时前来朝鲜的明朝人见到而诟病朝鲜政府的疏怠。

"未免华人讥笑"的提醒，并非杞人忧天，当时因外交任务前往朝鲜的明朝方面人员，确实经常会将参观箕子墓作为途经平壤时的一项安排。比如 1537 年，明朝遣龚用卿、吴希孟为正、副使出使朝鲜，朝鲜方面郑士龙、李龟龄等人陪同其在平壤地区游览，其间就曾到过箕子墓。[②] 而《箕子志》更是记载，龚用卿拜访箕子墓时，还细读了前述"箕子庙碑"的碑文，且对其称赞有加。[③]

或许是被"未免华人讥笑"戳中了痛点，郑礥的这次上疏，引起了朝鲜王朝政府的高度重视，对箕子墓的修葺工作当即展开，

---

① 《箕子志》，第一册，第 59 页。

② 事见《朝鲜中宗实录》，中宗三十二年四月三日辛亥条，国编影印本，第十八册，第 57 页。

③ "嘉靖丁酉，诏使龚用卿读此碑，屡加称美。"《箕子志》，第三册，第 56 页。

最后,“箕子墓高大封植,石物制度,一切以王者礼改设”[1]。通过这一次修葺,箕子墓的坟茔得到了增高、增大,覆盖上了新的植被,不仅如此,朝鲜王朝政府还以王陵的礼制规格,对其进行了附属设施的改建。这次修缮工程进展迅速,当年就完工了。

3. 箕子墓的被盗与重修

修葺一新的箕子墓,不久之后却遭逢了一场劫难。1592 年壬辰战争期间,日军攻陷平壤,盗掘了箕子墓。《箕子志》记载:

> 壬辰,倭贼陷平壤城,猥掘箕子墓,左边尺余坚不可凿,忽有乐声自圹中出,贼惧而止。时墓碑亦见折。平乱后,改封茔域,更为新碑,石峰韩濩书“箕子墓”三字,以铁索穿付旧碑于新碑之阴。[2]

日军在盗掘箕子墓过程中,因墓中传出奇怪的音乐声而惊惧,中止了盗掘行为。这显然是一种被神化的叙事,日军盗掘行为的中止,更有可能是因为发现箕子墓中根本无物可盗。尽管如此,日军的盗掘行为还是对箕子墓造成了明显的破坏,坟冢被凿开,墓碑被折断。

1593 年农历正月初八,出兵援助朝鲜的明朝军队在李如松等将领指挥下收复了平壤城。在这次战役之后朝鲜王朝给明朝的告捷奏文中,提到了一段有关箕子墓的情节——收复平壤的当天,在李如松的提议之下,中朝双方的人员在平壤共同举行了祭

① 《箕子志》,第一册,第 59 页。
② 《箕子志》,第一册,第 52 页。

祀箕子的仪式，仪式之前他们对箕子墓进行了简单的修复，封上了被日军破坏的坟冢：

> 总兵李如松誓师慷慨，义气动人，军行所过，秋毫无犯，临阵督战，身先列校。至于铅弹击马、火毒熏身，色不怖而愈厉。克城之日，祭箕子而先封其墓，恤疮痍而遍酹阵亡，宣布德意，慰问孤寡。虽裴度之平淮西、曹彬之下江南，无以过此。①

这一关于“祭箕子而先封其墓”的记载，只是在奏文中表彰李如松事迹的部分被一笔带过，并没有着更多笔墨，后世文献中也鲜少被提及，故而壬辰战争中平壤收复战后发生过“祭箕子”和修复箕子墓这一幕几乎不为人所知。但是当我们在读到这条材料时，对当时中朝双方会共同举办这一仪式，应该不会感到讶异，相反能够充分地理解。

在战时情境下，“箕子”这一基于共同传统文化认知的情感纽带因素，无疑能够有效地拉近中朝双方人员的心理距离，提振联军士气，甚或带来“同仇敌忾”的动员效果，对后续军事合作的顺利展开有积极作用。如果当时“祭箕子”和修复箕子墓一事，真如朝鲜方面奏文中所表述的，是由李如松个人的提议促成，那么李如松作为军事将领的文化修养和治军才能，确实颇值得称道。

待战事稍稍平息之后，1594 年，朝鲜王朝政府再次组织了对箕子墓的全面修复工作，其间对折断的墓碑也进行了修复处理，不过采用的方式有些特殊：他们虽然制作了一块新碑，并请当时

---

①《朝鲜宣祖修正实录》，宣祖二十六年一月一日丙辰条，国编影印本，第 25 册，第 635 页。

朝鲜半岛第一书法名家韩濩书写新碑上的"箕子墓"三字，可是他们并没有撤去残碑，换用新碑，而是在残碑和新碑上各穿了三个孔，将新碑置于残碑之前，再用铁钉（一说铁索）将两块碑固定在一起。

图 3 是一件碑文拓片，藏于韩国学中央研究院藏书阁（馆藏号：RD04091），拓片内容即为"箕子墓"三字。在该拓片上，"墓"字的左上角和右上角的位置，似乎隐约能够看到打孔的痕迹。此拓片或可推断为修复后由韩濩所书的箕子墓新碑的拓片，该箕子墓碑的实物现已不得见，我们只能以此拓片稍作联想。

箕子墓

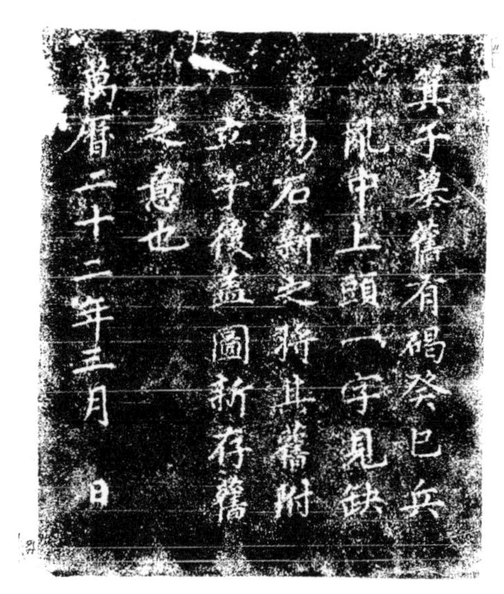

箕子墓舊有碣癸巳兵
亂中上頭一字見缺
易石新之將其舊附
於子後蓋圖新存舊
之意也
萬曆二十二年三月 日

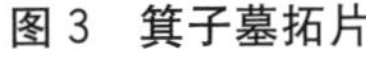

图 3　箕子墓拓片

图 4　箕子墓碑文拓片

那么，当时为何要做出将新旧两碑合一的特殊处理呢？图 4 所示的另一份拓片，或许提供了一部分答案。该拓片同样也藏于韩国学中央研究院藏书阁（馆藏号：RD04054），拓片题为"箕子墓碑改碣识"。拓片文字内容为：

箕子墓旧有碣，癸巳兵乱中，上头一字见缺，易石新之，将其旧附立于后，盖图新存旧之意也。万历二十二年三月日。①

所谓“图新存旧”，或许道出了新旧两碑合一的用意：朝鲜王朝在经历战争创伤之后，既要努力谋求国家新的发展，也不能轻易忘却战争带来的耻辱和伤痛。而此时的箕子墓碑，可以说又被赋予了一层新的历史内涵。

之后，有不少朝鲜人的笔下曾记述了他们所亲见的新旧两碑合为一体的景象。比如李海应（1775—1825）《蓟山纪程》（1803 年）中就描述了这样的细节：“墓方而上尖，高数丈，前有短碑，刻箕子墓三字，又有一碑，中折，只存一墓字，用铁钉合之。昔在壬辰，倭虏折碑，后人改竖而寓图新存旧之意。”②任百渊（1802—？）《镜浯游燕日录》（1836 年）中也有这样的记载：“入箕子墓，松翠郁然，有丁字阁，令库直辈开门而入。墓前立文武各二石人，羊马各一。墓大如屋，前竖短碑，刻箕子墓三字，后有旧碑，癸巳倭奴中折之，只余子字半与墓字，竖于万历所建新碑之后，以铁钉三处缝之。”③由此可见，至少到 19 世纪前半期，箕子墓碑仍是二碑合一的状况。

4. 从“箕子墓”到“箕子陵”

箕子墓碑和箕子墓的状况，在大约半个世纪之后，也就是 19

① 《箕子墓碑改碣识》，拓本，藏于韩国学中央研究院藏书阁，馆藏号：RD04054。

② 李海应：《蓟山纪程》，复旦大学文史研究院编：《韩国汉文燕行文献选编》，第 26 册，第 38 页。

③ 任百渊：《镜浯游燕日录》，林基中编：《燕行录全集续编》，韩国尚书院，2008 年，第 134 册，第 317 页。

世纪后半期,又发生了一次重大的变化。这一点,通过目前在网络上能够很容易找到图 5 这一张"箕子陵"的照片可见一斑。

图 5 箕子陵照片[①]

这是一张 20 世纪 30 年代的明信片照片,它反映的是 20 世纪初"箕子陵"的面貌。如果我们将这张照片和此前所见《兔山墓图》做一对比,能够找到很多对应之处。经过朝鲜王朝五百年的沧桑变化,箕子墓的整体形制并没有发生太大的变化,但一些细节的差异也值得关注。

最明显的一处不同,就是照片正中心的墓碑。我们看到,此时墓碑上所刻为"箕子陵"三字,而据我们此前所见的文献资料显示,箕子墓前的墓碑,应该是刻着"箕子墓"三个字的。那么,这个变化发生在何时呢?这就要涉及一段有关箕子墓"封陵"的历史。

---

① 《袋のタイトル:大同江畔平壤牡丹台名勝集》,京都大学附属图书馆藏,馆藏号:200022895548。

据《朝鲜王朝实录》的记载，在朝鲜高宗八年（1871 年），一位名叫韩致奎的官员向国王上疏，提出了将“箕子墓”升格为“箕子陵”的建议：

> 正言韩致奎疏略：在昔殷替周兴，箕圣东来，明九畴而彝伦叙，宣八条而纲纪立，移风易俗，文物灿然，此皆箕圣至德之赐也。噫！孔子之道，虽大而无外，向使箕圣之教不有以先之，则其化岂易以入人哉？然则我国崇报之典，宜与孔子并隆，而享祀之制未广，陵号之典尚阙，实先朝未遑之典。而今箕子墓在平壤府城北兔山上，而尚未蒙封陵之典，岂不有欠于崇报之礼乎？且箕子，以道则圣人也，以位则君王也，尚尔称墓者，非特为关西人士之赍郁，抑亦环东土所共慨叹者也。伊今圣明在上，重礼教而崇信义，则箕圣墓号，似亦有待乎今日而然矣。伏愿俯垂开纳，博询廷议，箕圣墓号，一依先王诸陵例，优蒙崇封之典，则非独为关西之幸，实我东八域之幸也。①

在这篇上疏中，韩致奎首先强调了箕子对朝鲜的教化之功，接着又指出，箕子作为箕子朝鲜政权的建立者，本身就是君王的身份，按照礼制规定，历代君王的陵墓应以“陵”称之，而平壤兔山上的箕子墓，却一直以“墓”为名，一字之差，非但于“礼”不合，更有损朝鲜“重礼教而崇信义”的儒教国家形象。因此，他建议政府升格箕子墓号，将“箕子墓”晋封为“箕子陵”，一应祀典参照王陵规制确定。这便是箕子墓“封陵”之议。

前已述及，就箕子墓的墓制规格和祀典而言，在 1567 年郑磺

① 《朝鲜高宗实录》，高宗八年三月三日癸巳条，国编影印本，第一册，第 356 页。

上疏之后,就已经有“一切以王者礼改设”的安排。韩致奎此时提出“封陵”的建议,显然是对这一段历史并不怎么知晓,或者说绝大部分的朝鲜人对此并没有什么印象,因此只是根据当时所见墓碑上文字的现状来提出问题。

事实上,韩致奎绝不是提出这一问题的第一人。在他之前,1795 年,就有一个叫杨泽九的平安道儒生提出过同样的建议:“太师弓剑之藏,以短碣题曰箕子墓。王者之墓,皆称以陵,况太师即东方立极之君,改墓曰陵,置守官立斋室,亦合于尊太师之义。”对于这一建议,当时国王的批示意见是:“墓之仍旧称,于义无悖。”[①]言下之意,墓碑上刻“箕子墓”三字,是保留其本来面貌,也可以说是尊重历史原状,并不违背大义,没必要过分纠结于一字之差。

所以,对于韩致奎的“封陵”建议,高宗也没有予以采纳,他做出了这样的批示:“九畴、八条,彝伦之所由叙也,纲纪之所由立也。凡于崇报之道,在乎讲明此教而已。而况敬慕尊奉,殿而有崇仁乎? 封陵事体,则甚郑重矣。”[②]大意是说,体现对箕子的尊崇之意,重要的是在于真正贯彻箕子的教化思想和政治理念,况且就礼制上的尊奉而言,国家也已经建立了崇仁殿来专门祭祀箕子。至于是否非要进行“封陵”,事关重大,应该慎重。

这一次“封陵”之议,看似就此告一段落,但后来的结果表明,它一直在继续酝酿和发酵。到了 1888 年,我们看到了这样的一个结果:

> (十一月)二十三日,议政府启:“前持平金命来上疏,令庙堂禀处事,命下矣。殷师受封东来,八条施教,礼乐文

---

① 《朝鲜正祖实录》,正祖十九年十月一日戊寅条,国编影印本,第四十六册,第 599 页。

② 《朝鲜高宗实录》,高宗八年三月三日癸巳条,国编影印本,第一册,第 356 页。

物，万世永赖，环三韩数千里，至今日于乎不忘。我朝自开国初，首举祀典，又建崇仁殿，改殿监称参奉，其所崇奉，靡所不至。而殿号尊崇之后，陵号之不为加隆，无所轻重而然欤？盖封陵置官，有国大典，以其久远而未遑，尤贵博议而审裁。下询时原任大臣、礼堂处之何如?"教曰:"其在事体，诚是未遑矣，不必询问，令该曹举行。"①

二十五日，礼曹启:"箕子墓封陵之节，当为磨炼。陵号以箕子陵为称，恐合加隆之义，依此举行。置官之节，令吏曹禀处何如?"允之。②

图6　箕子陵碑

这一次，以官员金命来再次提议"封陵"为契机，朝鲜王朝政府终于完成了对箕子墓的"封陵"之举，箕子墓前之碑改书"箕子陵"(如图5照片所示)，便应当是在此之后发生的变化。

有意思的是，放大图5照片之后，我们看到了这样的一个细节：在刻有"箕子陵"三字的墓碑的下半部分，"陵"字的左上角、右上角以及下方的位置，有三个明显的穿孔(见图6)。那么，为什么在墓碑

① 《朝鲜高宗实录》，高宗二十五年十一月二十三日庚午条，国编影印本，第二册，第310页。

② 《朝鲜高宗实录》，高宗二十五年十一月二十五日壬申条，国编影印本，第二册，第311页。

上会出现这样三个孔呢？结合前述壬辰战争之后两碑合一的情况，应该就能解释这三个孔的由来。

1888年，箕子墓升格封陵之后，紧随着发生的就是改换墓碑的工作，将原来两块合一的墓碑撤去，换上一块“箕子陵”新碑。我们不难想象当时撤下的墓碑的样子，在残碑和新碑的下半部，都各有三个孔，即原来穿插固定铁钉之处。于是，在制作“箕子陵”新碑时，一定是有意为之，在碑上同样的位置，打上了三个孔。而这种做法的用意，其实也不难理解，不外乎当初的那四个字——“图新存旧”，意在保留一种历史的记忆。只是这种表达方式，如不作专门的说明，恐后人见之难明所以。

从1795年就已经开始浮现的箕子墓“封陵”之议，经过前几次被否定后，为什么在1888年得以实现，这背后是否还有一些深层的原因？事实上，箕子墓“封陵”并不是一个单独事件，1891年，朝鲜王朝又完成了东明王墓的“封陵”①。所谓东明王，指的是相传为高句丽始祖的朱蒙。这两起“封陵”事件，应该被联系在一起看。

在当时的时代背景下，东亚传统的国际格局正发生翻天覆地的变化，中朝之间朝贡关系的解除正在倒计时的进程中，朝鲜王朝亦开始为从清朝属国转型为一个政治独立的近代国家做各方面的准备。将本国历史认知中箕子朝鲜政权建立者和高句丽政权建立者通过“封陵”的方式进行地位的升格，多少暗含着一种为

① “东明王墓，乙巳启请封修，列圣朝崇报，非不至矣，惟其墓号之仍旧，实为未遑。既有箕子陵追封之例，其在事体，宜无异同……教曰：不必询问，依启施行。”（《朝鲜高宗实录》，高宗二十八年七月十八日庚辰条，国编影印本，第二册，第393页）“吏曹启：东明王陵置官之节，依箕子陵例施行何如？允之。”（《朝鲜高宗实录》，高宗二十八年八月三十日辛酉条，国编影印本，第二册，第396页）“教曰：东明王封陵后，依箕子陵已行之例，令道臣致祭。”（《朝鲜高宗实录》，高宗二十九年闰六月二十九日乙酉条，国编影印本，第二册，第430页）

不久之后“朝鲜王朝（国王）”升格为“大韩帝国（皇帝）”（1897 年）进行预热的意味。

5. 箕子墓的游观与题咏

箕子墓作为一处物质遗存和人文景观，自 12 世纪初出现于高丽时代的朝鲜半岛之后，又经历朝鲜王朝五百年的沧桑洗礼，在长达 8 个世纪的历史时期中，始终被赋予鲜明的文化意涵，它象征着文化跨地域传播的价值，象征着文明交融与良性互动的可能。而这样一些文化意涵，又持续地通过历史场景中人的活动和思想表达被呈现出来。

前文谈及关于箕子墓重修的“未免华人讥笑”问题时，已经提到曾前往箕子墓参观的明朝人龚用卿、吴希孟，类似的例子还可以举出不少，比如 1488 年的明朝人董越就是另外一个著名的例子。他出使朝鲜后写作的《朝鲜赋》流传甚广，在文中，董越是这样描写箕子墓的：

> 墓在兔山，维城干隅。（自注：箕子墓在城西北隅之兔山，去城不半里，山势甚高。）有两翁仲，如唐巾裾，点以斑斓之苔藓，如衣锦绣之文襦。左右列以跪乳之石羊。碑碣驮以昂首之龟趺。为圆亭以设拜位，累乱石以为庭除。此则其报本之意虽隆，而备物之礼亦疏也。①

显然，董越是亲身游历过平壤兔山的箕子墓的，他笔下的“两

① 董越：《朝鲜赋》，《文渊阁四库全书》，上海古籍出版社，1987 年，第 594 册，第 108 页。

翁仲”指的当是墓前的石制侍像,同时他也提到了石羊、龟趺,丁字阁在他笔下被记为“圆亭”,这些都能够与我们此前所见的《兔山墓图》一一对应。董越看到的箕子墓离它上一次被修葺一新已经过去了整整 60 年,此时的景象大约已经如朝鲜人自己所说的“祠宇颓落污秽”了,故而令其发出“报本之意虽隆,而备物之礼亦疏”的感慨和评价。郑礩的“未免华人讥笑”,由此观之,真乃的见也。

因为各种原因前往箕子墓游观的人群中,更多的当然是朝鲜本国人,不过对于古代朝鲜人而言,平壤这一历史文化古城倒也并不具有现代观念中“热门旅游景点”的意义,偏远的地理位置和有限的交通条件,决定了箕子墓不太可能成为平壤城或者平安道以外地区普通人的长途出游目的地。

尽管如此,总还是会有一些不那么普通的人,因为一些机缘和便利条件,实现对平壤一地的游览,他们可能是长期派驻当地的官员、短期出公差的官员,或者出国公干(出使中国)的官员。当然,商人群体也具备空间上如此移动的客观条件,但若要说到游观箕子墓这样的活动,他们估计兴味索然。而对于知识分子(文人)身份的官员群体来说,游观箕子墓绝对有着非比寻常的意义。

前文提到过李海应和任百渊两个人物,他们都是属于因为参与出使中国的外交使行活动,途中经过平壤而有机会游观箕子墓的。类似的情况,在今天我们能够看到的大量“燕行录”文献资料中,可谓俯拾皆是。比如:1574 年出使明朝的许篈,记载自己途经平壤游观箕子墓的情景:

> 二十六日己亥,或阴或晴或洒雨,朝,诸同年及府儒生李应虚来见,余与汝式具冠带,向永崇殿,将拜康献王

御容，参奉俱不在，遂出。自七星门，谒箕子墓。洞口有下马碑。余等再拜，巡视。则墓形不甚高大，围以矮墙。竖短碣，镌“箕子墓”三大字，深入石理。傍有石马、石人各一对，皆残缺颠仆。墓前建小阁如丁字，以庇华使展拜之地。[①]

1712年出使清朝的金昌业这样记载箕子墓：

至平壤，历谒箕子墓。旧碑折于壬辰兵火，只余其半，附于新碑后，以铁钉钉之。龙脉自卯来，翻身作午向，穴法殊怪异。丁字阁上有倪谦、龚用卿、吴希孟三天使诗。[②]

1760年出使的李商凤的记载：

行五十余步，有一奇松偃如门形，俯身而过，又百余步，即兔山箕圣藏衣冠之地也。坟高十余尺，环曲墙。竖短碑，镌曰“箕子墓”，韩石峰笔也，以铁钉穿附旧石于后。盖癸巳倭奴撞折碑石，贼退后改立此碑，仍附旧碑，以存其旧云。又石人四、石羊二。立丁字阁于墙外，故监司许项所创也。盘桓久之，凄然有旷古之感。按府志，嘉靖丙子雨雹大作，环山松木尽为摧折，而环箕子墓松木少无所伤，人皆异之为神明所扶。又世传倭奴掘

① 许筠：《荷谷先生朝天记》，复旦大学文史研究院编：《韩国汉文燕行文献选编》，第3册，第51—53页。

② 金昌业：《老稼斋燕行日记》，复旦大学文史研究院编：《韩国汉文燕行文献选编》，第10册，第319页。

墓,左边深一丈许坚不可凿,俄而乐自圹中出,贼惧而止云。箕圣之殁,于今数千余载,而不昧者有如是,异哉![1]

许篈、金昌业、李商凤三人在不同时期游历了箕子墓,他们看到的是不同时间维度上箕子墓这同一个空间内不同的景象,从他们文字中,我们能够感受到他们所见之物、景的不同,他们各自关切点的不同,以及流露情感的不同。许篈看到的是"残缺颠仆",金昌业关心箕子墓的龙脉和穴法、提到丁字阁内明使的题诗,李商凤则有"凄然旷古之感",金、李二人都提到了新旧二碑合一。从这些文人的笔下,我们一次次被带回到前文所述的箕子墓的数百年沧桑变化之中。

我们今天读着古人文字生出的感受,当与历代朝鲜文人前后相续的感受没有太大的差异,这就是文字的力量、历史的重量。作为被观察对象的箕子墓,不断刺激着不同时期的观察者去表达他们的内心感受和文化认知,而不同时期中、朝两国文人针对箕子墓创作的题咏诗文,大约可算得上是对这样一种表达最浓缩、最精华的呈现,此类诗文存世数量不少,以下试举几例。

明人咏箕子墓诗五首:

倪谦诗[2]

太师埋玉此山深,欲奠椒浆试一斟。
存祀应同微子志,安仁即是比干心。
墓台云暖苍松合,翁仲春满碧藓侵。
闻说东人崇报本,岁时祠享望来歆。

---

① 李商凤:《北辕录》,复旦大学文史研究院编:《韩国汉文燕行文献选编》,第16册,第135页。

② 《箕子志》,第二册,第9页。

吴希孟诗[①]

道骨埋荒冢，寒泉绕石台。松风清夜响，应识度魂来。

华察诗[②]

春茅封青苔，短碣倚荒台。九原如可作，清风百世来。

程龙诗[③]

皇华过此笔如峰，下拜抒诚诗句穷。
贤圣心同明月皎，松邱古墓大文宗。

薛廷宠诗[④]

一种青山翳绿苔，路人指点最高台。
云是商家箕子墓，使车迢递上山来。

朝鲜人咏箕子墓诗九首：

肃宗大王御制兔山墓诗[⑤]

千载孤坟何处寻，柳京城北树森森。
世人岂识佯狂意，夫子犹知恻怛心。
会向周王传道显，自封东土设教深。

① 《箕子志》，第二册，第14页。
② 《箕子志》，第二册，第14页。
③ 《箕子志》，第二册，第16页。
④ 《箕子志》，第二册，第18页。
⑤ 《箕子志》，第一册，第65页。

平生壮志如终遂,历奠椒浆愿一斟。

权近诗[①]

行寻微径陟孤峰,墟墓荒凉对碧松。
凤去高冈嗟已远,鳣横白水竟难容。
明夷正志能全道,洪范敷言孰继踪。
屈节小邦宗祠永,盛心非是要侯封。

许琮诗[②]

孤忠终不向西朝,盛德长为万世标。
古碣倚山微有字,寒松溜雨半无条。
冈峦斗起传名兔,草棘丛深不萃鸮。
拟作庙中迎送曲,临风不用楚辞招。

徐居正诗[③]

直以忠言忤一夫,操琴幽坟可何如。
九畴一为周王授,千圣相传自有书。

郑惟吉诗[④]

一抔邱土不臣周,乔木纵横认旧畴。
每来仿佛不忍去,傍人谓我有何求。

---

① 《箕子志》,第二册,第 18—19 页。
② 《箕子志》,第二册,第 19 页。
③ 《箕子志》,第二册,第 20 页。
④ 《箕子志》,第二册,第 22 页。

崔淑精诗[①]

烟红炮烙万方离，有意为奴世莫知。
千圣传心九畴在，三韩遗化八条垂。
孤城自是分封地，古墓空余纪绩碑。
拱木生阴宿草尽，春风过客不胜悲。

李敏求诗[②]

箕子墓门秋日鲜，行人洒泪石羊前。
周邦运启仁贤去，孔壁书开大法传。
江上闾阎通御井，城边经界辨公田。
殷墟麦秀休深恨，此地蓬蒿又几年。

车天辂诗[③]

百世师先圣，千年国故墟。
明夷传易繇，洪范入周书。
古墓残碑在，荒山古木余。
浿水流不尽，遗化共何如。

金时习诗[④]

峨峨陵墓壮，寂寂有松楸。
八教垂千古，三仁竟一邱。
草生翁仲没，花发鬣封幽。
往事无因问，孤城暮霭收。

---

① 《箕子志》，第二册，第 24 页。
② 《箕子志》，第二册，第 25 页。
③ 《箕子志》，第二册，第 26 页。
④ 《箕子志》，第二册，第 29 页。

诗文酬唱、以诗寄情，曾经是历史上中朝两国文人间最普遍的交流形式，它体现的不仅是两者对一种共同的行为模式的遵循，更深层原因是两者具备共同的文化认知和传统认同。诗文中高度抽象化的概念、词汇、用典，只有在酬唱双方具备共同理解的基础之上，才有其存在的意义。箕子墓成为历史上中朝两国文人共同的诗文创作题材，有关箕子的历史文化典故和意象，在两国文人那里同样信手拈来，这可谓是一种最高级的具有"共同语言"的表现。

朝鲜王朝时期著名诗人南龙翼（1628—1692）曾编撰一部朝鲜半岛历代诗文总集，收录自新罗时代至朝鲜王朝中期 490 位诗人的 2 253 首汉诗作品。这部朝鲜王朝规模最大的汉诗总集，与我们今天讨论的箕子也有着莫大的关联。南龙翼在诗集序中写道："箕封而后，我东始知文字"，故而他将诗集命名为——《箕雅》，以表达"东方诗雅由箕而作"之意。箕子之于朝鲜王朝时期思想界的意义，由此亦可见一斑。

6. 从"被建构"到"被遗忘"

朝鲜王朝成立之初就展开重建箕子墓的活动，表明其从政权建立之初，就已经将箕子作为具有重要历史文化属性的政治资源加以看待。朝鲜王朝重建和持续维护箕子墓的深层用意，对外而言，是借助箕子与朝鲜半岛关系的历史叙述，强化现实政治中与中国方面政权之间的文化纽带关联；对内而言，则是在建设儒教国家的进程中，借助箕子历史形象，强化朝鲜半岛儒学传统古已有之的认知，助力儒教国家建设，提升本民族文化自信。最后，朝鲜王朝在这两个方面都取得了实际的成效。

朝鲜王朝的箕子文化建构，是一个成体系的工程，本文讨论的箕子墓只是其中一个面向而已，如果能够把其他箕子相关历史遗迹和纪念性建筑的情况通盘加以考察，无疑将会得到更加丰满且具有说服力的结论。

纵观朝鲜王朝五百年的历史，箕子总体来说还是被作为朝鲜半岛历史的一个内部要素来认知的，但是这一状况在近代以来发生了根本性的改变，其观念变化过程也颇为复杂，一言以蔽之，最后的结果是箕子整体上从朝鲜半岛历史中被排斥出来。

附录：

崇仁殿①碑文

〔朝鲜王朝〕李廷龟

（摘自韩国学中央研究院藏书阁藏《箕子志》）

殷之亡也，三人之行不同，而孔子并称“三仁”。朱子以为“易地则皆然”。臣窃尝以为：箕子之谏纣，在于比干之先，而纣之囚以不杀，天为之也。武王之不封于他邦而封于朝鲜，亦天也。何者？天以《河图》授伏羲，而《八卦》之变犹未著，文王囚而始演《易象》；天以《洛书》授神禹，而《九畴》之数犹未明，箕子厄而始叙《洪范》。天人之妙于是大明，而帝王为治之大经大法得传于天下后世。使文王不演《易》、箕子不叙《畴》，则河之图、洛之书，特一未穷之混沌耳。天之授羲、禹岂亶使然哉？兹非天意而谁欤？且天生蒸民，必降圣贤作之君、作之师，以遂其生、以立其教。羲、轩、尧、舜之教，中土是已。我东虽僻，亦天民也。而曰：自檀君人文

① 崇仁殿，即箕子祠堂。

未彰，泯泯棼棼，倘微箕子八条之教，则终未免为左衽之俗。箕子之教东方，是犹羲、轩、尧、舜之教中土，盖有不可得而已者。此又非天意而谁欤？天之不死箕子，为传道也、为化民也。箕子虽欲死，得乎？武王虽欲不封于朝鲜，得乎？然则箕子之有功于斯道，实天下万国之所共赖，而其亲炙之恩，则吾东国最偏受。三韩万世人得以为人之功之德，为如何哉？孔子之道虽大而无外，蛮貊之邦犹有所不化。箕子之教东方，在孔子未生之前，故孔子至有"乘桴欲居"之志。礼义文明之化，其所从来久矣。倘使箕子之教，不有以先之，则后虽有孔子之道，其化岂易以入哉？然则我国崇报之礼，当与孔子并隆。然而享祀之制不广，立后之典尚阙，诚欠事也，亦岂有待欤？

我殿下嗣服之三年万历辛亥，本道士人曹三省、杨德禄、郑旻等相继抗疏言："史称箕子之后传四十一世，而至准为卫满所逐，马韩末有孱孙三人，曰亲，其后为韩氏；曰平，为奇氏；曰谅，入龙冈乌石山，以传鲜于。《世系韵书》曰：'鲜于，子姓，周封箕子于朝鲜，支子仲食采于于，因氏鲜于。'《纲目》称：'箕子封于朝鲜，其子食采于于，因姓鲜于。'赵孟頫《赠鲜于枢诗》曰：'箕子之后多髯翁。'鲜于之为箕子后，不既章明较著矣乎？洪武间有鲜于景者，为中领别将，其七代孙寔，自泰川来居殿侧，今十年，请以寔主箕子祀。"殿下重其事，命礼官询于大臣，且令本道采访覆启，事皆有据。廷议咸以为可，遂以鲜于氏定为箕子后。至明年壬子春，命揭殿号曰"崇仁"，官鲜于寔为殿监，子孙世授焉。

昔周武王求黄帝、尧、舜之后，立为"三恪"，以奉其祀。圣人崇德继绝之意，可谓千载一揆也。且命府尹封墓道、修祠宇，增置祭田及守户，使之供粢，盛备洒扫。凡姓鲜于者，复其家，无籍于军伸，聚居祠下。仍遣近臣赍香祝祭于庙，以告厥由，尊崇之典，至是而无复遗憾。此实扶植彝伦、挽回世道之一大机会。呜乎盛矣！始万历丙子，本道士人慕圣师之遗泽，立书院于府西南苍光山下，设讲堂名曰“洪范”，以为多士钦崇讲明之所。岁戊申冬，命扁额曰“仁贤”。至是，观察使郑赐湖上闻曰：“今兹箕殿揭号，立后致祭，实数千年来所未有之盛举，一域臣民举欢欣耸动，有若重被父师文明之化，咸愿勒之贞珉以扬阂体，乞命儒臣备述前后事迹，庶几表著观瞻，传示无极。”殿下曰可，遂命臣叙之。臣适忝礼官，与闻末议，而获睹旷世之典，承命秖栗，不敢以文辞浅陋不足以自效为辞，谨拜手稽首而献铭。铭曰：

天锡大范，神禹则之，以传殷师，殷师嗣兴，蒙难乃阐，人文始显，爰叙彝伦，以承圣问，是维帝训，既师武王，锡民之极，义罔臣仆，天地变化，我得其正，明夷自靖，乃眷东土，乃推斯道，实天所造，无远无陋，八条以化，变夷为夏，仁涵于肤，道不拾遗，礼义之治，巍乎盛德，百世以钦，受赐到今，浿水西涯，不沬井洫，神迹如昨，肇祀于丽，礼式不备，寖远以弛，遥遥圣绪，不绝来云，派散支分，惟明我后，遵范建极，远绍绝学，殿有美号，院有华额，益光且硕，立后继绝，永袭世爵，式是三恪，特祀于庙，黍稷馨香，礼义洋洋，猗欤我王，圣谟其承，贲我中兴，坠典毕举，缛义彬彬，千古一新，于乎不显，文在于兹，没世之思。

井田纪绩碑文

〔朝鲜王朝〕徐命膺

（摘自韩国学中央研究院藏书阁藏《箕子志》）

平壤，殷太师箕子之古都也。今去箕子东来之己卯，近三千年矣。其所制井地，尚在外川、兴土两坊。好事者树夫隅以石，远见如八阵图之石迹。呜乎奇哉！然其为制，差吪已甚，不知者创为异论，曰田形殷制也，井形周制也。夫亩浍沟洫，非水土初平，天下区域陶汰略尽则有未易更置,所可更置者,惟夫内之亩,逐年起垦,为易改作如之,何其田与井之殊哉。当试周回井地,考古今以追其变。

则苍光一面,蜿蜒成阜,横截十六里,西为下密台,东为古里门,而中城缘其上,阜之八角重重,列置于下。自古里门迤逦西南,过羊角岛、大道门,又北至于下密台,而外城缘其上。外城中城之间,纵横棋布,凡十有二井。其余夫之不能成井者,又三十区。余田之不能成夫者,又二十一区。是即周礼井牧。其田野而衍沃为井,隰皋为牧,参伍比析,其法乃行也。每一夫四方缭以二尺之经,十夫左右挟以九步之路,其自二尺而为三四尺,自九步而为六七步,则夫间之遂、邑间之沟,阏塞迁变,寖成其界。是则周礼小司徒之九夫为井,四井为邑,遂人之夫间有遂,遂上有径,十夫有沟,沟上有亩,而井以九夫,亩以十夫,二职之文,两不相倍也。故如欲因今之有,复古之制,必办其井牧,正其遂沟,则箕子之井地,不待他求,于是乎在矣。何必纷纷为哉?

二角之南,有箕子井甃,井甃之东,建一小阁,莫知创于何年,盖亩宅夫家之制也。我英宗庚申,先大夫文敏公按节兹土,即小阁之北建“三益斋”,选清南士肄业其中,又家塾党序之制也。二者皆阐发井地之蕴,特未得合一。

今岁丙申,命膺叨承先武,重新“三益斋”以及于阁,扁曰“九畴”,缭以周垣,名以“九三”。院既成,谋于众曰:“斋与阁之设,为井地也。若井地日就芜没,将奈斋阁何?”乃疏其遂、浚其沟、经画其亩,一惟箕子之井地。庶自令宅斯井、耕斯井者,守望相友、疾病相扶,知箕子之厚风俗以井地也;春秋礼乐,冬夏诗书,知箕子之作人才以井地也。而谓殷、周二制之不同者,非至论也,但有详略之分耳。夫八阵图,是特营垒之叠石为聚也,然西蜀文士学人书之简、载之策、镵之贞珉,至今过其墟者,嘘唏感慨,恐一石之或伤，况井地乃三代仁政之所由。

始乎于是，勒石纪绩，且为之词。词曰：

瞻彼中原，衡纵其田，箕圣是荒，大禹所传，传之伊何，龟文自天，三三而九，虚中则衍，维助及彻，一此渊源，箕圣徂东，罔仆志坚，皇矣斯道，颠沛岂捐，乃斫耒耜，乃集佣佃，尔东尔西，为陌为阡，涣涣皋鼓，民胥不悁，于以善俗，于以兴贤，载洽仁教，是舆是权，树厥风声，于千万年，氓循礼义，士业诵弦，微我箕圣，吾其蠢蠉，笾豆有践，尚酒之玄，矧伊古制，今其舍旃，乃遂乃沟，径亩载联，猗嗟乎田，海内惟鲜，山长水悠，田不变迁。

箕子事实坟墓辨证说

〔朝鲜王朝〕李圭景

（摘自李圭景《五洲衍文长笺散稿》）

箕子事实，岂待余辨论，古今辨之者，已溢栋宇，然亦有遗漏未竟者，故随得辨说也。

箕子，子姓，名胥余。《柳州集》注曰："名须臾。"以殷宗室封于箕，子爵。帝乙丙戌生。仕殷为太师。周武王元年己卯，避周入朝鲜，仍为君，都平壤，设八条教。成王三十三年戊午薨，在位四十年，寿九十三。（箕子朝鲜）传四十一世，历九百二十八年而失国，为马韩王，又历二百三年而亡。平壤有"崇仁殿"，而光海君壬子，因丽朝旧庙而赐名。又有"仁贤书院"，宣祖丙子享。成川有影堂。陵墓在平壤府城北兔山，称箕子墓。

皇明诏使董越《朝鲜赋》："东有箕祠，礼设木主，题曰'朝鲜后代始祖'，盖尊檀君为其建邦启土，宜以箕子为继世传绪也。墓在兔山维城干隅，有两翁仲，如唐巾裾，点以斑烂之苔藓，如衣锦绣之文襦。"《文献备考》："壬辰之乱，倭掘箕子墓，左边一丈许，乐声自圹中出,惧而止。”《寰宇记》:“(箕子墓)在蒙县。”《史记注》杜预曰:“梁国蒙县有箕子冢。”《水经注》:“(箕子墓)在薄城,所谓蒙薄即北亳。”《大清一统志》:“(箕子墓)在归德府商邱县。”按:亳有西亳、南亳、北亳,西亳今在京偃师县,南亳在南京谷熟县,北亳在东京考城县,商都南亳。然以箕子薨于朝鲜,则其葬平壤兔山者,为可信之迹。而曰蒙县、曰薄城、曰商邱县,其所葬之地凡为四处者,何也?按:成汤之陵墓,所记凡九处,而县与箕子葬地名同者凡二处也。其二处,考《皇览》:“在济阴亳县,或作济阳薄县。”杜预云:“在梁国薄伐城中。”《清统志》:“在归德府商丘县。”其或薨于朝鲜,而归葬先茔,故有此纷纭未定之说耶?按《清会典》:“商王汤墓在滦河,则又非归葬先陇也。”

皇明太宗永乐年间,有道士涵虚子,纪自古帝王年代之数,名曰《天运绍统》,其录箕子者亦可滋惑,其录箕子曰:“按《周史》云:‘箕子率中国五千人入朝鲜,其诗书礼乐医巫阴阳卜筮之流,百工技艺,皆从而往焉’,故‘半万殷人渡辽水’是也。既至朝鲜,言语不能通,学而知之。教以诗书,使其知中国礼乐之制。父子君臣之道始行,五常之礼始备。教以百工技艺,医巫阴阳卜筮之术始有焉。不三年,人皆向化,崇尚仁义而笃儒术,酿成中国之风。”又其所录,乃以箕子为纣之庶兄、微子弟,武王封箕子于朝鲜,命奉殷祀。其后为公孙康所篡。其说经史无见,而《周史》云者,未知出于何人,而涵虚子引用,徐居正《笔苑杂记》亦详载,而不敢斥其妄诞矣。南药泉相国,始暴其非而辨之也。

箕子白马朝周,古今相传。《诗》云“有客有客”,亦白其马以论之。我东星湖李瀷是其说。而必论其然,未知如何。而《左传》:“僖公十五年,秦穆公曰:‘吾闻唐叔之封也,箕子曰其后必大。’昭公九年,周王使詹桓伯辞于晋侯曰:‘武王克商,肃慎燕亳,吾北土地。’”星湖以此为论据曰:“肃慎在辽之东,则朝鲜之包在藩屏之内可知矣。”又曰：“箕子若不朝见，何以得知朝政？而设若在朝鲜言之，则外番之言，中土之人又何得知而传之耶？”其说似是。然以《洪范大传》曰：“箕子不忍周之释，走之朝鲜，武王闻之，因以封之。”郑康成曰：“不忍周之释，诛我君而释己，嫌苟免也。”史迁既云：“武王封箕子于朝鲜而不臣。”则箕子岂有朝周之行？而《史记》又曰“箕子朝周，过殷墟，感而作《麦秀之歌》”云者。其前后矛盾，殆不近理也。如近世周亮工《因树屋书影》辨之曰：“箕子《麦秀歌》‘彼狡童兮，不与我好兮’，所谓‘狡童’，纣也。‘狡童’二字窃《郑诗》，故君也。以‘狡童’目之，可乎？舜可囚尧，甲可杀尹，此歌何难诬箕子耶？比干《秣马金阙歌》亦然，古无金阙字也。”此喻极是矣。

且《吕览》云：“帝乙三子，长微子启，次微仲衍，次纣，同母弟兄也。微子、微仲生时，母尚为妾，进位为后而生纣，故云同母庶兄。后箕子劝立微子，太史据法争曰：有妻之子，有妾之子，妾子不得立，遂立纣云。而不见经史，则似是而难信者也。”清吴省钦《白华前稿·均州殷王子比干庙碑记》：“马融、王肃谓箕子纣诸父，赵岐谓纣与微子、比干有兄弟之亲。”按《书·微子篇》：“太史称微子曰‘王子’。”《孟子》及《乐记》并云：“王子比干。”当纣之时，太师疵、少师彊，抱乐器以奔国。疵与彊，见《古今人表》，《微子篇》所云父师、少师，即其人也。今《孔传》以太师三公为箕子，少师孤卿为比干。夫司马迁受书于孔氏，凡《殷周本纪》《宋世家》之文，不应与《孔传》不合，故比干于纣非少师、非诸父，箕子亦非太师。微子为箕子之兄子，殷人尚质，不应以太师呼其官，父师应之，亦不应称微子为王子。以王子为疵之词可也，以比干为孤卿少师，未有据也。唐林宝所撰《元和姓纂》言：“比干既僇于纣，箕子坚逃长林之山，遂为氏云云。”《易》“明夷卦”，赵宾说箕子：“明夷为箕子者，万物方荄子也。”何其言之好违经旨，而辄改己意耶？

丰熙伪《尚书》曰:“箕子朝鲜。”本自《帝典》至《微子》止,后附《洪范》一篇,以为箕子传书。古文又有朝鲜本《尚书》,得于朝鲜,于《洪范》八政之末,添多五十二字,亦丰氏伪撰也,世或有信之者。此皆可以为辨者也。

愚按:箕子继序之君,东史无考。而新刊《幸州奇氏族谱》,列录箕子以后世序,以为奇氏于湖南光州浚梁得石碑,刻箕子后奇氏世系甚详。箕子后失国后,复系马韩世系甚详。然有节节可疑者,今采录焉。盖周武王己卯,箕子来居朝鲜,仍以为君,汉惠帝丁未,箕准为马韩,合为九百二十九年。而今此四十一代,则为一千三十六年者,可疑也。四十一代之中,东史只有箕否、箕准两代名,而此则无箕否,可疑者也。且三国中叶以后,始有谥法。而《奇谱》列录,皆似谥号,可疑者也。东史以箕准为马韩始祖,号“虎康王”而已,无继序之君。而《奇谱》则无“虎康王”,而以康王卓为首,可疑者也。

其列录:太祖文圣王箕子,四十年;庄惠王松,二十五年;敬孝王询,二十七年;恭贞王伯,三十年;文武王椿,二十八年;太原王札,四十四年;景昌王庄,十一年;兴平王捉,十四年;哲威王调,十八年;宣惠王索,五十九年,国家晏然无事;谊襄王师,五十三年;文惠王炎,五十年;盛德王越,十五年;悼怀王职,二十五年;文烈王优,十五年;昌国王睦,十三年;武成王平,二十六年;贞敬王阙,十九年;乐成王怀,二十八年;孝宗王存,十七年;天老王孝,二十四年;修道王襄,十九年;徽襄王迩,二十一年;奉日王参,十六年;德昌王仅,十八年;寿圣王翔,四十二年;英杰王藜,十六年;逸民王冈,十七年;济世王鲲,二十二年;清国王璧,三十五年;导国王澄,十九年;赫圣王骘,二十八年;和罗王謵,十六年;说文王贺,八年;庆顺王华,十九年;佳德王诩,二十七年;三老王煜,二十五年;显文王释,三十九年;章平王润,二十八年;宗统王恤,十二年;哀王准，二十八年。马韩康王卓，汉惠戊申立，三年；安王龛，三十二年；惠王寔，十三年；明王武，三十一年；孝王亨，四十年；襄王燮，十五年；元王勋，二十六年；稽王（名失传），十六年，汉成帝癸卯，为百济王温祚所并。又按：马韩以康王卓为首，其下列录七王。且东史马韩始于汉惠帝戊申立，成帝癸卯为百济王温祚所灭，当为一百七十六年者，亦可疑。而东史往往特书之，以为信迹，则似未为允当也。

箕子代序，或以为金草家百炼所传，未可据也。箕子子孙，不可略也，故仅得古牒，冥搜幽探，得略干条，兼为辨证之。《魏略》："箕准子支留在国者，因冒姓韩氏，准往海中，不相往来。"《韵书》："箕子封于朝鲜，支子仲食采于于，因氏以鲜于。"《三国志》："鲜于嗣，魏明帝景初中乐浪太守，明帝遣嗣及带方太守刘昕，越海定二郡，诸韩国臣智，加赐邑君印绶，其次与邑长。"《晋书》："单于婴，晋武帝太康二年平州刺史，鲜卑寇辽西，婴讨破之。"鲜于枢，宋赵孟頫《赠鲜于枢诗》曰："箕子之后多髯翁。"洪万宗《东国历代总目》："皇明洪武间，有鲜于京者，为中领别将，其七代孙寔，自泰川来，居平壤崇仁殿侧，遂以寔为箕子后，拜殿监，子孙世袭。"而鲜于氏之闻人鲜于铗，号遯庵，尤庵宋先生门弟。又有鲜于恪，亦知名人。《东史》：马韩元王，有子三人，曰友平、友诚、友谅。国亡，友平奔高句丽，仕琉璃王，为北原鲜于氏；友诚降百济仕温祚王，为德阳奇氏；友谅亡归新罗，仕脱解王，为上党韩氏。

李月沙廷龟《崇仁殿碑》曰："马韩末，有孱孙三人，曰亲，后为韩氏；曰平，为奇氏；曰谅，入龙冈乌石山，为鲜于氏。"其曰亲者，即《通考》所谓箕准子友亲，留在冒姓韩氏者也。其曰平、曰谅，与《奇谱》同。又有箕氏，《万姓统谱》：箕姓，箕子之后，以国为氏，周有箕郑。晋文公问济饥，对曰以信。箕鄤，晋大夫。汉箕堪，西华令；箕肆，臧荼将；箕稠，乌桓校尉。箕澹，晋时劝刘琨攻石勒。我东,则京兆帐籍有箕氏,而皆微贱。余于湖南按察营见箕姓役使令者,问其族,则只有一身云。此箕子子孙之大略也。

我东为箕子纪事,堪作箕子朝鲜史者,有尹斗寿《箕子志》、李栗谷先生珥《箕子实记》、徐命膺《箕子外纪》、正庙诸臣所编《箕田考》。按柳泠斋得恭《滦阳录》:“圆明园宴班,王中堂杰求三国秘史、东国声诗于副使。本国无此二种答之。又求《圃隐》《牧隐》二集。徐公浩修或虑有忌讳处,并辞以无。中堂恳问他书,不得已以韩久庵《箕子井田图说》应之。后竟筵禀校正,附柳根、许筬、李瀷诸说,名以《箕田考》,印送。”此外,未知有何书也。愚以为于《洪范》之书,十有三祀。微子之命,以其旧爵名篇,而知武王、周公之仁,不夺人之所守也。箕子朝周之说,可谓诬罔千秋者也。谨为辨证焉。

平道全:“向化倭人”与东亚海域

1. 朝鲜半岛的“向化倭人”

大约从 14 世纪末开始,在朝鲜王朝的各类文献记录中,开始比较集中地出现关于“向化倭人”的记载,此外,也有如“投化倭人”“归化倭人”“受职倭人”等名称出现,它们基本上都指向同一类人群,即在当时因为种种不同原因来到朝鲜半岛的日本人,他们或长期定居朝鲜后返回日本,或最终成为朝鲜王朝臣民世代居住于朝鲜半岛,其性质大体可以类比现代意义上国与国之间的“移民”。

就“向化倭人”这一历史现象,在韩国和日本学界,均有学者进行过深入的探讨。韩国方面较具代表性的研究有:李铉淙的论文《朝鲜初期向化倭人考》(1959 年)、宋在雄的论文《朝鲜初期向化倭人研究》(1996 年)、韩文钟的专著《朝鲜前期向化・受职倭人研究》(2005 年)等。日本方面则有:中村荣孝在其所著《日鲜关系史研究》一书中的相关讨论(1965 年)、有井智德的论文《李朝初期向化倭人考》(1982 年)、关周一的论文《对马・三浦的倭人与朝鲜》(1998 年)、松尾弘毅的论文《朝鲜前期的向化倭人》(2007 年)等。①

---

① 相关研究著述详情:李铉淙,「朝鮮初期向化倭人考」,歴史教育研究会編『歴史教育』(第 4 輯),1959 年,第 20—48 页。송재웅,「朝鮮初期向化倭人研究」,중앙대 대학원 사학과 석사학위논문,1996 年。한문종,『조선전기 향화・수직 왜인 연구』,국학자료원,2005 年。中村荣孝,『日鮮関係史の研究』,吉川弘文馆,(转下页)

上述韩日两国学者的先行研究,从宏观层面来说,已经详尽探讨并解答了诸如“向化倭人”的基本概念,其所涉及的韩日外交以及朝鲜王朝为管理“向化倭人”而进行的制度安排等诸多学术课题。在此,以其中韩文钟与松尾弘毅的论文为例,略作归纳介绍如下。

就基本概念而言,学者在采用“向化倭人”作为相对统一的学术名称的同时,也对历史文献中同时存在的诸如“投化倭人”“归化倭人”“受职倭人”等名称的现象予以足够的重视,甚至有学者特别指出其中的一些细微差别。如有学者认为文献中使用“向化”“归化”的场合,往往有文化仰慕的意味在,而“投化”一词所使用的场合,则主要是与军事行动中的投降、投诚等背景有关,而“受职倭人”一词,更是特指“向化倭人”群体中接受了朝鲜王朝授予官职的一部分人。[①] 这些研究丰富了我们对于“向化倭人”群体概念的基础认知。

前人研究中涉及的另一关键问题,是对“向化倭人”群体进行类型的划分。例如韩文钟根据向化倭人的成因将其划分为七大类型:(1)降倭;(2)拘留倭人与俘虏;(3)主动向化或逃亡的倭人;(4)跟从送还被掳人同来的倭人;(5)倭僧;(6)使送倭人;(7)三浦恒居倭人及其他。[②] 而松尾弘毅则以“受职”与否为划分依据,首先将“向化倭人”划分成“受职向化倭人”(即担任朝鲜王

(接上页)一九六五年。有井智德,「李朝初期向化倭人考」、『村上四男博士和歌山大學退官記念朝鮮史論文集』、開明書院、一九八二年、二七五—三六二頁。関周一,「対馬・三浦の倭人と朝鮮」、『「地域」としての朝鮮—「境界」の視点から(朝鮮史研究会论文集・第36集)』、緑蔭書房、一九九八年、八九—一一五頁。松尾弘毅,「朝鮮前期におけう向化倭人」、『史淵』(第百四十四輯)、九州大学大学院人文科学研究院、二〇〇七年、二五—五四頁。

① 参见松尾弘毅「朝鮮前期におけう向化倭人」、『史淵』(第百四十四輯)、九州大学大学院人文科学研究院、二〇〇七年、二六—三十頁。

② 参见한문종,『조선전기 향화・수직 왜인 연구』,국학자료원,2005年,第8—47页。

朝官职，为政府服务的人）和“无职向化倭人”（即来到朝鲜之后作为平民百姓生活居住的人），然后在“受职向化倭人”中，再细分出三大类：(1) 倭寇的首领；(2) 以通交为目的的人员；(3) 技术人员，又在“无职向化倭人”中，区分出三类：(1) 倭寇；(2)“己亥东征”前被拘留在朝鲜、其后主动向化的倭人；(3) 来投倭人。[①] 这些关于“向化倭人”类型划分的研究，向我们呈现出该群体在来源和去向上的复杂状况。

朝鲜王朝为安置和管理“向化倭人”而进行的制度设计，也是韩日两国学者研究的重要方面。韩文钟从十个方面详细分析了朝鲜王朝给予“向化倭人”的政策和待遇：(1) 粮食、衣服、土地和房屋的下赐；(2) 田租和赋役的免除；(3) 赐姓名与赐乡；(4) 月料及马料的支给；(5) 结婚和娶妻；(6) 奴婢的下赐；(7) 科田的赐给；(8) 允许科举应试与递儿职；(9) 致祭・赙仪；(10) 犯法的处理。[②] 松尾弘毅将朝鲜王朝对“向化倭人”的管理总结为两个层面的内容，一是抚恤，二是统制。所谓抚恤，是给予“向化倭人”相应的生活保障，对于受职者以俸禄的方式，对于无职者则以基本生活补助的方式。所谓统制，则主要是对其进行限制性的管理，其措施是以居住地为中心的集中管理，“向化倭人”不能在全国范围内随意定居，其中受职者或居京城、或居职务指派之地，而无职者只能居住在政府指定的地区，且一般不可随意移居他处。[③] 这些关于“向化倭人”管理制度的研究，提示我们注意“向化倭人”不仅仅是一个朝日外交的问题，更是一个朝鲜王朝内部政治的问题。

---

① 参见前引松尾弘毅、「朝鮮前期における向化倭人」、『史淵』（第百四十四輯）、九州大学大学院人文科学研究院、二〇〇七年、三三—四二頁。

② 参见前引한문종，국학자료원，2005 年，第 55—89 页。

③ 参见前引松尾弘毅、「朝鮮前期における向化倭人」、『史淵』（第百四十四輯）、九州大学大学院人文科学研究院、二〇〇七年、四二—四七頁。

总体而言,由前人研究大体可见,所谓"向化倭人",其实质乃是特定历史条件下,日本特定区域(以对马岛为主)的人员向朝鲜半岛流动的现象,其背后有着政治、外交、军事、经济活动等错综复杂因素的综合作用。

除了宏观研究外,也有学者进行了有关"向化倭人"的微观研究,其中主要以人物个案研究居多。比如韩文钟的三篇论文:《朝鲜初期的向化倭人与李艺》《朝鲜初期向化倭人皮尚宜的对日交涉活动》《朝鲜初期对马岛向化倭人平道全:以对日交涉活动为中心》和田村洋幸的论文《中世日朝贸易的问题点——以平道全为中心》等。① 在韩日学者关于"向化倭人"的个案研究中,平道全是一个出现频率较高的人物,这主要是因为与其相关的文献资料相对丰富,从而使其在历史中的显现程度较高。本文同样对"向化倭人"平道全的个案展开研究,但侧重点将会与前人有所不同。本文论述平道全生平经历,主要聚焦于三个方面:(1) 其与对马岛的特殊关系;(2) 其对朝鲜所做贡献;(3) 其身处朝鲜、对马夹缝中的悲剧收场。此外,本文还将延伸探讨两个问题:(1) 朝鲜王朝与日本对马岛的特殊关系;(2) "向化倭人"与 14 世纪末 15 世纪初东亚的"倭寇"问题。

2. 平道全成为"向化倭人"

1419 年六月,朝鲜王朝以讨伐倭寇为名发兵日本对马岛,史

---

① 相关研究详情:(1) 한문종,「조선초기의向化倭人과李藝」,『韓日關係史研究』(第 28 輯),한일관계사학회,2007 年,第 89—116 页。(2) 한문종,「조선초기向化倭人皮尚宜의대일교섭활동」,『韓日關係史研究』(第 51 輯),한일관계사학회,2015 年,第 71—94 页。(3) 한문종,「조선초기대마도의向化倭人平道全-대일교섭활동을중심으로-」,『軍史研究』(第 141 輯),陸軍軍史研究所,2016 年,第 7—25 页。(4) 田村洋幸「中世日朝貿易の問題点—特に平道全を中心として—」、『経済経営論叢』(13-3)、京都産業大學、一九七八年,一九一四三頁。

称“己亥东征”，日本称“应永外寇”。对于发动这样一次战争，朝鲜方面很注重师出有名，战争期间，朝鲜方面以世宗大王的名义，先后发出了三篇“教书”，分别是《征对马岛教书》《谕对马州书》和《再谕对马岛书》。[①] 这三篇“教书”分别以朝鲜臣民和对马岛住民为对象，申明了战争的正义性和讨伐的正当性。在后两封以对马岛住民为对象的“教书”中，则更多地表达了希望其幡然悔悟、主动归降的愿望。

其中，在《谕对马州书》中，有这样一段晓谕归降的文字：

> 若能幡然悔悟，卷土来降。则其都都熊瓦[②]，锡之好爵，颁以厚禄。其代官等，如平道全例。其余群小，亦皆优给衣粮，处之沃饶之地，咸获耕稼之利。齿于吾民，一视同仁。俾皆知盗贼之可耻，义理之可悦。此其自新之路，生理之所在也。计不出此，则卷土率众，归于本国，其亦可矣。若乃不归本国，不降于我，尚怀草窃之计，仍留于岛，则当大备兵船，厚载粮饷，环岛而攻之。历时既久，必将自毙。若又精选勇士十万余人，面面入攻，则囊中之物，进退无据，其必孩稚妇女，靡有孑遗，而陆为乌鸢之食，水充鱼鳖之腹也无疑矣。呜呼，岂不深可哀怜也哉。此其祸福所在章章明甚，非茫昧不可究诘之事也。古人有言曰，祸福无不自己求者。又曰，十室之邑，必有忠信。今对马一岛之人，亦皆有降衷秉彝之性矣，岂无知时识势通晓义理者哉。兵曹其移文马岛，谕予至

① 此三篇“教书”收于《东文选》卷二十四“教书”。见徐居正编：《东文选》(第一册)，朝鲜古书刊行会，第465—469页。

② “都都熊瓦”是朝鲜文献记录中对当时对马岛主宗贞盛的称呼，为宗贞盛幼时乳名为“都都熊丸”之讹。

> 怀,开其自新之路,俾免灭亡之祸,以副予仁爱生民之志。[①]

据朝鲜王朝《太宗实录》记载,此教书由“上王命兵曹判书赵末生,致书于对马岛守护都都熊瓦”,并“遣投化倭藤贤等五人赍往对马岛”[②]。在此段文字中,专门提到了平道全的名字,而从“教书”内容可见,平道全这一人物,在当时是被当作“向化倭人”的典型代表提出来的,且其在当时应该是一个为朝鲜王朝和对马岛双方都熟知的人物。那么,这个平道全究竟是个什么样的人呢?从《朝鲜王朝实录》的记载中,我们可以找到不少有关平道全的记载,通过这些记载,足以了解平道全这一朝鲜王朝初期最具代表性的“向化倭人”的经历。

3. 活跃在朝鲜半岛舞台的平道全

平道全,生卒年不详,早年在对马岛主宗贞茂手下供职。1407 年三月,他受宗贞茂派遣出使朝鲜,同年在朝鲜受任官职(员外司宰少监),自此成为朝鲜王朝的“向化倭人”。他作为一名对马岛主的下属官员,在受命出使朝鲜以后就留在朝鲜,摇身一变成了朝鲜王朝的官员。关于这一过程,在《朝鲜王朝实录》中有如下记载:

---

① 见前引徐居正编:《东文选》(第一册),朝鲜古书刊行会,第 467 页。又见[韩]国史编纂委员会编:《世宗实录》卷四,一年七月十七日条,探求堂,1963 年,第 2 册,第 326 页。(以下朝鲜王朝实录的引文注释均简为:《XX 实录》卷 X,X 年 X 月 X 日条,第 X 册,第 X 页。)

② 《世宗实录》卷四,一年七月十七日条,第 2 册,第 326 页。

对马岛守护宗贞茂，遣平道全，来献土物，发还俘虏。①

以平道全为员外司宰少监，赐银带。道全，日本人之投化者也。②

事实上，平道全的“向化”，本身就是对马岛主宗贞茂主动促成的结果。平道全可以说是由宗贞茂举荐给朝鲜国王的人才，1420年十一月朝鲜官员在礼曹会见对马岛使者时提到了这一情况：

赵末生、许稠同坐礼曹，慰九州岛节度使使人，且开谕对马岛使者曰：“汝岛土地瘠薄，不能耕农，以盗窃为生。熊瓦之父贞茂及祖灵鉴，欲禁贼，归命圣朝，以至诚送平道全以宿卫，朝廷怜其诚意，凡有所求，靡不听从。”③

而当时这样一种举荐的模式，在与另一个“向化倭人”表思温相关的记载中，可以得到印证：

初，（表）思温出来，启请仍留宿卫，国家以无岛主之文不许，思温遂还，赍宗贞盛之文而来，乃授职。④

上述记载中提到，成为“向化倭人”的表思温最初来到朝鲜欲

① 《太宗实录》卷十三，七年三月十六日条，第1册，第388页。
② 《太宗实录》卷十四，七年七月十五日条，第1册，第405页。
③ 《世宗实录》卷十，二年十一月三日条，第2册，第413页。
④ 《世宗实录》卷一〇四，二十六年六月七日条，第4册，第562页。

求向化时，并没有得到朝鲜方面的允许，于是他回到对马岛，在得到了对马岛主宗贞盛的（举荐）公文后，再次回到朝鲜请求向化，才被授予官职。由一纸公文的重要性可见，朝鲜王朝在接受对马岛主推荐的"向化倭人"一事上，亦逐渐形成了一种制度性的安排。

从这个意义上说，平道全这一类"向化倭人"的出现，是得到两方政治主体（朝鲜王朝和对马岛）共同认可的一种人才流动的现象，而这种人才流动的背后，一方面是反映了两者关系的紧密性和特殊性，另一方面也反映出其各自的利益诉求，即朝鲜王朝需要利用平道全这类人的能力为自己服务，对马岛也由此实现了在朝鲜王朝内部安插能够为自身谋求利益的人员的目的。

平道全在朝鲜王朝任职以后，多次以朝鲜王朝使节的身份出使对马岛，而这自然是基于其身份的特殊性而做出的再恰当不过的安排：

> 护军平道全还自对马岛。宗贞茂使人陈慰，献马二匹，发还被掳人。[①]
>
> 遣护军平道全于对马岛，报聘也。[②]
>
> 赐对马岛宗贞茂米豆三百石。又赐米豆三十石、衣一袭、鞍一面于护军平道全，遣于对马岛。道全，贞茂之麾下。今遣之，要结和好，禁侵贼也。[③]

平道全在为朝鲜王朝服务的同时，与对马岛主宗贞茂之间的联系也始终没有间断过。一次，宗贞茂因对朝鲜王朝的行事方式

---

① 《太宗实录》卷十六，八年十一月十六日条，第1册，第464页。
② 《太宗实录》卷十七，九年四月二十一日条，第1册，第482页。
③ 《太宗实录》卷二十二，十一年九月十一日条，第1册，第602页。

有所不满，竟通书平道全让他找机会离开朝鲜回对马岛：

> 时宗贞茂通书平道全曰："朝鲜向我之诚，今不如古。古者送米五六百石，今不送矣。汝亦乞暇出来可也。"[①]

由此可见，在对马岛主心里，平道全这样的"向化倭人"，本质上还是他的手下，而这一点同时也说明，对马岛主主动向朝鲜举荐"向化倭人"，主要还是出于谋求自身利益的考虑。

事实上，朝鲜方面也十分清楚平道全与对马岛割舍不断的联系，但是出于尊重人才和发挥人才作用的考虑，只能通过优厚的待遇对其进行积极的拉拢：

> 命厚赙护军平道全父丧。[②]
>
> 赐护军平道全家。[③]
>
> 赐大护军平道全银带一腰。[④]
>
> 赐大护军平道全衣二袭。道全请还本国扫坟，故赐衣遣之。[⑤]
>
> 赐大护军平道全襦衣一袭，且于庆尚道造家与之。[⑥]

面对朝鲜方面的优抚，平道全则可谓是投桃报李，竭力为朝鲜王朝效劳。其中，平道全的军事统帅能力，尤其是在海军指挥方面

① 《太宗实录》卷十九，十年五月十三日条，第1册，第548页。
② 《太宗实录》卷十八，九年八月八日条，第1册，第500页。
③ 《太宗实录》卷十八，九年十一月二十九日条，第1册，第519页。
④ 《太宗实录》卷二十四，十二年十月十七日条，第1册，第652页。
⑤ 《太宗实录》卷二十六，十三年十二月十六日条，第1册，第700页。
⑥ 《太宗实录》卷二十八，十四年九月二十五日条，第2册，第38页。

的才能，是其在为朝鲜王朝效力过程中表现最为突出的方面。

平道全是一员武将，手下带领一批同样来自对马岛的效命于他个人的将士，这一度令朝鲜方面对其有所忌惮，不敢留他在京城驻留。于是朝鲜方面便于1410年二月指派其前往沿海的庆尚、全罗、江原道一带戍卫海防，抵御倭寇进犯：

> 遣平道全率其子望古及其徒八人御倭于庆尚、全罗、江原道。朝议以道全狠戾不测，聚徒居京不便，因以散处之也。[①]

戍防期间，在如何抵御倭寇的问题上，平道全一针见血地指出了朝鲜军事上采取的消极防守策略的弊端，并提出主动出击的策略：

> 平道全言于政府曰："朝鲜之人，未战之时先有还家之念，岂能胜敌乎？予则忘身委质，赴敌之日，当先杀妻，以固其无回还之念，胡为不胜哉？若遣我，则必有以报国矣。"政府以启。道全时有小疾，知申事安腾问曰："若汝疾何？"道全曰："吾生长海中，山行水宿，今安枕肆志，暂不运动，故致气涩而疾作。今若受命发行，则疾当自愈。若予战亡而不还，则予之爵禄愿以传之吾子。"上壮之，命率其徒十余人以往。[②]

此后，平道全统领的海军在抵御倭寇的实战中发展壮大，成

① 《太宗实录》卷十九，十年二月二十七日条，第1册，第531页。
② 《太宗实录》卷十九，十年五月二十二日条，第1册，第551页。

为当时朝鲜王朝一支重要的海上军事力量，而他自己也累积军功，官至上护军（三品官）。

平道全在指挥作战的同时，还做了一件对提升朝鲜海上军事实力颇有助益的事，即引入日本造船技术为朝鲜制造战船。1413年一月，平道全督造的日式战船，在汉江上与朝鲜兵船展开竞速比试，事实证明他督造的战船，性能远超当时朝鲜所使用的兵船：

> 命试倭船。命代言柳思讷将本国兵船，与平道全所造倭船，较其疾徐于汉江。思讷复命曰："顺流而下，则兵船不及倭船三十步或四十步，逆流则几百步矣。"[①]

"向化倭人"在朝鲜兵船的技术提升方面起到作用的例子，还见于1419年六月的一条记载，伴随着人员的流动而实现的先进技术转移，由此亦可见一斑：

> 投化倭皮古沙古等上言：今观兵船体制，一船只着一尾，故一遇风浪，辄至倾覆。倭船则于平时悬一尾，遇风浪则又于两房各悬一尾，故无倾覆之患。乞依倭船例作尾。从之。[②]

除了技术转移外，从有关平道全的记载中，我们还能发现日本宗教文化因素跟随"向化倭人"的移动而向朝鲜传播的例子。比如，1415年六月，朝鲜发生旱灾，平道全向朝鲜太宗请命，由他带领日本僧人前往汉江边，采用日本的仪式进行祈雨，太宗应允：

---

① 《太宗实录》卷二十五，十三年一月十四日条，第1册，第660页。

② 《世宗实录》卷四，一年六月二十七日条，第2册，第323页。

上护军平道全请祈雨于汉江。道全请曰：率日本国僧数人，依日本礼，于汉江水边沉舍利、击小鼓以祷，庶可得雨。从之。[①]

平道全在朝鲜所发挥的作用，还体现在提供信息咨询方面。当朝鲜方面需要了解他们所不知道的有关外部世界的信息时，平道全往往可以根据自身经验提供回答。比如，1415年八月，太宗欲遣使琉球，要求其归还被倭寇掳掠转卖的朝鲜人，于是召见平道全，向其咨询前往琉球的海上路线，以及是否有可推荐的使臣人选：

召平道全，问海路险易。左代言卓慎启曰："宜遣使琉球国，请还倭寇掳掠转卖之人。"上然之曰："分离族属，其情可惜。其率来者，当赏以职。"乃召道全问之："上欲遣使琉球国，以其海险远，皆不欲往，命被罪人中，选拣能不辱君命者以闻。"[②]

事实上，在早期朝鲜与琉球打交道的过程中，"向化倭人"群体常常参与其中，比如1430年被派往琉球的通事金源珍[③]、1461年陪同李继孙接待琉球使臣的通事平茂续和皮尚宜[④]，就均是"向化倭人"。

此外，平道全作为一名对马岛的日本人，活跃于朝鲜政坛的

① 《太宗实录》卷二十九，十五年六月十二日条，第2册，第70页。

② 《太宗实录》卷三十，十五年八月五日条，第2册，第80页。

③ 《世宗实录》卷五十，十二年闰十二月二十六日条及《世宗实录》卷五十一，十三年一月十一日条，第3册，第286、288页。

④ 《世祖实录》卷二十六，七年十月二十四日条，第7册，第494页。

十几年间，也因为其身份的特殊性，在朝鲜与日本的外交活动中起到了中间人的作用。比如，1414 年六月，日本使僧庆胜赴朝鲜，因原定国王坐殿受朝日下雨，未能朝见，将抱憾回国，后经大护军平道全引见，又得以朝见国王。[①] 又如，1414 年七月，日本国王遣使僧圭筹等一行向朝鲜求取《大藏经》《大般若经》，朝鲜应允赠送，但经书需从朝鲜地方寺庙调送，因行事缓慢，日僧指责主事者不肯用心，平道全又居间协调。[②] 再如，1414 年八月，日本对马岛、小二殿、一岐州、日向州使人 105 名，因朝鲜答应赐钟但迟缓给付，聚集于蔚山闹事，“拔剑欲害郡人，恣行暴乱”，朝鲜亦派出平道全前往调停。[③]

4. 夹缝中悲剧收场的平道全

平道全虽在朝鲜方面被认为是“向化倭人”，但他的所谓“向化”，从一开始就不具有单方面倒向朝鲜王朝的“归附”的意味，他和对马岛始终保持着紧密的联系，在政治上也没有完全与对马岛划清界限。在朝鲜王朝任职期间，平道全可算是投桃报李、鞠躬尽瘁，或许从内心而言，他是真心把两边都视作自己的归属，希望能够在两者之间找到平衡。然而，恰恰是因为这样的心态，当朝鲜王朝和对马岛之间出现敌对和冲突的时候，他就被困在了一个两难的境地之中。

平道全并不回避与对马岛的接触和通信，也不刻意掩饰自己对故国的情感。1413 年三月，当他听到传闻说中国方面因为倭寇问题欲发兵讨伐日本时，竟找到左政丞河仑，表示要向朝鲜国王

---

① 《太宗实录》卷二十五，十三年六月十一日条，第 1 册，第 673 页。

② 《太宗实录》卷二十五，十四年七月十一日条，第 2 册，第 27 页。

③ 《太宗实录》卷二十五，十四年八月七日条，第 2 册，第 30 页。

请命带兵回国相救,河仑劝其非但不应回国,甚至不应该让日本知道此传言,并随即向国王汇报了此事:

平道全诣河仑第,曰:“吾闻上国欲讨吾国,吾欲往救,烦为申达。”仑答曰:“汝国之倭,侵上国境,皇帝怒曰:‘蕞尔倭奴,侵掠我边境,当发船万艘往讨之。’汝国何其侵掠之甚耶? 毋令汝国知之。”仑即启曰:“道全问于臣,臣答之以此。”上曰:“予将答之亦如此。”①

类似这样的举动当然会令平道全得不到朝鲜方面的完全信任。而1418年三月十四日发生的“对马岛主求药事件”,则将平道全与朝鲜君臣之间的嫌隙进一步拉大。此事在朝鲜《太宗实录》中记载如下:

对马岛宗贞茂遣人求药。平道全曾乞暇往见宗贞茂,今送伴人皮都知诣阙献书:辞曰:“宗贞茂去年九月发风病几死,去二月小差,乞将清心元(丸)、苏合元(丸)诸般药材,付伴人送之。”又传道全之言曰:“在前贞茂无病时,贼船过萨摩州向江南。今贼人议曰:‘上将出来,贞茂亦病’,声言过萨摩州,遂过行朝鲜地境,傥或犯境,甚可虑也。宜达于国家,令各浦兵船谨于防守。”上览道全之书曰:“彼虽求药,安知服法乎?”兵曹参判李春生等启曰:“今倭变可虑,送骑马驿子于各道,坚实防御。”教曰:“送骑马驿子则其势甚急,外方必惊扰矣,但当移文知会。”②

① 《太宗实录》卷二十五,十三年三月二十日条,第1册,第667页。
② 《太宗实录》卷三十五,十八年三月十四日条,第2册,第209页。

对马岛主宗贞茂因病求药，平道全第一反应是亲身前往探病，而仅派遣自己的一名手下向朝鲜国王启请赐药，此举已属不当。而他命手下所传之言，则更为失当。平道全称：此前宗贞茂无病时，倭寇不敢经对马岛向朝鲜方向劫掠，转而“过萨摩州向江南”行掠，而现在他听闻倭寇中有传言说“上将出来，贞茂亦病”，似乎有重新向朝鲜方向进行劫掠的可能，提醒朝鲜应加强防守。这里的“上将”当是指平道全自己，他这番话表面是在提醒朝鲜注意倭寇动向，但是如果与对马岛主求药的背景联系起来，则难免令人产生他想以抵御倭寇之功要挟朝鲜赐药的猜疑。而朝鲜国王看到平道全的上书后，只说了一句：“彼虽求药，安知服法乎？”并不提及倭寇之事，甚至在兵曹官员提出“倭变可虑，送骑马驿子于各道，坚实防御”后，仍只下教称情势并不紧急，不必“送骑马驿子”，只需“移文知会”即可。从朝鲜国王对平道全此番上书的反应，其实已经能够比较明显地看出其对平道全的态度，而这一态度，很快又以一种更加明确的方式表达出来。

1418 年三月二十日，“对马岛主求药事件”发生的几天之后，代言河演上书，建议停止对“向化倭人”进行资助，国王就此下教书，在同意该建议的同时，又专门提及平道全的问题：

> 代言河演启曰：“投化倭人等来居我国，非一二年矣，而犹赖国家资生，其支费不赀，请自今勿复给粮。”教曰：“此人等初来我国，不习家产之时，宜给粮以补乏，既习我国之事而已成其生，可以耕田而食也。寄食我国，以为恒例，则无穷之欲何时而已乎？近者平道全与弟皮郎书贼人等造船一百五十只，欲掠中国，其于往来边鄙之患可胜言哉？我国因平道全等至今得保，此特权时之意也。贼等多逞不义，宜当自灭，若不自灭，则豺狼之暴

何时而已乎?倘中国知我国交通而不救中国之患,则非特无事大之诚,其终必有腹心之疾。予以此虑之无已。”①

该教书中提到的平道全伙同贼人“造船一百五十只”,“欲掠中国”的情节,应只是当时朝堂上忌惮平道全的官员对其的一种指控,而并非确实的罪名,“欲掠中国”也并非既成事实。而将此事于教书中提出,表明当时朝鲜当政者对平道全已经做出了负面的判断。“我国因平道全等至今得保,此特权时之意也”一句,再明白不过地表达了朝鲜王朝任用平道全的初衷。而在当时,朝鲜力求自保的时期已经过去,需要考虑更为重要的问题,即与中国的关系,如果继续任由平道全之类与倭寇关系暧昧的“向化倭人”在朝鲜活动,必将影响中国对朝鲜的态度。此一时也,彼一时也。于是,以平道全为代表的“向化倭人”群体,就变成了朝鲜的“腹心之疾”,无怪乎国王要“虑之无已”。

这种情况之下,可以想见,平道全在朝鲜国内的处境实际上已经是危机四伏了。而雪上加霜的是,1419 年五月初五日,朝鲜半岛发生了对马岛倭寇进犯沿海地区的“庇仁县倭寇事件”,这给朝鲜王朝提供了彻底清算平道全的机会。

“庇仁县倭寇事件”爆发后,平道全作为朝鲜方面抵御倭寇的海防将领,不得不领命应战:

忠清道观察使郑津飞报:本月初五日晓,倭贼五十余艘,突至庇仁县之都豆音串,围我兵船焚之,烟雾曚暗,未辨彼我。上王即命征集当道侍卫、别牌、下番甲

---

①《太宗实录》卷三十五,十八年三月二十日条,第 2 册,第 210 页。

士、守护军与当下领船军，严加备御。……朴訔启曰："国家待倭人极厚，而今乃侵我边鄙，无信如此。平道全厚蒙圣恩，官至上护军，宜遣道全以助战。今若不用其力，将焉用哉？杀之可也。"乃命以道全为忠清道助战兵马使，率其伴倭十六人以往。[①]

在战役过程中，平道全选择的是一种消极作战的方式。事实上，这也都在情理之中，因为他和手下兵士都无法做到毅然决然地向对马岛的同胞拔剑相向：

朴龄、成达生等飞报："尹得洪、平道全等期与处置使会于白翎岛，将挟攻之，月十八日未时，得洪以兵船二艘先到白翎岛，遇贼船二艘与战，道全以兵船二艘继至挟攻。申时，获倭一船，乃贼魁所骑船也。贼凡六十余人，得洪斩十三级擒八人，道全斩三级擒十八人，其余皆溺死。余船隐见云涯，向南而去。"[②]

"庇仁县倭寇事件"所引发的战役最后以朝鲜方面的胜利告终，同时它也成为"己亥东征"的导火索，事发一个多月后的六月十七日，世宗任命李从茂为水军司令，统率227艘战舰、1.7万大军进攻对马岛。[③]

---

① 《世宗实录》卷四，一年五月七日条，第2册，第314页。

② 《世宗实录》卷四，一年五月二十三日条，第2册，第318页。

③ 《世宗实录》卷四，一年六月十七日条，第2册，第322页。"三军都体察使李从茂率九节制使，发巨济岛，至海中风逆，还泊巨济。兵船：京畿十艘、忠清道三十二艘、全罗道五十九艘、庆尚道一百二十六艘，总二百二十七艘。自京赴征诸将以下官军及从人，并六百六十九，甲士、别牌、侍卫、营镇属及自募强勇杂色军、元骑船军，并一万六千六百十六，总一万七千二百八十五，赍六十五日粮以行。"

令人唏嘘的是,平道全竟然在“庇仁县倭寇事件”一战后冒领战功,此举冒犯了和他并肩作战的将领尹得洪,尹得洪原本对平道全在战役中的立场表示同情和理解,并未打算公开其消极作战之举,但平道全的冒功之举,令尹得洪转而决定据实呈报其消极作战、冒领战功的行径:

> 平道全率伴人十七名及尹得洪伴人朴英忠驰驿入京,诣寿康宫献俘及兵器衣甲。上王命厚馈酒食,仍赐道全鞍马、英忠弓矢。上又赐道全米豆四十石,平八郎衣一领及米豆十石,其余伴人各米豆十石、英忠衣一领。八郎,道全弟,其十六人皆倭之从道全在京中者。道全与得洪追贼,得洪功居多。得洪以道全向化人,不与争功,道全自言己功居多,故赏之特厚。[①]
>
> 先是,平道全潜通于对马岛曰:“朝鲜近来待汝等渐薄,若更侵掠边郡以恐动之,则必将待之如初矣。”及尹得洪逐倭于白翎岛,道全自以日本人,不肯尽力,得洪先与贼战,贼已败矣,道全不得已助之。且见所知倭僧,请得洪勿杀,处置使成达生责之。道全先来阙下,以为己功,至是,得洪乃以实启。[②]

于是,世宗下令,将平道全及其家人安置于平壤,其手下将官分置于咸吉道一带,名为安置,实为流配:

> 宣旨:“道全并妻孥等十四名,安置平壤,其伴人等

① 《世宗实录》卷四,一年五月二十四日条,第 2 册,第 318 页。
② 《世宗实录》卷四,一年六月三日条,第 2 册,第 320 页。

分置咸吉道各官。”上命道全妻孥自备生业，间量给米盐，且与空闲家舍，俾遂其生。[①]

自此，平道全一家便进入了潦倒困苦的生活境地：

礼曹启：“平安道阳德安置倭人平道全，计阔零丁，典卖衣服鞍马以资朝夕，其女子年壮未嫁。”上命道全女子令所居官给资妆嫁之。[②]

“庇仁县倭寇事件”之后，朝鲜当局对平道全的处置十分迅速，战役于五月二十三日结束，平道全在六月初三日即被查获问罪，而在两周之后，朝鲜就向对马岛发兵了。其中的缘由其实不难理解：朝鲜发兵对马岛之前，对国内“向化倭人”系统的将领和军士必须做出处理，不然，一则发兵对马岛的决定会遭到他们的反对，二则很有可能会在与对马岛作战过程中导致“后院失火”。所以，朝鲜实际上是借助对“向化倭人”将领中级别最高的平道全的彻底打压，来消除这些隐患和后顾之忧。

回过头来看，所谓“庇仁县倭寇事件”实际上根本不是对马岛有组织有计划地进犯朝鲜的事件，而是对马岛倭寇在前往中国劫掠的路途中，因为缺粮严重而不得已临时起意的抢劫活动。朝鲜方面在战役中俘获的一名倭寇这样供述：“吾系对马岛人，岛中饥馑，以船数十艘，欲掠浙江等处，只缘乏粮，侵突庇仁，遂至海州，窥欲行劫。”[③]

而之后朝鲜以此事件为由，迅速做出攻打对马岛的决定并付

① 《世宗实录》卷四，一年六月三日条，第 2 册，第 320 页。

② 《世宗实录》卷三十四，八年十二月三日条，第 3 册，第 51 页。

③ 《世宗实录》卷四，一年五月十日条，第 2 册，第 315 页。

诸实施,从某种程度上来说,倒是显示出朝鲜方面对于对马岛的军事意图是早已有所筹谋的。而对于这一点,身在朝鲜的平道全其实也已经意识到,“己亥东征”发生前,他给对马岛主的信中就曾提到:“朝鲜近来待汝等渐薄,若更侵掠边郡以恐动之,则必将待之如初矣。”①可谓一语成谶。

在当时朝鲜王朝和对马岛的关系状态下,平道全作为一名“心有两属”的“向化倭人”,从一开始就注定了悲惨收场的命运,他可以说是成为两者关系的牺牲品。而在“己亥东征”过程中,平道全虽已被治罪发配,但他的名字和形象仍然出现在朝鲜国王的“教书”中,被用以招安对马岛人,这一点显得颇为讽刺。

“己亥东征”之后,朝鲜王朝和对马岛的关系再次回归到友好状态,对马岛主宗贞盛分别于1421年、1426年两次派人向朝鲜政府求情,希望赦免平道全,让其返回对马岛,但朝鲜方面始终未允:

> 礼曹问(宗贞盛使人仇里安)曰:“来书有平道全系累之言,道全从仕本朝,官至上将。自作罪咎,故安置于外,其妻子并给口粮。”仇里安曰:“道全本以贞茂代官宿卫,今以见黜,故疑以本道之故得罪耳,非有他也。”②

> 对马州宗贞盛、左卫门大郎等奉书礼曹,再请发还平道全。礼曹参议金孝孙答书曰:“谕及道全重干邦宪,然得保性命,恩至渥也。”③

1434年,朝鲜王朝的官员右议政崔闰德又提出赦免平道全,

---

① 《世宗实录》卷四,一年六月三日条,第2册,第320页。

② 《世宗实录》卷十一,三年四月七日条,第2册,第428页。

③ 《世宗实录》卷三十四,八年十一月一日条,第3册,第47页。

但因朝中仍有反对声音，竟仍未果：

> (右议政崔闰德)又启曰："平道全寄食阳德，穷困莫甚，请赦之。"安崇善启曰："道全对马岛倭也。厚蒙上恩，官至三品，宜当效力图报。岁在己亥，其子望古背国，道全于黄海道捕倭时，不肯力战，与贼相应，罪在不赦。我太宗只黜于外，得保首领，斯亦幸矣。安有放赦之理乎?"上曰："所言是矣。"①

此后，有关平道全的情况再未见诸史载。这位在15世纪初曾经叱咤朝鲜海域，在倭寇横行的背景下，保全朝鲜半岛于一时的"向化倭人""御倭上将"，却没能在整个东亚地区外交和军事角逐的大环境中保全自身，最终落得一个悲剧的收场。

5. 从平道全看朝鲜半岛与对马岛关系

对马岛是位于朝鲜半岛和日本列岛之间的一个小岛，面积708平方千米，人口不到4万，为日本属岛。对马岛虽属日本，但它与韩国釜山之间的距离为49.5千米，而距日本福冈138千米，从地理上来说，它离韩国更近。而在历史上，它和朝鲜半岛的关系也非同一般，特别是在朝鲜王朝时期，两者间的关系可以称得上是一种"超越了国家界限的亲密关系"。

通过"向化倭人"平道全的个案，已经让我们得以从一个侧面管窥朝鲜王朝初期与对马岛的关系。而从整个朝鲜王朝时期来看，特别是在经过了"己亥东征"之后，朝鲜王朝和对马岛的关系，

① 《世宗实录》卷六十三，十六年三月一日条，第3册，第546页。

长期固定在一个稳定的状态,即朝鲜王朝对于对马岛来说,是一个“上位”的存在,是对马岛依靠和依赖的对象。而平道全的例子,展现给我们的恰恰是两者在建立上述关系之前所经历的一段“磨合期”。纵观更长的历史时期中朝鲜半岛与对马岛的关系,其特殊性更值得我们关注。

高丽时代末,对马岛是倭寇的重要据点,倭寇屡屡进犯边境,高丽国王派大将李成桂征剿并大败之,令其闻风丧胆。后李成桂建立朝鲜王朝,其在位主政期间,倭寇未敢犯境,李成桂去世后,倭患再起。1419 年六月,朝鲜王朝以讨伐倭寇为名,派兵攻占对马岛,这一事件在韩国称“己亥东征”,日本称“应永外寇”,它还被称为是“朝鲜历史上唯一一次主动进攻日本的战役”。这次战役,朝鲜军队大胜,对马岛乞降,岛主宗氏接受了朝鲜的官职,某种程度上可以认为对马岛成为朝鲜王朝的附属。

可以说,当时的对马岛主政者出于生存和发展的现实考虑,而主动选择了一种在朝日之间“两属”的状态。事实上,在人们的思想被现代国家观念规训之前,这样一种模糊的国家归属意识并不足为奇。而正是这样一种“两属”的状态,奠定了此后数百年朝鲜王朝和对马岛关系的走向。

此后,对马岛与朝鲜王朝之间建立起了一种类似朝贡的关系,对马岛定期派使节向朝鲜进贡,其获得的回赐远远大于他们的付出。除此之外,朝鲜王朝还经常以宗主国的姿态,主动向对马岛上生计艰难的民众提供恩赏或救济。与朝鲜王朝的特殊关系的建立,让对马岛告别了倭寇时代,告别了依靠劫掠维生的生存方式,进而找到了新的经济生产方式——在朝鲜和日本之间开展转口贸易。设在釜山的“倭馆”,就是由对马岛人所垄断的朝日贸易的据点,伴随着“倭馆”的运作和贸易活动的展开,对马岛不仅成为朝日之间经济往来的中介,还逐渐发展成了两者之间政治、外交乃至文化交流的重要媒介。

然而，朝鲜王朝和对马岛的关系，也经历了波折和考验。1592年，“壬辰倭乱”爆发，对马岛归属日军阵营，对马岛兵士被编入小西行长的军团，参与了侵入朝鲜的军事行动。在整个战争期间，对马岛就好比是一艘不沉的航空母舰，一块重要的军事跳板。在攻打朝鲜之前，日本海、陆军队先集结于该岛，然后朝发夕至打进了朝鲜，而在整个战争过程中，该岛也都是重要的军事和后勤保障基地。

然而，作为朝鲜和日本之间的一个特殊存在，对于对马岛人来说，朝鲜和日本之间的和平才是他们利益的保障，两者之间发生战争是他们最不愿意看到的。所以，在战争爆发前，对马岛人就曾经竭力斡旋，希望避免战争的发生。战争期间对马岛人心态的纠结，也是可想而知，这一点从在对马岛流传的一个小故事可见一斑：据说壬辰倭乱期间，有一位对马岛的将领在收到带兵出征的军令后，因感念于朝鲜对自己岛民的世代恩情，拒绝出战，最终被军法处死。[①] 此外，有学者研究指出，“壬辰倭乱”期间，存在大量“降倭”的现象，这些归降的日本人，或直接参与了对日作战，或潜伏于日军中探查情报。[②] 尽管因材料所限，无法明确了解这些“降倭”的身份属性，但我有一大胆推测，其中对马岛的日本人当占多数，因历史原因，其向朝鲜方面归降的可能性要远高于日

① 姜弘重的《东槎录》载：“留马岛之日，本岛诸倭皆云：壬辰西抢之时，大将使本岛人橘宽年领岛兵为先锋，橘倭不肯，曰：朝鲜地方，山川险阻，用兵甚难，决非客兵之所易拔。今日之举，莫如止之。况本岛厚蒙朝鲜恩泽，身虽日本之生，而命实朝鲜之赐，决难背恩相攻云。大将以为其言则是，其义则可取，而但沮扰军情，其罪可斩，即杀之。其后朝廷似当有褒赏之典，而今数十余年尚无此举，本岛之人莫不缺然嗟恨云。答曰：此人事得闻于千万意料之外，心甚嘉尚，不觉叹服。朝廷若闻此言，岂无褒赠之举哉？”见复旦大学文史研究院编：《朝鲜通信使文献选编》，复旦大学出版社，2015年，第二册，第74页。

② 한문종,『조선전기 향화 • 수직 왜인 연구』,국학자료원,2005年,第133—165页。

本其他地区的兵士。

“壬辰倭乱”结束之后,对马岛人马上不遗余力地展开修复朝日两国外交关系的工作,他们甚至不惜采用伪造国书的手段,代替德川幕府向朝鲜王朝首先示好,最终促成了朝鲜和日本在1607年重新实现邦交的正常化。朝鲜和日本在经历了一场异常惨烈的战争以后,竟然能够在短短9年之后就重新建立和平友好关系,实属难得,而在其中,对马岛可以说是功不可没。

其后,便进入了朝日之间所谓“善邻友好”的通信外交时代,对马岛人在朝鲜通信使臣往来日本的过程中,每次都承担全程护卫和外交协调的任务。他们悉心护卫朝鲜使臣,殚精竭虑地沟通协调,消弭朝鲜与日本间大大小小的误会和矛盾,努力维持朝日外交的友好氛围。应该说,朝鲜和日本之间以通信外交的形式,维系了近三百年的和平往来,对马岛也在其中起到了不可或缺的作用。

6. 从平道全看东亚海域“倭寇”问题

朝鲜王朝初期,国力尚未稳固,近在咫尺的对马岛,因为倭寇这一军事力量的存在,成为它就算不得已也必须去安抚和交好的对象。站在对马岛的立场,能够保持与朝鲜之间的和平也是最大的利好,与朝鲜的交好,事实上还可以使对马岛及日本其他地区的倭寇势力通往中国方向劫掠的路径得以畅通。而正是在这种特殊历史条件下,“向化倭人”的现象大量涌现出来,借助“向化倭人”,朝鲜获得了自身发展所需的人力资源和和平环境,而对马岛也获取了相应的利益。但是,在这背后,谁的利益又被牺牲了?或者说谁又成了间接的受害者呢?

以平道全之例观之,其在朝鲜防御倭寇一事上所起的作用,可谓立竿见影，朝鲜启用其护卫沿海地区，捷报频传，倭寇之患几乎绝迹，表面上看，这是平道全的剿寇之功，如若细究，再联系其后来朝鲜与对马岛关系紧张局势下的表现，不难想见，或许那些指控其暗中勾结倭寇的声音，并非空穴来风。换个角度思考不难理解，所谓平道全驻守防御倭寇之地，如若成为实际意义上倭寇西进及东返途中的中继补给站，那么，对朝鲜王朝而言，海境的倭患自然是解除了，但对中国方面而言，其所面临的倭寇侵扰的压力，显然将会成倍增加。

事实上，已有不少研究论及这一问题。如有研究指出，朝鲜王朝建立之初，李成桂善用武力与外交手段对抗倭寇，倭寇遂转而劫掠辽东、山东地区。对马岛宗贞茂主政时期，朝鲜政府给予宗氏极大的优待，而宗氏则遵守不寇略朝鲜的约定，并协助朝鲜打击其他倭寇，朝鲜因而获得了二十余年海疆的稳定，能够腾出手来解决北方边境的问题。然而宗氏不寇略朝鲜的承诺，并非指放弃海盗活动，而是将寇略的目标转向中国。① 还有研究更是直接指出，朝鲜是 14 世纪中叶至 15 世纪初明朝“倭寇泛滥的幕后推手”，它在笼络对马岛、确保倭寇不侵扰朝鲜的情况下，不仅对倭寇向中国方面行掠的行为视若无睹，甚至还一度允许日本商人在朝鲜出售从中国劫掠去的财物。②

倭寇问题是那个时代东亚世界整体性的问题，如果局限于朝鲜半岛和日本两者之间去观察，自然得出的是朝鲜王朝启用“向化倭人”的举措换来沿海和平的结论，而且这可以算是一种成功的策略。但如果将视野扩展至整个东亚的范围，当朝鲜半岛对倭寇来说不仅不再是阻力，更是某种程度上的助力的时候，直接的

① 吴大昕：《朝鲜己亥东征与明朝望海埚之役——15 世纪初东亚秩序形成期的“明朝征日”因素》，《外国问题研究》2017 年第 1 期。

② 张金奎：《明初倭寇海上三角“贸易”略论》，《求是学刊》2014 年第 1 期。

结果自然就是中国不得不面对更大的倭患压力。

当然,朝鲜王朝并不是没有意识到问题的存在,只是就任何一个政权而言,在任何时候都定然要进行利益的权衡,而自身利益始终是被放置于首位的。朝鲜王朝初期的“以倭御倭”策略,只是不得已而为之的权宜之计,它的长远目标还是希望彻底解决掉枕榻边的倭患,因为其中不仅有自身国家安全的考虑,也有作为附属国拱卫中国(明朝)的义务。所以,一旦朝鲜国力稳固、军力发展,必然会主动去打破这种畸形的局面,改变与倭寇势力(或者更直接一些说就是对马岛)的关系,而朝鲜王朝征伐对马岛的“己亥东征”,就可以被看作是在这一脉络下历史发展的必然结果。

对于倭寇这样一个宏观的历史问题,当然可以从很多的角度去研究和分析,而通过平道全这一“向化倭人”的微观案例去观察,其意义大概就在于能够为我们呈现出一些鲜活生动的历史细节,让我们在关注宏大历史叙述的同时,去发现真实生活在那个时代中的个人或群体。他们是历史的参与者、亲历者和塑造者,通过他们,或许我们可以离历史真正的面貌更贴近一些。

附录:

征对马岛

〔朝鲜王朝〕李瀷

(摘自李瀷《星湖先生僿说》卷之十九)

余于朋友家乱□中得《国朝征讨录》者,今之儒士得见盖鲜也,恐久益泯也,删其繁略著之。

世宗元年己亥，夏五月辛亥，倭入庇仁县。既，又尹得洪、平道全等遇倭于白翎岛，斩获，余皆溺死。道全者，本倭人。前此道全密通对马岛，云："朝鲜待汝寝薄，若侵掠，恐动必如初。"至是，道全为助战兵马使，战又不力，命窜于平壤。于是，议征对马岛。佥曰："待贼还。"独兵曹判书赵末生曰："可乘虚也。"乃命长川君李从茂为三军都体察使，将中军禹博、朴成阳、黄蒙佐之，柳湿将左军，朴础、朴实佐之，李之实将右军，李藏、李顺蒙佐之，发庆尚、全罗、忠清三道兵船二百余艘，合甲士、别牌、侍卫骑船，军万七千余人越。十一日壬戌，李从茂等辞，上亲饯于白沙亭，又命捕倭到浦者五百九十人，诛其顽凶。被杀及投水死者百三人。以平望古等分置内邑。望古，道全之子也。六月壬辰，李从茂率诸军赍五十日粮，直向对马岛。倭望之，以为岛人也，持酒来迎。大军继至，倭走入险，夺兵船百四十余艘，斩首百五十级，焚庐舍不可胜记，获汉人被虏男妇百余人，置栅为持久计。倭请救于一歧，上松设伏而待左军，朴实见兵少，欲乘高掩击，伏发不利，偏将朴弘信等死之。倭追击我师，我师堕崖及战死者百数十人。李顺蒙等力战拒之，倭乃退。而中军不下船也。岛主都都熊瓦奉书，乞退师修好。曰："七月有飓风，大军不宜久留。"七月丙午，李从茂帅舟师还。赐诸将爵级有差。壬午，亲宴东征将士。

愚按：对马岛者，古今言本属新罗，据《三国史》未见其必然。然其地土无数尺之厚，惟橘、柚及南草最盛。其人业商贩，仰食朝鲜，是柄□在我矣。苟恩以抚之，威以临之，处之得其道，可以折棰而制其命矣，何至于劳师乎？我国炮剑不利，偷惰狃习，而遽图斗力，未必得志于外也。是役也，左军失利，右军力拒，李从茂等牢守中坚，凭轼而观，其败衄罪不容诛，及归，爵赏先及，何以为死？上之劝哉。

谕对马州书

〔朝鲜王朝〕卞季良

（摘自《东文选》卷之二十四）

宣旨若曰：

天之生斯民也，气以成形，理亦赋焉。而作善则降之百祥，作不善则降之百殃。古昔帝王，奉若天道，教民稼穑，树艺五谷，以养其形，因其固有之义理而开导之，以淑其心。若有强梗不率，杀越人于货，愍不畏死者，小则刑戮，大则征伐。尧舜三王，君人之道，如是而已。

对马为岛，隶于庆尚道之鸡林，本是我国之境，载在文籍，昭然可考。第以其地甚小，又在海中，阻于往来，民不居焉。于是倭奴之黜于其国而无所归者，咸来投集，以为窟穴。或乘时窃发，劫掠平民，攘夺钱谷，因肆贼杀，孤寡人妻子，焚荡人室庐，穷凶极恶，积有年纪。

惟我太祖康献大王，以至仁神武，应天革命，肇造邦家，市肆不易，而大业已定。此虽汤武之盛，何以加哉？国势大张，兵力崛阜，穿彻海岳，腾掷天地，降隆殷殷，凡有血气者，莫不慑伏于斯时也。命一褊将，殄歼对马之小丑，有如泰山之压鸡卵，贲育之挎婴儿。我太祖，乃敷文德，载戢武威，示以恩信怀绥之道。

予绍大统，莅国以来，克承先志，益申抚恤，虽或间有草窃不恭之事，尚念都都熊瓦之父贞茂慕义输诚，犯而不校。每接信使，馆焉以留，仍命礼曹厚加劳慰，又念其生理之艰，许通兴利商船。庆尚道之米粟运于马岛者，岁率数万余石。庶几养其形体，以免饥饿，充其良心，耻为草窃，并生于天地之间也。予之用心，盖亦勤矣。不意近者忘恩悖义，自作祸胎以取覆亡。然其平日投化及以兴利通信而来者，与今望风而降者，则并皆不杀，分置诸州，仍给衣食以遂其生。又命边将率领兵船，进围其岛，以待卷土而降。

今其岛人，尚且执迷不悟，予甚悯焉。岛中之人，计不下数千，思其生理，良用恻然。岛中之地，类皆石山，未有肥衍之土，稼穑树艺，无所施功，将欲乘隙窃发，盗人财谷。盖其平昔所在，罪恶贯盈。幽则天地山川之神默降殃祸，明则良马大船利兵精卒，水陆之备甚严焉，往而不遭诛戮之患哉。只有捕鱼采藿买卖之事，乃为生理所资。而今已背恩负义，自绝之矣，非予先有绝之之心也。失此三者，不免饥饿，坐待死亡而已。于此为计，其亦难矣。

若能幡然悔悟，卷土来降，则其都都熊瓦，锡之好爵，颁以厚禄。其代官等如平道全例。其余群小，亦皆优给衣粮，处之沃饶之地，咸获耕稼之利，齿于吾民，一视同仁。俾皆知盗贼之可耻，义理之可悦，此其自新之路，生理之所在也。计不出此，则卷土率众，归于本国，其亦可矣。若乃不归本国，不降于我，尚怀草窃之计，仍留于岛，则当大备兵船，厚载粮饷，环岛而攻之。历时既久，必将自毙。若又精选勇士十万余人，面面入攻，则囊中之物，进退无据。其必孩稚妇女，靡有孑遗，而陆为乌鸢之食，水充鱼鳖之腹也，无疑矣。呜呼！岂不深可哀怜也哉。此其祸福所在，章章明甚，非茫昧不可究诘之事也。

古人有言曰："祸福无不自己求者。"又曰："十室之邑，必有忠信。"今对马一岛之人，亦皆有降衷秉彝之性矣，岂无知时识势通晓义理者哉？兵曹其移文马岛，谕予至怀，开其自新之路，俾免灭亡之祸，以副予仁爱生民之志。

金诚一："国书疑云"与历史记述

1. 壬辰战争前的国书交涉

1592年至1598年间，以朝鲜半岛为战场，中、日、韩展开了一场三国大战，"壬辰倭乱"是中韩两国对于这一场战争的通常称呼，相较而言，"壬辰战争"则是更为国际学界所接受的一种表述。关于这场战争的研究，一直以来都是中、日、韩三国历史学界重要的研究母题。而近年来在中国学界，相关研究又掀起新一轮的高潮。究其原因，主要是新的文献资料尤其是域外所藏新资料的浮现，一方面为研究者提供了新的研究视角，另一方面也使得相关的研究课题有了进一步拓展和细化的可能。[①]

因受到这一最新学术潮流的启发，我也尝试进行一些利用韩国方面资料重新审视"壬辰战争"历史的研究，且有幸在研读史料的过程中获得了一些新的发现，在此稍作陈述，期得方家指正。此处所谓新发现，具体是关于"壬辰战争"爆发前日本的丰臣秀吉写给朝鲜国王的一封国书。这封国书是一份知名度颇高的历史文献，而围绕着这封国书，也形成了一个为学界乃至大众都熟知

① 山东大学陈尚胜教授领衔的学术团队，近年来在壬辰战争研究领域开展了令人钦佩的工作，通过系统性地收集和整理域外相关文献资料、定期召开工作坊形式的国际学术会议等，搭建了中、日、韩乃至欧美学者共同参与的学术交流平台，催生了大量高质量的研究成果，推动了"壬辰战争"研究的新发展。

和普遍接受的历史情节，即丰臣秀吉向朝鲜国王提出“假道入明”的要求，朝鲜方面拒绝担当“征明向导”，最终导致日本悍然出兵朝鲜。这也使得这封国书在某种程度上具有了战争导火索的意味。

“假道入明”和“征明向导”均是颇为抓人眼球的用词，而或许也因为它们和后来战争形势的发展，特别是和明朝参战的结果十分契合，所以鲜少有研究者去关注它们的文献出处问题并对其提出质疑。但是，一个颇令人意外的事实却是，稍作文献检索便可以发现，这两个词汇均没有出现在作为官方历史文献留存下来的“丰臣秀吉致朝鲜国王书”的原文[①]之中。那么它们究竟是如何出现的呢？就此，我所能找到的一个可能的文献来源线索是日本人赖山阳（1780—1832）所著之《日本外史》，该书是这样记述该国书全文的：

> 秀吉既至自伐关东，见韩使者，乃命史作书以答之曰：“日本丰臣秀吉，谨答朝鲜国王足下：吾邦诸道久属分离，废乱纲纪，阻隔帝命。秀吉为之愤激，被坚执锐，西讨东伐，以数年之间，而定六十余国。秀吉鄙人也，然当其在胎，母梦日入怀。占者曰：‘日光所临，莫不透彻，壮岁必耀武八表。’是故战必胜，攻必取。今海内既治，民富财足，帝京之盛，前古无比。夫人之居世，自古不满百岁，安能郁郁久在此乎？吾欲假道贵国，超越山海，直入于明。使四百州尽化我俗，以施王政于亿万斯年，是

① 目前“丰臣秀吉致朝鲜国王书”有两个较为权威的版本：一是朝鲜方面的官方文献《宣祖修正实录》中收录的全文版本，二是日本方面的文献《续善邻国宝记》中收入的全文版本。这两个版本的内容基本一致，仅存在个别文字出入，总体上可以互为印证。

秀吉宿志也。凡海外诸藩后至者，皆在所不释。贵国先修使币，帝甚嘉之。秀吉入明之日，其率士卒会军营，以为我前导。"[①]

《日本外史》一书，是赖山阳撰著的通俗性的日本通史作品，用汉字写作，成书于1826年，书中有关秀吉致朝鲜国书的内容，虽是以全文转录的形式呈现，事实上却已经有了加工润色的痕迹，而其中与"假道入明"和"征明向导"两种表述密切相关的关键词"假道"和"前导"，恰恰就是这一番加工润色的产物。这一点，只需将《日本外史》所记国书与目前日本和韩国文献中同时都有留存的权威版本国书内容作一比对即可确知。[②]

已有研究者指出，赖山阳的《日本外史》在1862年传入中国，之后在中国有广泛的流传，一度成为中国学人了解日本历史的重要知识来源。[③] 民国时期戴季陶所著《日本论》一书中，就曾直接转引过赖山阳《日本外史》中的这封国书的全文。[④] 另外，韩国和日本官方文献中留存的更为原始和权威版本的国书原文，在中国的流传却极为有限，在很长一段时间内似乎都并不为国人所广泛知晓。[⑤] 或许正是在这种情况下，赖山阳版国书便在中国人的普

---

① ［日］赖山阳：《重订日本外史》，北京大学出版社，2015年，第347—348页。

② 如果说《日本外史》中所记国书内容完全出自作者赖山阳的加工润色，似乎还有些武断，另外的一种可能是赖山阳确实原文抄录了在他之前的日本文献中记载的某一个版本的国书。由于我目前尚未看到有相关文献存在的证据，故此种可能性只能待考。但无论如何，这一版本的国书与韩日官方文献中权威版本的国书存在差异，尤其是存在"假道"和"前导"两处关键性差异，这一点确实无疑。

③ 赵建民：《〈日本外史〉的编撰、翻刻及在中国的流传》，《复旦学报（社会科学版）》1996年第1期。

④ 戴季陶：《日本论》，民智书局，1928年，第40页。

⑤ 作出此推论的原因，很大程度上是目前我未能找到中国方面文献中全文载录日韩权威版本国书原文的情况，如有方家指出相关情况的存在，我将不胜感激。

遍认知中烙刻下了“假道入明”和“征明向导”这两个有关“壬辰倭乱”历史的深刻印象。

当下，中国学界的研究者在获取权威版本国书原文这一点上，早已不存在任何障碍，但此前却未见有研究者关注到这一文本差异现象，并通过文本比对提出相关疑问。然而，赖山阳版国书与权威版国书的差异，于本文而言还只是一个引子，我在研读文献的过程中还发现，即便是就韩日两国同时留存的权威版本的国书而言，也还存在着一些问题，该国书产生的历史背景和事件过程的复杂性，还有很多值得去揭示和探讨的地方。

到这里就需要提出本文关切的一个核心问题：韩日文献中留存的权威版本国书的内容，与实际到达朝鲜国王手中的国书内容是否一致？这是一个此前研究者从未提出过的问题，却被我所研读的文献强烈地提示出来。为了回答这个问题，我们需要再次回到国书本身以及国书产生的历史事件中去。

2. 金诚一日记与“秀吉国书”

“壬辰战争”爆发前夕，1590 年三月至 1591 年三月间，朝鲜王朝应日本方面要求，向其派遣了由正使黄允吉、副使金诚一、书状官许筬所率领的通信使团。对于这次通信使活动，在朝鲜王朝看来，一是应日本所请遣使祝贺丰臣秀吉统一日本，二是为了探查日本国情。而在日本方面特别是丰臣秀吉个人看来，这次遣使活动是朝鲜向日本朝贡。这种双方对使行性质认识不对等的情况，在朝鲜使臣收到丰臣秀吉写给朝鲜国王书信的一刻，不可避免地暴露出来，从而引发了一场国书交涉事件。

为便于本文论述的展开，在此先将引发该次国书交涉事件的

“丰臣秀吉致朝鲜国王书”,也即前文多次提及的权威版本国书全文抄录如下。因该文献两个主要版本存在个别文字差异,我在引文中进行了对勘标注,就存在差异的文字,属《宣祖修正实录》版的以“[XX]”标记,属《续善邻国宝记》版的则以“(XX)”标记,以供参照比对。

日本国关白(秀吉),奉书朝鲜国王阁下。雁书熏读,卷舒再三。[吾国](抑本朝虽为)六十余州,比年诸国分离,乱国纲废世礼而不听朝政。故予不胜(堪)感激,三四年之间,伐叛臣讨贼徒,及异域远岛悉归掌握。窃谅余事迹,鄙陋小臣也。虽然,余当托胎之时,慈母梦日轮入怀中。相士曰:日光(之)所及,无不照临。壮年必八表闻仁[声](风)、四海蒙威名者,何其疑乎。[依](有)此奇异,作敌心(者),自然摧灭,战[必](则无不)胜、攻[必](则无不)取。既天下大治,抚育百姓,[矜闷](怜愍)孤[寡](独),故民富财足,土贡万倍千古矣。本朝开辟以来,朝政盛事,洛阳壮[丽](观),莫如此日也。(夫)人生[一](于)世(也),[不满百龄](虽历长生,古来不满百年)焉,郁郁久居此乎?不屑国家之[远、山河之隔](隔山海之远),[欲]一超直入大明国,[欲]易吾朝风俗于四百余州,施帝都政化于亿万斯年者,在方寸中。贵国先驱(而)入朝,依有远虑无近忧者乎?远[方](邦)小岛在海中者,后进[辈](者)不可作容许也。予入大明之日,将士卒[望](临)军营,则弥可修邻盟(也)。[余愿](予愿无他,)只[愿]显佳名于三国而已。方物如目录,领纳。[且至于管领国政之辈,向日之辈皆改其人易置官属,非前名号故也,当召分给。余在别书。]珍重保

啬。[不宣。天正十八年庚寅仲冬日秀吉奉复书。][1](此国书在后文以“国书1”称之，笔者注)

从这篇国书的内容来看，它是以丰臣秀吉作为上国日本主政者的身份向作为朝贡国朝鲜的国王宣谕的口吻写就的。首先，篇首称朝鲜国王为“阁下”、篇末称朝鲜带去物品为“方物”、篇中又赫然有“贵国先驱入朝”之语，这些用词均是将朝鲜使行视为前来朝贡的表述。其次，该国书的前半篇为丰臣秀吉自述功绩的文字，意在表达朝鲜的入贡不仅是向日本这一国家的臣服，更应是对丰臣秀吉个人的敬服。其三，在后半篇中，丰臣秀吉直抒胸臆，向朝鲜国王表达自己“欲一超直入大明”(即征服明朝)的心愿，并要求朝鲜作为朝贡国，与日本结盟，合兵攻入明朝。

面对这样一封国书，朝鲜使臣显然是断难接受的，他们当即向日本方面提出改写国书的要求。在朝鲜王朝《宣祖修正实录》中，对该次国书交涉过程描述如下：

诚一见书辞悖慢，尝称殿下，而称阁下，以所送礼币为方物领纳。且一超直入大明国、贵国先驱等语，是欲取大明，而使我国为先驱也。乃贻书玄苏，譬晓以大义，云：“若不改此书，吾有死而已，不可持去。”玄苏有书称谢，诿以撰书者失辞，但改书殿下、礼币等字，其他慢胁之辞，托言此是入朝大明之意，而不肯改。诚一再三移书请改，不从。黄允吉、许筬等以为：“苏倭自释其意如

① 该国书内容两个权威出书分别是：(1)(朝鲜王朝)《宣祖修正实录》第二十五卷，“宣祖二十四年三月一日”条；(2)田中健夫编：《新訂続善隣国宝記》，(日本)集英社，1995年，第374页。

此,不必相持久留。”诚一争不能得,遂还。[①]

由该段描述可知,朝鲜使臣收到国书,发现“书辞悖慢”,因而向日方提出改写国书的要求。日方同意改“阁下”“方物”两处表述,但对“贵国先驱入朝”一句,托词不改。朝鲜使臣金诚一再三请求,日方仍“不从”。之后,朝鲜使臣内部发生意见分歧,正使黄允吉与书状官许筬认为应接受日方解释,不必相持不下,而金诚一则仍想争取,但最终无果。于是,使臣带着将“阁下”改为“殿下”、“方物”改为“礼币”的国书,返回了朝鲜。实录记述的这一情节,便构成了后世对该次国书交涉事件的一种普遍认知。

然而,我在研读文献的过程中,又看到了关于此次国书交涉过程更丰富的记述。当事人金诚一所撰使行录(《金鹤峰海槎录》)中收录了四封书信,分别是《答玄苏》《与黄上使》《重答玄苏》及《拟答宣慰使平行长》。[②] 从这四封书信中,可以发现国书交涉过程中更多的细节。

见国书后,朝鲜三使臣最初均认为:国书内容极为不妥,如果带着这样一封存有“朝鲜朝贡日本”之意的国书回国,将是外交使节最大的失职,是令国家蒙羞的行为。于是,他们立即向日方提出严正交涉,提出三项改写要求:一是“阁下”改为“殿下”,二是“方物”二字不可用,三是删去文中“贵国先驱入朝”相关词句。之后,日本方面的景辙玄苏答复:同意更改“阁下”与“方物”两处,至于“贵国先驱入朝”一句,因所指为朝鲜向明朝朝贡,而非指朝鲜入贡日本之意,故不同意更改。此时,黄允吉与许筬为了息事宁

① (朝鲜王朝)《宣祖修正实录》第二十五卷,“宣祖二十四年三月一日”条。

② 金诚一:《鹤峰先生文集》(卷五·书),韩国古典翻译院编:「韩国文集丛刊」第48册,韩国古典翻译院,2009年,第114—119页。

人，想要接受玄苏的意见，而金诚一坚持不肯妥协。[①]

接下来发生的事，并没有在《宣祖修正实录》中被继续讲述，实录在这里做了一个截断，让读者觉得通信使一行无奈之下带回了国书1。但是，实录未表之事，从金诚一的记载中却能够大体还原出来。在此，我将试着把这个事件继续讲述下去。

金诚一完全无法接受玄苏的解释，但是黄允吉和许筬形成息事宁人的共识，使他成了少数派。尽管如此，金诚一仍然没有妥协，既不向玄苏妥协，也不向黄、许二人妥协。他先后给玄苏写了两封信(《答玄苏》《重答玄苏》)，驳斥其所谓的解释荒唐无稽，并再次要求必须删去"贵国先驱入朝"等句。同时，他也给黄允吉写信(《与黄上使》)，既申明大义，又苦口婆心，努力劝说其与许筬回心转意，重新站到他一边，共同争取国书的彻底改写。

金诚一的行为，使得朝鲜使臣与负责接待的日方人员之间陷入僵持不下的局面。但是据金诚一书信内容中的记载来看，最后朝鲜使臣的要求还是得到了日本方面的满足，日方最终将一封重新改写的国书交到朝鲜使臣手中。就此，金诚一认为，国书改写交涉的圆满解决，主要得益于日方宣慰使小西行长的斡旋，因而他准备写信对其表示感谢(《拟答宣慰使平行长》)，信中有言：

> 某等白，书契一事，荷足下善图，得以改撰，岂但使臣之幸，实贵国之光也。[②]

① 事实上，黄允吉与许筬的做法也有一定的道理，"阁下"和"方物"两处，是无论如何都解释不过去的，而"贵国先驱入朝"则是可以用"两国对文意理解不同"的理由搪塞过去的。所以，只要日方改了前两处"硬伤"，使臣回国之后，通过解释的方式还是可以推脱掉失职、辱国的罪名的，最多就是被批评做得不够完美而已。可是，他们没想到的是，金诚一是一个"完美主义者"。

② 金诚一：《鹤峰先生文集》，第118页。

在金诚一给小西行长的书信中,同时还透露出有关改写后国书内容的一个细节:

> 今书契内有曰:欲一超大明国。于时,贵国重交邻之义,党吾国,则弥可修邻盟也。[①]

金诚一书信中摘录的改写版国书文字中,有“贵国重交邻之义,党吾国”的表述,这些词句在国书1中是没有的。可见,如果金诚一所述属实,此时朝鲜使臣拿到了一封修改后的国书,而这一封国书,除了已经按照朝鲜使臣提出的三项要求删改外,还加入了新的内容。

金诚一给小西行长写信,除了表示感谢外,更主要的目的是想与他探讨关于国书中“欲一超直入大明”的问题。首先,他表达了自己的困惑:国书中所言“欲一超直入大明”、希望朝鲜与之为党之语,到底是关白真实意图的表达,还是文书写作者用夸张的言语试探朝鲜与日本交邻的诚意?[②] 其次,他明言:日本根本不应该存有朝鲜会与之为党的幻想,明朝是朝鲜的父母之国,而日本与朝鲜最多是手足关系,朝鲜是最讲大义的国家,不可能做出“子弟攻父兄”之有悖“人理”的举动。[③] 接着,他表示:如果带回

---

① 金诚一:《鹤峰先生文集》,第118页。

② “今书契内有曰:欲一超大明国。于时,贵国重交邻之义,党吾国,则弥可修邻盟也。呜呼。此实关白殿下之意乎?抑行辞者偶为大言以试我国乎?”金诚一:《鹤峰先生文集》,第118页。

③ “而况皇明乃我朝父母之国也,我殿下畏天之敬、事大之诚,始终不二。故北望神京,天威咫尺,玉帛之使,冠盖相望,此实天下之所共闻知也。贵国今虽绝和,数十年前曾有观周之使,岂不知我邦一家于天朝乎?呜呼,君臣之义,乃天之经地之义,所谓民彝也,人而无此,冠裳而禽犊,国而无此,中夏而胡羯也。天朝我朝,大义已定,犹天地之不可易位也,其敢有二心乎?如有二心,则是手足戕头目、子弟攻父兄,其于人理何如耶?若贵邦侵犯之计,则各有谋国之臣,固非使臣所敢知也,至于我国之义,则使臣之所明知也。”金诚一:《鹤峰先生文集》,第118—119页。

这封存有对大明不敬之词的国书，对朝鲜使臣来说是不义之举，而日本写作国书，更是不应该出现这种"非法之言，害义之谈"，言下之意是希望日本方面将这部分文字也加以修改。[①] 最后，金诚一还建议行长：作为"谋国之良臣"，应该将自己这一番劝诫之言转达关白，如此才是"保邦安民、永全邻好"的做法。[②]

然而，在金诚一即将送出这封信的时候，使臣一行人得知其内容，皆因害怕送信之后再生事端，百般阻挠，致使该信最终未能送出。对此，金诚一颇感郁闷，在归国途中将信投至大洋，并作一诗，诗中有"水底鱼龙应识字"之句，寄托自己的无奈与遗憾之情。[③]

金诚一写给小西行长的书信，为我们提供了一条关于朝鲜使臣最后可能收到了一封改写过的国书的关键线索，而戏剧性的是这是一封"未送出的信"。在韩、日学界以及近年来的中国学界，有关金诚一的研究都不在少数，他的《海槎录》也反复被讨论"壬辰战争"前期韩日关系史的研究者所引用，而偏偏这一封《拟答宣慰使平行长》的书信，或许是因为其"未送出"的属性而成为研究者的盲点，以至于如此关键的一条线索，始终游离于研究者的视野之外。

以上即为金诚一笔下所见辛卯年通信使国书交涉事件的全部情况。很明显，它与朝鲜王朝实录所记情形，存在比较大的出

① "今见书契之辞如此，而默默无言而归，则是岂使臣之义乎。……非法之言，害义之谈，何可形诸文墨，说与邻国乎？"金诚一：《鹤峰先生文集》，第118—119页。

② "呜呼。足下谋国之良臣也，亦尝念及于此乎？使臣此言，非为我朝，实贡忠于贵国之义也。足下倘以之转闻于关白，则亦保邦安民、永全邻好之一道也。"金诚一：《鹤峰先生文集》，第119页。

③ 郑逑撰金诚一"行状"中有载："赍书将遗，而一行皆以生事为惧，互相怂恿，百般沮抑，使不得传致。盖玄苏既以公言为是，颇有愧屈之意。而一行之事，制在上使，书状又与之合焉。故公终不得行其志，愤叹郁抑，乃以其书投于洋中。因作诗，有'水底鱼龙应识字'之句。"金诚一：《鹤峰先生文集》，第315—316页。

入。出入之处在于:实录记载国书交涉中朝鲜使臣提出的要求只得到了部分满足,使臣带回的国书,只是改了"阁下""方物"两处文字的国书1。而据金诚一记载,国书交涉的结果是令使臣满意的,日方最后所给国书,不仅修改了使臣提出的三处,还加入了一些新的词句。

3. 两种不同版本国书的出现

朝鲜王朝实录的记载和金诚一的记述,呈现出两种不同的状况,而究竟何者才是真实发生的历史?所谓孤证不立,既然已经发现了另一个事件走向的可能,我就顺着新线索的指向,试图去寻找相关证据链,而一些材料证据也确实浮现出来,以下试一一列举分析之。

材料一:

> 辛卯三月,允吉等还自日本。秀吉报书曰:
>
> 日本国关白奉书朝鲜国王殿下。雁书熏读,叙卷再三。从余之请,见差三使,幸甚。吾国六十余州,比年分离,乱国纲废世礼而不听朝政。故余不胜感激,三四年之间,伐叛臣讨逆徒,及异域远岛悉归掌握矣。夫人生一世,难保长生,古来不满百年,焉能郁郁久居此乎?不屑国家之远、山海之隔,欲一超大明国。方乎其时,贵国重邻之义,以党于吾国,则弥可修邻盟。(此国书在后文以"国书2"称之,笔者注)
>
> 初,秀吉出山东道,闻我国使至,使摄津守平行长营傧接,民部卿玄以营支供。第八日,秀吉始还国都,乃修答书曰:

日本国关白秀吉，奉书朝鲜国王阁下。雁书熏读，卷舒再三。本州岛虽为六十余州，比年诸国分离，乱国纲废世礼而不听朝政。余不堪感激，三四年之间，伐叛臣讨逆徒，及异域远国悉归掌握。窃谅余事迹，鄙陋小臣也。虽然，余当于托胎之时，慈母梦日轮入怀中。相士曰：日光所及，无不照临，壮年必八表闻仁风，四海蒙威名者。何其疑乎？依有此奇异，作敌心者自然摧灭，战则无不胜，攻则无不取。既然，天下大治，抚育百姓，矜愍孤寡，故民富财足，土贡万倍千古矣。本朝开辟以来，朝政盛事，洛阳壮丽，莫如此日也。夫人生于世也，虽历长生，古来不满百年，焉郁郁久居此乎？不屑国家之远、山河之隔，一超直入大明国，易吾朝风俗于四百余州。施帝朝亿万斯年者，在方寸中。贵国先归入朝，依有远虑无近忧者乎？远方小岛在海中者，后进辈者不可作容许也。余入大明之日，将士卒望军营，则弥可修邻盟。余愿无他，只愿佳名于三国而已矣。此书间有不通晓处，夷文本如此。

金诚一见其书曰：不可以此报国王。移书行长、义智、玄苏者再。遂改本稿。[①]

上述材料出自朝鲜人申钦（1566—1628）的文集《象村稿》中"壬辰倭寇构衅始末志"一文。申钦，字敬叔，号象村，是朝鲜宣祖至仁祖朝重臣，官至领议政。他是"壬辰战争"的亲历者，曾于1594年任书状官与尹根寿共同出使明朝。战后，他受宣祖之命参与编撰《天朝将官征倭事迹》。申钦晚年在整理《征倭事迹》稿本

① 申钦：《象村稿》，韩国古典翻译院编：《韩国文集丛刊》第72册，韩国古典翻译院，2009年，第253—254页。

的基础上,致力于增补编撰壬辰史志,于 1622 年成稿。其所编撰壬辰史志,收录在文集《象村稿》中,后人称之为“征倭志”,“壬辰倭寇构衅始末志”便是其中之一。申钦所记壬辰史事,是作为事件亲历者的回忆性记述,具有一定的可靠性。

值得注意的是,该段材料中所述国书事件情况,与前文我基于金诚一书信内容勾勒的情况基本一致,即其结果是:辛卯年朝鲜通信使经与日方交涉,最终得到了一封改写的新国书。在这段材料中,申钦抄录了两封国书,一封为修改后国书(国书 2),另一封为修改前国书(国书 1),并且明确指出了两封国书间的关系,即国书 2 是经金诚一(并没有提到另外两位使臣黄允吉与许筬)与日方再三争取而在国书 1 的基础上得以改写而来。不仅如此,这段材料最大的价值在于,申钦把改写后的新国书全文抄录了下来,而这篇全文是在金诚一笔下也没有留下过的。

从引文中国书 2 的内容来看,“阁下”已改为“殿下”,没有了“方物”一词,“贵国先驱入朝”相关词句也不复存在。显然,从这封国书中已经丝毫看不到“朝鲜向日本朝贡”的意思。不仅如此,国书 2 甚至还在国书 1 的基础上删去了不少丰臣秀吉个人化的表达,比如其自述出生时异像,又比如“予入大明之日”“余愿显佳名于三国”等语句,这些删改令国书少了一些私人性的感觉,更增添一种国与国对话的意味。

国书 2 最值得注意的地方,是其中有“欲一超大明国。方乎其时,贵国重邻之义,以党于吾国,则弥可修邻盟”一句,而这与金诚一在“拟答宣慰使平行长”中摘录之句“欲一超大明国。于时,贵国重交邻之义,党吾国,则弥可修邻盟也”几乎一样,两者恰可形成一种相互印证。

申钦《象村稿》中的这一段材料,之后还被他的孙子申炅所征引,用在了其所创作的另外一部更为知名的有关壬辰倭乱的历史文献——《再造番邦志》中。[①] 申炅在《再造番邦志》一书中原文照录了祖父所记下的这两篇国书的全文，仅因为行文的需要将其先后顺序进行了对调。[②] 申钦的记录或可说是因其文集被阅程度不高而不易被发现，但大量壬辰战争的先行研究者在阅读《再造番邦志》时，竟也未注意到出现"两封国书"的问题，这就不免有些令人惋叹。

4. 国书相关史料的进一步追索

如果申钦的这番记述值得采信，那么它就再次向我们提示了一个可能的情况：朝鲜使臣实际带回国内的，是一封不同于见诸官方史书记载的新的国书。不仅如此，现在这封新国书的内容也全文呈现在我们眼前。对于这一情况，我仍试图找寻更多的证据，而新的材料又再次浮现出来。

材料二：

> 通信使黄允吉等自对马岛发向大阪，至秀吉所居，留数月。秀吉使僧倭兑长老、哲长老等修答启，出示允吉等。其书云：
>
> 日本国关白秀吉，奉复朝鲜国王阁下。雁书熏读，卷舒再三。吾国六十余州，近年乱国纲废世礼而不听朝政。故予不堪感激，三四年之间，伐叛臣讨贼徒，及异域

① 《再造番邦志》是申炅（1613—1654）编撰的一部记录"壬辰战争"史事的文献，成书于 1649 年。申炅在书中自述："此志以《征倭志》（申钦所著，笔者注）为源，参入《惩毖录》、类说等书，且采诸集中片言只字有可者附之，务其的确，不敢妄附己意。"申炅：《再造番邦志》，［韩］民族文化促进会编：《大东野乘》卷九，民族文化促进会，1989 年，第 120 页。

② 申炅：《再造番邦志》，第 105 页。

远岛悉归掌握。盖自开辟以来,朝廷之盛,洛阳之壮,未有过于斯时者也。慈母梦日轮入怀中,相士曰:日光所及,无不照临。壮年必八表闻仁声、四海蒙威名者。何其疑乎?故与我为敌者,必先恐怯,战必胜、攻必取矣。贵国先驱而入朝,有远虑无近忧者乎。人生一世,不满百年,焉郁郁久居此乎。不屑国家之隔、山海之远,欲一超直入大明国,欲显佳名于三国。方乎其时,贵国重邻交之义,以党吾国,则弥可修邻盟也。方物如目录领纳。且至于管领国政之辈,向日之辈皆改其人,当召分给。余在别书。珍重保啬。不宣。天正日本僧号十八年庚寅仲冬日秀吉奉复。

书辞极其僭傲。副使金诚一大怒推纸曰:海内外相截,国华夷有分,侮慢之甚,何可至此。吾等一死而已,不忍持此生还。秀吉乃还其书,改阁作殿,易奉为拜。言忠信,行笃敬,虽蛮貊可行。鹤峰前后所措画出于正,至于壬辰之初,益可见其忠节。[①]

这一段材料出自赵庆男所撰《乱中杂录》。赵庆男(1570—1641),字善述,号山西,朝鲜文臣,壬辰战争亲历者,其所著《乱中杂录》,以日记体形式记述1582年至1610年间史事,也是壬辰战争历史的重要参考文献之一。

在这段材料中,赵庆男也抄录了一篇国书。从这篇国书的内容看,其大体与国书1一致。但是,值得注意的是,与国书1不同,其中同时加入了"方乎其时,贵国重邻交之义,以党吾国,则弥

① 赵庆男:《乱中杂录》,[韩]民族文化促进会编:《大东野乘》卷六,民族文化促进会,1989年,第106页。

可修邻盟也”这句出现在金诚一笔下的文字。对这一特殊现象，我推测：赵庆男首先应该是掌握了国书1的全文，而同时他也注意到了金诚一给小西行长书信中提到的这一句国书1中没有的语句，进而认为修改后的国书中应该是加入了这句话的，因此在自己写作时，将两者合璧，写成这一版他认为更完整准确的国书。

然而，赵庆男记述的这段材料的价值似乎仅止于再次提示我们注意“方乎其时，贵国重邻交之义，以党吾国，则弥可修邻盟也”这句话与修改国书之间的关联性，对于是否存在申钦所记第二封国书，并没有直接的佐证意义。

材料三：

> 通信使黄允吉还日本。通信正使黄允吉，副使金诚一，书状官许筬，从事官车天辂。其还也，玄苏、平调信偕来。书启极悖慢。书启到日，上于夕讲令入侍诸臣见之。……判书尹斗寿首进曰：事当具奏天朝，仍陈我国通信本末可也。上颔之，与尹某意合。以为彼此利害不暇论，而以小事大，大义所在，岂可不为之奏闻乎？朝廷不得已具奏。《寄斋杂记·辛卯史草》
>
> 秀吉报书曰：日本国关白奉书朝鲜国王殿下。雁书熏读，叙卷再三。从余之请，见差三使，幸甚。吾国六十余州，比年分离，乱国纲废世礼而不听朝政。故余不胜感激，三四年之间，伐叛臣讨逆徒，及异域远岛悉归掌握矣。夫人生一世，谁保长生，古来不满百年，焉能郁郁久居此乎？不屑国家之远、山河之隔，欲一超大明国。方乎其时，贵国重邻之义，以党于吾国，则弥可修邻盟。①

① 编者不详：《厚光世牒》卷三，http://db.itkc.or.kr/dir/item?itemId=GO#/dir/node?dataId=ITKC_GO_1446A_0040_010_0010，2024年10月9日。

这段材料出自《厚光世牒》卷三"龙蛇扈从录"。《厚光世牒》,编者不详,其所录内容为朝鲜时代文臣尹斗寿(1533—1601)的生平事迹,其中"龙蛇扈从录"一卷主要记述尹斗寿在"壬辰战争"期间的事迹。《厚光世牒》的编撰方式是从各类文献中辑出尹斗寿事迹,而对于文献来源,一般都会进行标注。上述材料中即标注出参考了《寄斋杂记·辛卯史草》一书。故此,我又考出《寄斋史草》[①]相关原文,一并抄录如下:

> 允吉等之还也,日本书契有曰:自嘉靖年大明不许日本入贡,此大羞也。明年二月,直向大明,朝鲜亦助我飞入大明宫乎?辞不多,而悖慢极甚。允吉回到釜山,先启书契。书契到之之日,适夕讲也。上览毕,使入侍人等见之。判书尹斗寿亦在筵中,见讫首进曰:此等即当具奏天朝,因陈我国通信本末可也。上颔之。[②]

从上述两段材料中,我们了解到:朝鲜国王宣祖在收到黄允吉等传递回国的国书后,于当晚召集一批大臣前来,将国书交给他们传阅,并与之商讨是否要将国书一事上奏明朝。

《厚光世牒》的编者在记述这一事件时,将他所认为的当时君臣所见之国书全文,以附注的形式抄录于文中。而其所抄录的国书内容,与前文申钦所记国书 2 是一致的。我注意到,《厚光世牒》引用这封国书时,并没有注明文献出处,而按其编撰体例,如有明确出处,一般都会加以标注,之所以没有标注出处,是否表示这一国书内容是为当时知情人所熟知的,因而无须特别标注出处

① 《寄斋史草》,作者朴东亮,字子龙,号寄斋,该书以日记形式,记述壬辰史事。

② 朴东亮:《寄斋史草》,[韩]民族文化促进会编:《大东野乘》卷十三,民族文化促进会,1989 年,第 31 页。

呢？如果是这样的话，是不是反过来就能够证明国书 2 的真实存在呢？

再来看前引《寄斋史草》中的那段材料，其中提到黄允吉等带回的“日本书契”中有这样一句话：“自嘉靖年大明不许日本入贡，此大羞也。明年二月，直向大明，朝鲜亦助我飞入大明宫乎？”这句话在前述两个版本的国书中，均未见到，为何会出现在这里？《寄斋史草》的编者朴东亮（1569—1635）也是“壬辰战争”的亲历者，战后获封二等扈圣功臣，被册封为锦溪君。我认为，以他的经历和身份，当不可能不知道秀吉国书的真正内容，但为何他笔下所记对国书内容印象最深的一句话，竟然会完全不见于我们已知的两版国书中呢？我推测：这或许是朴东亮本人在晚年回忆时产生错误联系而造成的，他可能是将相近时间段内日本给朝鲜的另外某一封国书中的文字[①]，联系到了这一封国书上来。

暂且排除掉朴东亮这段材料中的这一条干扰性信息，再次回到《寄斋史草》中的那段记述，我还注意到另外一个细节：朴东亮对“日本书契”有这样一个形容，称其“辞不多”，而恰恰是这个细节，对我们的推测有一定帮助。一般而言，在时隔久远之后，要一个人回忆之前见过的一封书信中的具体文字，也许容易产生差错，但是如果只是要他回忆这封信是长还是短，字数多还是少，当不会出错。因而，朴东亮称日本国书“辞不多”这一点，就成为一个有用的信息。就前述两个版本的国书而言，何者担得起“辞不多”的评价？答案应该是很明显的。所以，或许我们可以把《寄斋史草》的这段材料，作为朝鲜君臣所见国书实为国书 2 的一个

① 在黄允吉等回国之后，日本又派遣柳川调信和景辙玄苏来到朝鲜，他们当时应该也携带了国书，在那一封国书中，可能就有明朝“不许入贡”“飞入大明宫”等语句。

旁证。

材料四:

玄苏等归,付答书契曰:

使至,获审体中佳裕,深慰深慰。两国相与,信义交孚,鲸波万里,聘问以时。今又废礼重修,旧好益坚,实万世之福也。所遗鞍马、器玩、甲胄、兵具,名般甚伙,制造亦精,赠馈之诚,夐出寻常,尤用感荷。但奉前后二书,辞旨张皇。欲超入上国,而望吾国之为党,不知此言奚为而至哉?自敝邦言之,则语犯上国,非可相较于文字之间。而言之不仇,亦非交邻之义。敢此暴露,幸有以亮之。惟我东国,即殷太师箕子受封之旧也。礼义之美,见称于中华凡几代矣。逮我皇朝,混一区宇,威德远被薄海,内外悉主悉臣,无敢违拒,贵国亦尝航海纳贡而达于京师。况敝邦世守藩封,执壤是恭,侯度罔愆。故中朝之待我也,亦视同内服,赴告必先,患难相救,有若家人父子之亲者。此贵国之所尝闻,亦天下之所共知也。夫党者,偏陂反侧之谓。人臣有党者,天必殛之,况舍君父而党邻国乎?呜呼!伐国之问,仁者所耻闻,况于君父之国乎?敝邦之人,素秉礼义,知尊君父,大伦大经,赖以不坠。今固不以私交之厚而易天赋之常也,岂不较然乎?窃料贵国今日之愤,不过耻夫见摈之久,礼义无所效、关市不得通,并立于万国玉帛之列也。贵国何不反求其故,自尽其道,而唯不臧之谋是依,可谓不思之甚也。二浦开路之事,在先朝约誓已定,坚如金石。若以使价一时之少倦,而轻改久立之成宪,则彼此俱失之矣,其可乎哉?不腆土宜,具在别幅。天时正热,只冀若序万重。不宣。[①]

这段材料出自《宣祖修正实录》。在黄允吉等回国后不久，日本派遣的使臣柳川调信和景辙玄苏来到朝鲜，朝鲜方面按例接待，并修回答国书给付，此处所引即该国书全文。

在这篇国书中有一关键语句："但奉前后二书，辞旨张皇。欲超入上国，而望吾国之为党，不知此言奚为而至哉?"这里"前后二书"，大体可以有两种解读。其一，所谓"前后二书"所指的是本文前述国书 1 和国书 2，如果做此种解读，就能够在很大程度上佐证确实存在国书 2 这一点。其二，所谓"前后二书"，是指朝鲜先后收到的两封日本国书，第一封是黄允吉等带回的国书，第二封是紧随黄允吉等人之后来到朝鲜的调信与玄苏带来的国书，若如此解读，则"欲超入上国，而望吾国之为党"的语句，也可能是出现在第二封国书中，那么此前分析过程中基于这一句话而为国书 2 的存在提供的证据支撑，就可能全面消解。当然，这里仍然存在一个悖论，如果说"欲超入上国，而望吾国之为党"一句只是出现在调信与玄苏带来的国书中的话，金诚一又是如何了解到并一早就在书信中记录下了这一语句呢？故第二种解读似乎也需再做斟酌。

不过，柳川调信和景辙玄苏来到朝鲜时确实携带了国书这一点当无疑。首先，需有日本来书，朝鲜才有可能给付答书；其次，由朝鲜答书中最后对"二浦开路之事"的答复，亦可见日方应该是以国书方式向朝鲜提出了开放港口的相关要求，故而朝鲜需在国书中正面答复。如若当下我们能够看到调信与玄苏携来国书的具体内容，此处种种疑问当能迎刃而解，无奈我遍寻未见，甚至连相关转述性材料亦未能提供直接线索，因此该问题还是无法做出最终的解答。

---

① (朝鲜王朝)《宣祖修正实录》第二十五卷，"宣祖二十四年五月一日"条。

通过对以上四则材料的分析,我们对国书事件及国书内容的探究,应该说已经在金诚一书信这一条线索之上,有了相当程度的深化。整个国书事件的复杂程度,至少应该超出了朝鲜王朝实录所记。同时,就朝鲜实际收到的国书的内容这一点,我们也从周边史料中得到新的发现。尽管仅仅依据这些材料仍不足以充分证明朝鲜实际收到了国书 2 这一情况,但至少对这一事件的复杂性和另外一种可能性,我们已经有了充分的了解。

5. 国书被重改之可能及其动机

既然从文献资料中暂时无法找到更多的头绪,我试图切换一个思路,从事件之间关联性的角度去分析相关的问题。而我找到的一个事件关联性分析的切入点,就是日本方面负责接待朝鲜使臣的对马岛势力在处理国书交涉中的应对。

之前已经提到,辛卯通信使的派遣,存在着双方对使行性质认识不对等的情况,而造成这一情况的始作俑者就是对马岛。为了促成通信使的派遣,他们在与朝鲜方面沟通时,刻意隐瞒丰臣秀吉令朝鲜朝贡的意图,此后则一直努力掩盖这一真相。事实上,朝鲜使臣在使行途中已经感受到日本方面将他们的到来视作朝贡。只不过,在收到国书之前,他们一直没有把这一层窗户纸捅破而已。[①]

① 关于这一点,从金诚一所作《倭人礼单志》一文可见一斑:"入海之后,受职倭人争致下程,使臣一皆受之而行回礼,所以答向国之诚也。七月中,行到界滨之引接寺,有西海道某州某倭等送礼单,其书曰朝鲜国使臣来朝云云。余初失于照管,因修日记而觉之。……即令陈世云告上使书状曰:倭人以来朝为辞,辱莫大也,辱身且不堪,况辱国乎?辱国之食,断不可受,而始不致察,至于分馈下人,将若之何?上使曰:夷狄之言,何足较乎?书状曰:吾则初已觉之,而无知妄作也,且置之耳。余奋然曰:夷狄虽无知,使臣亦无知乎?古人于取与之际,一毫不放过,惟其义而已。吾辈为使臣而受辱国之食,则其义安在哉?……上使书状乃许之,即贸还而具道其由。"金诚一:《鹤峰先生文集》,第 129 页。

使臣与丰臣秀吉见面之后，没有立即拿到国书，他们被要求先行返程，到界滨等待国书，而这极有可能是对马岛的刻意安排，为的就是将国书可能引发的问题置于自己的掌控之中。果不其然，第一封国书的措辞，引起朝鲜使臣的极大反感。如果此时朝鲜使臣的国书改写要求传到秀吉耳中，对马岛的努力将功亏一篑，后果不堪设想。好在此时使臣已经远离秀吉身边，对马岛也就有了将事件影响控制在最小范围内的可能。

对马岛此时的应对方式，首先就是封锁消息，这一点不难做到，因为在日本境内，朝鲜使臣唯一向外传递消息的渠道就是对马岛。其次，他们要做的，就是与朝鲜使臣尽力周旋，想办法息事宁人。之后，对马岛方面先派出景辙玄苏应对使臣，玄苏表现出他一贯的狭隘和斤斤计较的处事风格，只答应改两处字词，还妄图用糊弄的方式搞定朝鲜使臣，眼见正使和书状即将妥协，却因为碰到较真的金诚一，最终没有得逞。

于是，对马岛方面只能由主事的小西行长出面打圆场，显然他的处事格局要大得多，决断力也更强，而且大概只有他才敢于做出接下来的举动：在隐瞒丰臣秀吉的情况下，答应朝鲜使臣的全部要求，并炮制一封让朝鲜使臣满意的国书，交给其带回国内。

我在此做出了一个大胆的猜测——“对马岛伪造了辛卯通信使带回朝鲜的国书”，而这一猜测并非毫无依据。回到历史的语境中看，当时的对马岛处在一个十分特殊的定位中，因为经济利益的驱使（对马岛需要在朝日两国关系和谐的大环境中实现在朝日双边贸易中牟利的目的），它需要同时向日本和朝鲜两方面负责，朝鲜人甚至直接称其“东事贵国（日本，笔者注），北顺我朝（朝鲜，笔者注）”①。

① 此处所言对马岛的特殊性，从金诚一“拟答对马岛主”一文中可见一斑：“朝廷之于贵岛，亦何厚薄之有？有功则赏之以职而许其来朝，有罪则镌其职而不 （转下页）

顺利把朝鲜使臣带到日本,再平静地送走,是对日本负责。将朝鲜使臣安然送回国内,不让朝鲜产生向日本朝贡的感觉,是对朝鲜负责。而要同时实现这两个目标,隐瞒秀吉,伪造国书,或许就成为一个合理的选择。

此外,还有一个细节也不应该被遗漏。在国书1的篇末有这样一段文字:"方物如目录,领纳。且至于管领国政之辈,向日之辈皆改其人,当召分给。"[①]这是日本对收到朝鲜礼物的答复文字。这句话看似无关宏旨,但是细究之下,实际上指向了对马岛的失职行为。该次使行,朝鲜礼曹在制定礼单时,给此前与朝鲜往来交好的六位日本地方大名准备了礼物,而其中的京极氏、细川氏、大内氏、小贰氏的势力,在当时实际上都已不复存在(被丰臣秀吉消灭),对马岛显然是知道实情的,但是从朝鲜礼曹制定礼单直到使臣传送礼物,他们都没有发声。不难想象,当朝鲜使臣看到国书中的这句话的时候,内心必然会对对马岛的知情不报有所不满。

不仅如此,金诚一还敏锐地发现,对马岛知情不报的背后,可能还有其他的隐情。金诚一给小西行长、景辙玄苏及宗义智写信,把这个问题讲得非常透彻。他认为,在国书下达之前,对马岛不告知实情可以解释为不敢随意透露国家机密,但在国书下达以后,大名改换之事,显然已不具有机密性质。而此时,朝鲜使臣在界滨仍收到号称是大内殿、小贰殿送来的书信,对马岛明知此二

(接上页)许相通,此已事之明验也。岛中如有愿复其旧者,足下何不令输忠效劳,而听朝廷之指挥乎?不然,则足下虽望使臣之转达,不可得也。……复有一言可以取譬者,足下试听之。介两国之间者,贵岛也,足下东事贵国,北顺我朝。畏天事大之敬至矣。倘有贼寇借足下之路,以犯两国,则足下其许之否?名为事大,而潜启贼路,则其反复不信甚矣。贵国且不可出借路之言,况足下而敢为此言乎?"金诚一:《鹤峰先生文集》,第121页。

① (朝鲜王朝)《宣祖修正实录》第二十五卷,"宣祖二十四年三月一日"条。

殿不复存在，却仍不向使臣言明，最后还是靠使臣自己分析发现冒名顶替的真相。对马岛此时的表现，已经不能单纯用知情不报来解释，金诚一甚至认为：对马岛实际上是在配合冒名顶替者一起欺骗朝鲜，意图从中牟利。①

可见，国书1中这一句看似无关痛痒的话，竟然被金诚一敏锐地捕捉到，并就此质问对马岛向朝鲜刻意隐瞒国内大名更替的真实意图。以对马岛的立场而言，此时大概也会觉得这封国书"言多必失"了吧。如果这封国书传到朝鲜国内，金诚一等人抓住这一句话做文章，则很有可能会进一步引起朝鲜对对马岛的不满。对马岛显然不愿意看到这样的情况发生，那么，这是否也构

① 金诚一"与上、副官、对马岛主"一文中："今兹使臣之来也，我殿下念交邻之义，推恩数于诸殿。有若京极、细川等六殿处，皆有礼物矣。及到贵国，则右等诸殿无一人存者。关白殿下以信义为重，不以我国之不知为可侮，乃能处置得宜，留礼物以俟代职者，而具载曲折于国书中，俾使臣得免委命于草莽。其处事明白，实非常情之所可冀及也。呜呼！关白殿下之盛意既如此，使臣何敢不尽言于此日，以贻疑阻之端乎。三足下其亮之。……(大内、小贰)二殿之亡，亦如京极、细川等殿，万万无疑也。然于使臣之赠礼物也，三足下不为之直言者，何哉？噫！三足下之心，岂庸众人之所能测哉？彼京极诸殿之亡，三足下非不知之也，一国命令，制在关白，未禀关白之前，三足下何敢以国内事情透漏于他邦乎？惟其若是故，当初礼曹之作书契，使臣之传礼物也，三足下终不敢吐实，此固理势之所必至也，岂三足下有意于欺邻国而如此哉？此使臣所以恕足下之不言，而益多其临事慎密者也。今则关白殿下昭示大信，已将诸殿存亡，洞然别白而言之矣。惟兹二殿之存亡，三足下更何所难而不言之乎？前之不言者，以无关白之命也。今之可言者，以有关白之令也。前后语默虽殊，皆合于时宜，亦何害义之有？呜呼！使臣既明知二殿之亡矣，虽亲见二殿之面，犹不能无疑，况过境之际，所谓二殿者未曾驰一介之使以候境上。虽或使人于界滨，二殿之书，乃一笔所写也，二殿总统方面，岂无写手，而借书于界滨乎？此又必无之事也。足下于是而不言，则始为害义失信，而不免欺邻国之为矣。如何，如何！且我朝通好于贵国者，岂有新旧之异，夫废兴存亡，有国有家者之常。今者毛利殿、小早川既有二殿之土，如欲代二殿而继好，则从实输款，以听我朝之命可也，何必黯黯自欺，以假败亡者之名号乎？念惟三足下皆以关白殿下之心为心者也，必不以使臣之言为非也。使臣亦奉命于我朝，以通信为职，何敢闷默受伪书，以诳我殿下乎？此事理之至明且著者也，三足下其垂察焉。"金诚一：《鹤峰先生文集》，第121—123页。

成了对马岛决定改写(伪造)国书的另一条理由呢?

再者,对马岛长期周旋于朝鲜与日本之间,为了行事便利,经常会对双方间传递的国书内容进行改写(伪造),这一情况在此后发生的一个著名事件——“柳川一件”中被揭露出来。而我也不禁由此联想,辛卯通信使带回的国书,是否也不过是诸多对马岛改写(伪造)的国书其中之一呢?

还有一个问题值得我们思考,据我目前所掌握的情况,在日本方面的文献中,从来就只留有国书1这一个版本,而有关国书交涉过程的记载,一律只记到玄苏答复为止。朝鲜方面文献中出现的国书交涉后续以及存在第二封修改国书的情节,日本方面完全没有记载。这个现象,如果用对马岛单方面改写(伪造)国书去解释的话,其实就完全说得通了。因为只要对马岛不说,第二封国书的事情,在日本而言就相当于从没有发生过,而没发生的事自然就不会留下痕迹。在当时的信息传递条件下,朝鲜方面的信息很难绕过对马岛传到日本,对马岛诸多改写(伪造)国书的行为,最后是因为日本内部人的告发而败露,也反证了这一点。而更有意思的是,在之后朝鲜的官方记录中竟然也不知何故抹去了国书2的痕迹而强调国书1,那么日本方面自然也就更加无从知晓这封国书曾被改写(伪造)之事了。

不仅如此,如果我们试着站在对马岛的角度上来看改写(伪造)国书这件事,如下这种想法可能比较符合对马岛的心理:既然已经决定要改写(伪造)国书,比起只改寥寥几字,而留下今后自己与朝鲜间再起龃龉的隐患,倒不如改得更彻底一些,把可能引起朝鲜对对马岛不满的内容尽数删去,关于朝贡的意思当然必须全部删除,关于朝鲜给大名礼物改送的内容也要一并删去,少说少错,务求简短为好。而倘若当时对马岛果真如此考虑的话,最后改写出来的国书,就大概率会更接近于前文所见国书2的样子了。

如果对马岛伪造了国书2这个事实成立的话，我要提出的第二个事件关联性分析的切入点也就可以接续上了，那就是关于朝鲜君臣在看到国书之后的反应。我们假设，不同的国书被传递回国，引起的朝鲜君臣的反应情况，应该有所不同，那么，我们是否可以从他们的实际反应，试着去反推朝鲜使臣到底传递了哪一封国书呢？

我们已经知道，当国书被交到朝鲜国王手中之后，他在第一时间就召集大臣进行商议。目前所见各类文献记录中，对于此时朝鲜君臣商议情形的记载，基本上都是一致的，那就是他们集中于讨论是否应将日本出兵明朝的意图上奏给明朝方面。而仅就这一个情形而论，似乎不论带回的是国书1还是国书2，都足以导向这个结果，因为在这两封国书中，都能明显看出日本有出兵明朝的意图。

或许我们可以再稍稍转换一下思路，有时候并非只有发生的事情才说明问题，没有发生的事情，往往也代表着某种意涵。我认为，在当时朝鲜君臣应对国书的过程中，有一个事情没有发生，恰恰更能说明问题。那就是：几乎没有任何材料显示，朝鲜君臣在收到国书之后，曾就日本认为“朝鲜向日本朝贡”这一问题进行讨论，这一点显得有些反常。

国书1与国书2内容上最本质的差别在于，国书1中仍然留有“贵国先驱入朝”这一会令人联想到“朝鲜向日本朝贡”的表述，而在国书2中则已经丝毫看不出这一点。如果朝鲜君臣看到的是国书1，对于日本竟在国书中妄称朝鲜向其朝贡这样一件事情，他们怎么可能不以为然，等闲视之？而使臣带回如此国书的失职行为，为何未见任何受到追究的迹象（须知在朝日通信外交过程中，因日本国书措辞不当获罪的外交使臣可不在少数），这显然有些不太合理。

反之,倘若朝鲜君臣看到的是国书 2,这些没有发生的事情才可能合理化。因为国书 2 中根本没有“朝鲜向日本朝贡”的意思存在,自然刺激不到朝鲜君臣的神经,而就算使臣汇报国书交涉经过,依然会提及此前的国书 1 中有朝贡的表述,朝鲜君臣的反应也不至于太激烈了,因为这已经是一个在外交过程中被解决的问题,更不论他们当下有更重要的问题必须面对——是否要向明朝汇报情况。

基于以上分析,我认为,如果从朝鲜君臣收到日本国书之后的反应来看,辛卯通信使臣带回的国书为国书 2 的可能性显然更高些。当然,这样一种反推式分析得出的观点,说服力恐怕还是有限。我必须承认,以上这种猜测的方式,即使看来有诸多合理之处,但实在不符合历史研究的专业精神,我今后还是要回到大胆假设、小心求证的正途上来,如有可能还是要尝试寻找更多的文献资料证据,来对这一问题展开进一步的探究。

6. 历史记述与历史真相

本文前述文字中,我呈现了一个从发现线索到展开求证,从提出证据到自我质疑证据的有效性,从提出假设到自省假设的非专业性的过程,最终还是无法得出确定的结论。但是,就我个人而论,事实上对此国书的问题已经有了倾向性的态度,即更愿意采信金诚一、申钦等人的记述,并充分质疑朝鲜王朝实录记载的客观性和真实性。因此,在本文的最后,相较于对国书问题做出某种结论,我更想做的,是与数百年前的朝鲜王朝实录编撰者们展开一番隔空对话。

首先还是从我发现的朝鲜王朝《宣祖修正实录》中对辛卯通

信使国书交涉事件记载失之偏颇之处说起。让我们再来重新看一下实录中记载国书交涉经过的这段文字：

> 诚一见书辞悖慢，尝称殿下，而称阁下，以所送礼币为方物领纳。且一超直入大明国、贵国先驱等语，是欲取大明，而使我国为先驱也。乃贻书玄苏，譬晓以大义，云："若不改此书，吾有死而已，不可持去。"玄苏有书称谢，诿以撰书者失辞，但改书殿下、礼币等字，其他慢胁之辞，托言此是入朝大明之意，而不肯改。诚一再三移书请改，不从。黄允吉、许箴等以为："苏倭自释其意如此，不必相持久留。"诚一争不能得，遂还。[①]

细读这一段文字，可以发现其中存在不少的问题。

首先，这段文字中称，金诚一认为"一超直入大明国，贵国先驱等语，是欲取大明，而使我国为先驱"，我遍寻金诚一前后书信，未见此表述。况且，就我们所知，金诚一与玄苏苦争之处，便是"贵国先驱入朝"指朝鲜向日本朝贡，他又怎会将"先驱"与"欲取大明"相联系呢？日本欲以朝鲜为"征明先驱"这种表述，应该是出于别处，与金诚一毫无关联。实录的此种表述，完全是张冠李戴。

其次，这段文字中又称，金诚一致玄苏信中有"若不改此书，吾有死而已，不可持去"一句，此句我在金诚一书信中同样遍寻未见。类似的表达，倒是出现在赵庆男的《乱中杂录》中[②]，此话也许

① （朝鲜王朝）《宣祖修正实录》第二十五卷，"宣祖二十四年三月一日"条。

② 赵庆男《乱中杂录》载："书辞极其僭傲，副使金诚一大怒推纸曰：海内外相截，国华夷有分，侮慢之甚，何可至此。吾等一死而已，不忍持此生还。"赵庆男：《乱中杂录》，第106页。

是金诚一在其他场合所说而被有心者记录下来,也可能只是旁人一种文学性的发挥。至少,它没有如实录所言出现在金诚一给玄苏的信中。此又为实录不严谨之处。

最后,这段文字中有所谓以“礼币”一词改代“方物”的表述,而“礼币”一词,也未知何故出现于此,在金诚一书信中并无。至于其又称黄允吉、许箴等对金诚一说:“苏倭自释其意如此,不必相持久留”,看似引用原话,实际亦不见于金诚一的记载中。实录编撰者的自我发挥可见一斑。

总的来说,由实录中的这段文字可见,编撰者以金诚一为主角写作该内容,试图描述其在国书交涉过程中的行事表现,然而其写作过程事实上并没有准确地参考当事人留下的第一手材料(金诚一《海槎录》),充其量只是在一些二手史料上打转,拼凑完成。因此当我们以金诚一书信为据去分析这段文字,就很容易发现其错漏百出。此一段实录的编撰者的专业水平实在令人不敢恭维。须知,为我们留下所谓“丰臣秀吉致朝鲜国王书”权威版本的,正是同一位(批)编撰者。

其实,抛开编撰者的专业水平问题,换个角度去看,或许也不难理解实录中出现这些有问题的表述的深层原因。实录是一种后来编撰的历史,在实录编撰之时,不管是国书事件也好,还是金诚一的人物形象也好,都已经被其后的历史进程附加上很多原本没有的因素。在实录编撰工作开展时的历史情境之下,我们很难苛求实录的编撰者做到完全剥离这些附加因素,准确复原历史的真实状态。

回到国书的问题上来,将国书内容编入实录之时,已经是经历过战争之后的时代,因此就一般人的认知和情感上来说,大概都会倾向于认为国书 1 的内容更符合战争历史书写的需要。国书 1 至少有这样几个符合需要的点:(1) 丰臣秀吉自述身世和功绩的部分能够充分显示这一战争罪魁的自我膨胀。(2) 将朝鲜表述为日本的朝贡国,是可忍孰不可忍? 足以激发朝鲜的同仇敌忾之情。(3) 声言征服大明朝,取代其万国来朝的地位,尽显丰臣秀吉的无端狂妄。而此三点内容所能起到的效果,如以另一简短版本的国书 2 代之入实录,显然是无法达到的。如果当时实录编著者更看重的是史书文字的现实影响和效果,即使有两版国书同时摆在面前供其取舍,大概率的结果仍然也是取详而舍略。

我同时还注意到实录记述国书的方式颇耐人寻味。它并不是以某日朝鲜收到日本国书,内容为何,然后全文抄录的方式呈现出来的,而是采用了以金诚一为主人公的叙事模式,讲述朝鲜使臣在日本收到国书,内容为何,然后全文抄录,且抄录的还是日本方面最早给出的未作修改的版本。我不免揣测,这样的写作手法,或许也是实录编撰者的精心设计,因为如此写法,实际上仍是符合历史事实的,因为当时朝鲜使臣确实收到了那样一封国书。如此,实录编撰者既达到了用长篇国书配合战争历史书写需求的目的,又规避了歪曲史实的问责。

然而,在我看来,实录编撰者的这个如意算盘还是打错了,因为他们没有意识到,故意不书或漏书一部分历史事实,本身就已经是历史记录者最大的失职。因为想凸显国书 1 而隐去了国书 2 存在的事实,就是他们不可推卸的过失。当然,也有另外一种可能,实录的编撰者已经清楚知道国书 2 是对马岛伪造的这一事实,因而不将其载入官方记录,这也算有充分的理由。但即便如此,或许实录编撰者能自问心安无愧,其对后世产生的实际影响,却仍是人为掩盖了部分历史真相。

幸好保留历史真相的权力并不只掌控在一批人手中,历史记录者的多样性使得历史真相能够有多重途径幸存下来。所以理论上来说,后世的历史研究者是可以通过一定的努力,重新揭示出前人有意无意间掩盖的历史真相的。而这个问题的复杂之处在于,某些途径留存的历史真相,可能还需要经历一个"自证清白"的过程,特别是当其与所谓的权威记录存在差异时,这个"自证清白"的过程可能会显得异常艰辛。本文所涉及的国书问题,正是这样一个鲜活的案例。

作为历史研究者,当面对不同类型文献资料展现出的多样性的历史事实时,首先当然是以小心求证为最优选择,而当求证过程受阻,无法得出确切结论之时,不妨将其先视作一种可能的真相暂存,而不是轻易放弃。须知历史的复杂程度永远超出我们的想象,在当下保留任何一种可能的真相,留待后人征取臧否,或许就是为将来更接近复杂真实的历史预留了一扇窗户。

附录:

答许书状筬

〔朝鲜王朝〕金诚一

(摘自金诚一《鹤峰先生文集》)

某白。足下不遗无似,镌诲谆谆,思欲回执迷之见,而全国体于万全,甚盛甚盛。然以愚策之,足下之所以全国体者,乃所以辱国体也。足下何不思之甚也?

夫此岛之与我朝何如也?世受国恩,作我东藩,以义则君臣也,以土则附庸也,寄命大朝以资生理。若绝其关市,不许其朝贡,则是无异扼婴吭而绝之乳也。自祖宗朝以来,深得抚夷之体,一以为龙蛇,一以为外臣,威以震之,恩以绥之,未尝一于姑息,而受其欺侮也。此岛亦知大朝恩信之重,仰赖之厚,故奉藩称臣,恪守侯度,世执壤奠,稽颡北阙,其怛威赧德也至矣。

今兹使臣之来也，义智躬自护行，馆待有加，传命之日，拜稽中庭，只受如仪，相见之时，就前再拜，不敢当岛主之礼，可谓恭矣。吾辈之失正坐，欲得其欢心，礼下之已甚，故便生骄傲之气，数日之后，已觉其不承权舆矣。日昨东山之会，义智跨马直到幕前。吾已心不便之。而宾主之间，亦有所难，故不敢形诸色辞也。至于国分寺所为，则骇愕极矣。大国使臣，与其上官列坐中堂，则为义智者，虽由他门而入可也，咫尺之地，乃敢偃然乘轿，历阶升堂，睥睨使臣，有若臣仆然。虽曰夷狄无礼，亦有君臣上下之分，义智何敢乃尔耶？为使臣者，若仍坐其席，与之为礼，又与之把臂酬酢，欢洽乃已，则是甘于受辱，而自处于臣仆之列也。彼亦见使臣之恬然，必将谓礼所当然，略无忌惮之意，末流之弊，将何所不至也。此身虽微，乃大国之使也，孰不曰身可轻而国不可轻，身可辱而命不可辱乎？虽然，身之与国，实不可二视也，身轻则国为之轻，身辱则命为之辱。为使臣者，何敢轻辱其身，以致轻其国、辱其命耶？此吾之所以恳恳告上使，请与之偕出者也。再三言之，而上使不从，则吾之独出，虽若未安，当此之时，上使为轻，国体为重，与其苟同而辱命，曷若立异而尊命乎？

还馆之后，足下及车君又相继而出，此岂不以国体为重，而期不辱其身者耶？意谓足下所见与我略同，岂料其三思之余，反生其惑耶？足下所谓待夷之道，不可概以常规，自可从容处置，无损于国体者，似矣。当日待夷之道，常规之外，更有何道耶？其从容处置，无损国体者，亦有何道理耶？足下有心，我能忖之，所谓不概以常规者，不过曰治之以不治也，所谓从容处置者，不过曰与之接膝，徐徐开谕，以愧其心也，此则有不然者矣。夫治之以不治，乃王者待夷之道也。奉命之臣，持一国体貌，而不自谨重，为幺么小丑之所陵蔑，其辱国甚矣。反曰治之以不治，此岂使臣之道耶？不惟不治，又与之促膝接席，叙寒暄、交觥筹，则是安于其辱也。

厥后虽复从容开谕,岂能使愧其心耶?且我于其日,设若愤愤生怒,面加峻责,而驱辱其身,则果失待夷之道,而激之生变也?我不过称病出来,洁身还馆而已,此实不较禽兽,治之以不治者也,有何过中之举乎?若以拂其意为难,而因仍苟且,曲为顺从,则是乃妾妇之事,岂大丈夫之义乎?又岂是大国使臣之体乎?

至于杖世云,则其由然矣。吾辈至此,方言自别,正若喑聋,其开谕之责,不在于世云乎?顷日之变,出于不意,虽有舌人,亦无如之何也。但义智怪问吾辈之出,则为世云者,所当援据典礼,严辞开谕,而缄口结舌,不能出气,乃以疾作还馆告之,其罪不亦大乎?且吾念之赴京之时,华人若有不善,则必归罪于不能开谕,杖吾译官,例也。入上国犹杖译官,则到藩臣之邦,独不能治其罪耶?治罪之后,都船主始使人谢之曰:“副官年少不知礼,有此过失,非但岛主闻之,矍然失色,国王若闻此事,吾等亦得罪矣,吾将躬进谢过,愿使臣垂恕焉。”余对曰:“我国信使之废,百年于兹矣。新王以礼为国,频年请使,其意甚勤。故我殿下特遣使价,以修两国之好,礼至重也。宾主之间,各尽体貌,不可相忽。而入境之初,副官陵蔑至此,此岂新王之意,亦岂我殿下所望于贵邦者乎?况本岛臣事我朝,与藩臣无异,副官又是岛主之子,其无礼何敢若是?虽曰少不知礼,独不念在东平馆时乎?本国宣慰使等官,若与客使相会,则必大门外下马,整其衣冠,入与行礼,络始不怠,此客使之所亲见也,曷尝慢易无礼至此耶?彼时宣慰等官,设若开副官所馆之门,骑马乘轿,历阶升堂,则于副官之心安乎?”倭人平调连,乃随往本国者也,言未毕,起拜致敬曰:“副使之言,至当至当,吾侪小人,亦知其失礼矣。”副官使者潜告于译官曰“副官昨见使臣之出,已觉其失,兼又都船主峻责之,副官达夜不寐”云云。昨者所为,不过如此,而足下乃以杖世云为已甚,不亦左乎?

夕闻倭奴斩人于浦口,心亦骇之。问诸同船格倭,则乃曰:

"国分寺乘轿上堂，初非副官之意，入门之时，令止其轿，而舁者不从，致令失礼。副官大怒，即欲斩之，而在逃不现，故今始捕而刑之矣。"一倭又曰："欲令使臣知失礼之罪在于舁轿者，故令使船格倭同参杀之矣。"鄙人谓车君曰："杀人之变，专由吾辈之先出，不亦惨乎？然使臣辱身辱命极矣。副官即谢其过，又归罪于下而杀之，今而后，国体稍尊，国辱亦小雪矣。"相与一伤而一喜，不图足下徒知杀人之可骇，而不念国体之为重，过自悔责至此甚也。

足下又曰"古人待夷狄，必曰恩信怀绥而已，何尝有体貌字说出来"云云。此真所谓知一不知二，胶柱鼓瑟者也。先王之待夷狄，虽曰恩信怀绥，其最严且谨者，莫体貌若也。春秋内诸夏而外夷狄，故夷狄虽大，必称人，秦楚虽僭，必称子，衣裳之会，必序于列国之下，此非尊中国之体貌乎？汉之高、文，有金缯之奉，则贾生以为首足倒置。汉宣位诸侯之上，则扬雄以为紊尊卑之序，此非坏中国之体貌乎？以今观之，本朝犹中国也，岛倭实蛮夷也，以大国之使，屈辱于小丑，见其陵蔑无礼，而犹莫之耻，反以体貌之重，为薄物细故，其亦异乎春秋之义矣，其亦异乎汉儒之见矣。此吾所谓知一不知二，胶柱鼓瑟者也。

又有一说焉，上使之所以不屑去就，与之酬酢欢洽者，岂徒然哉？其意必曰："夷狄不足与较，小礼不足与争也。若与之屑屑争较，则岂非所伸者小，而所伤者大乎？"其意如此，故终始包容，略不动色，其度量之宏，实非浅浅者所可蠡测也。然人各有见，何可雷同而苟合乎？昔孔道辅之使辽也，辽伶以文宣王为戏，道辅奋然起出，不终享礼而罢。夫辽，一蛮夷也，伶人，又蛮夷之一俳优也，偶然之戏，可付一笑，而道辅之径出不顾，必与夷狄相较者，抑何意耶？吾辈入犬豕之窟，与犬豕杂处，形单势孤，其危可谓甚矣。然义智之轿，非但辽伶之戏也，使臣之辱，实大国之辱也，为使臣者，何可先自畏怯，甘受屈辱，而不与之较乎？

足下又曰:“冠裳虽美,而束之于猴孙,则必跳踉而后已。”亦云善喻矣。然吾之义不辱者,只欲存使臣之体貌,非欲冠裳于猴孙也。其所开谕者,只言其非礼而已,非加诘责于彼也。彼虽无知,亦愧其失,必刑人乃已。渠之惨酷,何关于我,何损于国,而有此云云耶?

足下又曰:“新王崛起,夺国未厌,又易岛主,犹欲交邻通好,献俘请使,此实两国安危之机,吾辈亲承王命,仗节而行者,岂但体貌一事而止哉?”噫!足下于是乎失言矣。君子一言以为智,一言以为不智。以足下之智,而终归于不智,不亦惜哉?新王自崛起,自夺国,自易岛主,干我国甚事,而谓为两国安危之机乎?其欲交邻通好,献俘请使者,其意不过慕礼义之国,欲借重于其邦耳。使臣衔命出疆,今已越海,所当谨守礼义,动遵规范,不沮不屈,毅然如山,使国体重于九鼎,王灵畅于无外可也。如此则倭人必曰:大国之礼义,吾固闻之,今果然矣。必相与拭目耸观,自生尊敬之心,终不敢慢易其礼矣。今则不然,才涉其境,不自谨重,一以顺悦倭心为上策。彼虽无识,亦甚伶俐,岂不知吾辈之无廉隅乎?以此言之,国分之辱,不几于沧浪自取者耶?

古之使于四方,不辱君命者,一则辞命之善也,一则体貌之尊也。今吾辈于辞命,则畏倭如虎,惴惴然犹恐触其怒,含糊嗫嚅,到口而不敢吐;于体貌,则不能自重,轻于出入,虽见屈辱,亦不为耻。如吾狷狭者,不胜其愤,欲有所言,则必群起而攻之,使不得开一喙,此何等使臣之体乎?如此而敢为大言曰:“吾等所受而行者,比之体貌,其轻重大小为如何哉?”足下之所谓轻重大小,不亦舛乎?孟子曰:“国有道,以道殉身,国无道,以身殉道。未闻以道殉人者也。”程夫子亦曰:“身屈矣,而道行,未之闻也。”吾辈不问义之所在,一以顺悦倭心为事,不几于以道殉人者乎?安于屈辱而欲伸其道,无乃屈身而行道者乎?呜呼!此膝一屈,不可复伸,君命一辱，不可复雪。此古人所以执节不挠，虽死无二者也。

且吾辈拜辞之日，天语丁宁，其不在耳乎？始曰："动必以礼，不可稍有慢易之意。"终曰："使国体尊重，王灵远播，在此一行。"大哉王言！此非臣子所当战战兢兢，终始体念处耶？蕞尔小丑，横加无礼，而晏然受之，不能自直，若入倭王之庭而事有大于此，辱有甚于此，则其恇怯失措，辱身辱国，坐可策也，将何面目归报吾王，而见我三韩士大夫乎？言念及此，未尝不扼腕痛心也。

足下又曰："正其衣冠，尊其威仪，宽其度量，广其恩信，使异域之人俨然望而畏之，此实尊体貌之大者，若曲生疑阻，白地生梗，愠怒其色，勃磏其辞，无人不责，无辞不较，不几于恶乎？"细观足下之辞，上一节自赞也，下一节责我也。戴乌横银，朱衣玉节，光耀异域，虽谓之整衣冠、尊瞻视，可也。受无义之食，顺犬豕之心，虽谓之宽度量、广恩信，可也。然衣冠威仪若是其尊重，度量恩信若是其宽广，而随处受侮，不能使俨然望畏者，何耶？

到大浦之日，义智请与相见。上使既入其馆，则义智又曰：今已日暮，请于他处见之。比到其处，就馆欲见，则义智在咫尺，而下人瞒曰：远在五里之外云，其不欲相见也审矣。及其请见也，又欲便服而入，其相轻也极矣。我之不得不愠与足下争辨者，实欲尊体貌也，此岂无事而曲生疑阻，白地生梗者乎？

都船主请于重午日进见，吾等亦许之矣。既与之相约，则非有大故，不可违也。食后乃称岛主家有事，而不果来。是以岛主为尊，而轻使臣也。反以非礼之食投之，我欲受之，得乎？使臣答宴之日，义智私于世云曰：若是烧酒，则吾甚厌之，请以吾美酒代之。其不敬客甚矣。吾欲许之，得乎？宾主之间，书尺不可忽略，而玄苏用片幅休纸，胡乱其书，不裁不封。吾欲无言，得乎？东山之会，使臣设帐幕，则我实主席者也，罢出之时，义智仍坐其席，欲我先出。我欲从之，得乎？义智问安使者，每朝必以二戈两剑前导而来,直到我前,我令译官开谕,其后则不敢。我欲任其无礼,得乎? 至于国分之变,则以君大度,不能容忍,况余之狷狭者乎? 然亦未尝愠怒其色,勃�櫜其辞,必据礼温辞,从容开谕而止,亦何曾如足下所言乎? 且宣慰使一事,实非小小曲节也,彼既以先声已来瞒我,又以博多已到瞒我,又以风逆不来瞒我,今已淹留一月,而迄无影响,终乃无宣慰请行。而吾辈任其操纵,坐受其瞒,不敢出一语相诘,此何等事体耶?

昨吾所以欲一开谕者,实非偶然,而大言折之,吾之郁郁,当何如也? 大抵足下满纸缕缕,不一而足,窃瞯高明病根所在,则皆从“怖死”二字上出来。古人于义所当言,则虽死必言之。况此谆谆开谕之事乎? 且足下引郑文忠、申高灵之事,以为美谈,隐然以两贤自处。足下之自许,高则高矣。然高灵则逢时之乱,见辱亦多,而犹令岛主望风下马。至于乌川,则道德文章之懿,耸动夷夏,虽以盐奴之蠢蠢,犹知其尊慕,肩舆邀请,殆无虚日。而吾辈则既不能使之望风下马,又不能使之肩舆邀请,反为义智肩舆之所凌轹,不亦可羞之甚乎? 我之所以不降辞色,径出不顾者,虽似率尔,亦不得不尔也。愿足下毋我罪焉。语曰:“道不同,不相为谋。”此则然矣。岂料道同而不相谋至于此极乎? 信乎! 吾道之孤且穷也。不宣。

拟答宣慰使平行长

〔朝鲜王朝〕金诚一

(摘自金诚一《鹤峰先生文集》)

某等白。书契一事,荷足下善图,得以改撰,岂但使臣之幸,实贵国之光也。邻国之人,孰不曰海外有人乎? 幸甚幸甚!

第于书中,有一款语意,揆之以义,大有未安者。使臣已出百里之外，难于再渎，故姑且闷默赍去矣。然足下职为宣慰，通使臣之情，而使两国无阻者，乃足下之责也。使者何敢不一言之，以贻后日之衅乎？敢冒强聒之诛，私布下执事，足下其亮之。

昔楚王谓齐桓公曰："君处北海，寡人处南海，犹风马牛不相及。"言其道里之辽远也。然齐、楚虽远，乃是文轨之所同也。一介行李，往来无阻，兵车乘车，可与从事也。若如我二国，则瀛海为堑，区域自别，实天之所分，地之所析，固非风气声教之所能通也。犹幸因缘木道，得为兄弟之国，而各守封疆，时遣信使而已，吉凶庆吊之问，亦不能相通者，何也？岂不以天险当前，非人力之所能容者乎？平时交际之难若是，而况军旅合从之事乎？

今书契内有曰："欲一超大明国，于时贵国重交邻之义，党吾国，则弥可修邻盟也。"呜呼！此实关白殿下之意乎？抑行辞者偶为大言以试我国乎？噫！责人以所难，则人将无以应之矣。人不能应之，则责之者宁无望乎？彼此交相责望，则猜嫌内起，衅隙外生，自古及今，未有能全其交道者也。两女争桑，尚兴吴、楚之兵。两国相责，岂无可虞之机乎？我朝之与贵国，事势之不相接，既如前所云云者，而况皇明乃我朝父母之国也，我殿下畏天之敬，事大之诚，终始不贰。故北望神京，天威咫尺，玉帛之使，冠盖相望，此实天下之所共闻知也。贵国今虽绝和，数十年前，曾有观周之使，岂不知我邦一家于天朝乎？呜呼！君臣之义，乃天之经、地之义，所谓民彝也，人而无此，冠裳而禽犊，国而无此，中夏而胡羯也。天朝我朝，大义已定，犹天地之不可易位也，其敢有二心乎？如有二心，则是手足戕头目，子弟攻父兄，其于人理何如耶？

若贵邦侵犯之计，则各有谋国之臣，固非使臣所敢知也。至于我国之义，则使臣之所明知也。今见书契之辞如此，而默默无言而归，则是岂使臣之义乎？宋之华元，登子反之床而输其情实，尚能感敌人之心，而成两国之好。今兹使臣之所言者，天之经地之义，夷夏古今之所不可一日废焉者也。贵国闻之，宁不为之矍□草本，瞿然动心，悔党国之一言乎？

又有一说焉。两国和好，垂二百年于兹矣。设有他国要结我邦，谋不利于贵国，我朝非徒不禁，又为之党彼以助之，则未知贵国，以我朝为何如也。我朝自通好以来，世敦交邻之信，未尝以一矢投于贵边。交邻如此，事大可知。以此反隅，则其不可党邻而犯顺也，亦较然矣。大抵两国辞命，不可不慎也。解怨释纷在于是，结嫌生衅在于是。非法之言，害义之谈，何可形诸文墨，说与邻国乎？以愚度之，此乃撰辞者失于照管，恐非关白殿下之盛意也。呜呼！足下谋国之良臣也，亦尝念及于此乎？使臣此言，非为我朝，实贡忠于贵国之义也。足下倘以之转闻于关白，则亦保邦安民、永全邻好之一道也。不宣。

拟答对马岛主

〔朝鲜王朝〕金诚一

（摘自金诚一《鹤峰先生文集》）

见书，具审示意，多慰。使臣经年海外，行李无艰，此实贤主人向国之诚，新太守扶护之勤，何幸如之。第缘主人有疾，未获一面，曷胜怅怅。新太守承足下之意，礼待惟谨，至以未得送行为恨，委差特送之船，护涉沧海，益见足下事大之敬，良感且荷。

但书中饷缕之事，则自有朝廷处置，非使臣所与知也。然足下委惠长笺，责望于使臣者甚重，何敢不一言以晓之乎？夫不许特送，而废守令肃拜者，此非近年所为，亦非无故裁减，而不承权舆也。其岁遣定额，俱在先王朝约条，贵岛岂无文籍之可考者乎？至如代官，虽曰代太守施法，此乃岛中权设之官，非朝廷所知也。岛主既受图书，代官又欲受之，则是一岛二主也，其可乎？且庚午之变，是乃岛人自速其辜，而见绝于大朝也。足下所谓积恶之余殃者，不其然乎？今虽年远人异，何可轻坏旧章，以复已废立之规乎？朝廷之于贵岛，亦何厚薄之有？有功则赏之以职，而许其来朝，有罪则镌其职，而不许相通，此已事之明验也。岛中如有愿复其旧者，足下何不令输忠效劳，而听朝廷之指挥乎？不然则足下虽望使臣之转达，不可得也，如何如何。

书中又有足下所不当请，而使臣所不敢闻者。犯大明取路南边一事是尔。夫南边，我国地方也。大明，我朝臣事之国也。由我地方，而犯我臣事之国。则是假手邻国，而身与犯上之事也。设有径捷之路果如足下之所云者，朝廷其可开路以向导之乎？我国之法，除釜山一路，皆以贼倭论断。如有犯者，则边吏必以军法从事。此贵岛之所明知也。而足下今有云云之请者，岂不以信使既通，义为一家，虽犯京行师，亦无所禁故耶？虽然，贵国友邦也，大明君父也，今若许贵国便路，则是知有友邦，而不知有君父也，于人为不祥，于德为愆义，匹夫且耻为之，况堂堂礼义之邦乎？

复有一言可以取譬者，足下试听之。介两国之间者，贵岛也。足下东事贵国，北顺我朝，畏天事大之敬至矣。倘有贼寇借足下之路，以犯两国，则足下其许之否？名为事大，而潜启贼路，则其反覆不信甚矣。贵国且不可出借路之言，况足下而敢为此言乎？且足下之言曰“弊邦今之时势，至后五百年，何敢如此乎？随时势讲邻交好矣”云云。亦何意耶？两国和亲，只在于信义二字而已，强弱非所论也。若不以信义为重，而惟强弱是视，则此实市井之交，岂大国之义乎？今关白建国之初，首重交邻之义，还俘献馘，其礼至勤，故我殿下特遣专使，以答其意。固非观时势、较强弱，而为之向背也。足下“观时势”云云者，于是乎失言矣。使臣则只以通信为职，何敢以此等言转奏于朝廷乎？足下其思焉。

郑斗源："鸣钟故事"与半岛特例

1. 自鸣钟与"西器东传"

16世纪后期，西方人将西洋机械钟表带入中国，其中形制较大的被称为"钟"，因其多能按时自行敲响报时，故传入中国之后被广泛称为"自鸣钟"。关于自鸣钟传入中国的过程，有研究指出：最早是1582年由利玛窦带到澳门，同年由罗明坚等送给了两广总督陈瑞，此后又有1601年利玛窦在北京向万历皇帝的进献，它们大体可以被认为是自鸣钟传入中国过程中最早和最重要的两大节点。当然，与之同时以及在此之后，其他的自鸣钟传入事件也在频繁地发生。[①]

在自鸣钟传入中国之后，又发生了自鸣钟由中国传入朝鲜半岛的事件——1631年，葡萄牙人陆若汉(João Rodrigues，1561—1633)将自鸣钟赠予来明朝朝贡的朝鲜王朝使臣郑斗源(1581—?)。这也是目前所见自鸣钟传入朝鲜半岛的最早记录。据《朝鲜王朝实录》(下文简称《实录》)1631年七月十二日条记载：

> 甲申，陈奏使郑斗源，回自帝京，献千里镜、西炮、自鸣钟、焰硝花、紫木花等物。千里镜者，能窥测天文，觇

① 参见汤开建、黄春艳：《明清之际西洋钟表在中国的传播》，《暨南史学(第四辑)》，暨南大学出版社，2005年，第305—309页。

> 敌于百里外云；西炮者，不用火绳，以石击之，而火自发。西洋人陆若汉者来中国，赠斗源者也。自鸣钟者，每十二时，其钟自鸣；焰硝花，即煮硝之碱土；紫木花，即木花之色紫者。上教曰："觅来西炮，志在御敌，诚极可嘉，特加一资。"谏院请还收加资之命，上从之。[①]

国内学者汤开建、黄春艳在《明清之际西洋钟表在中国的传播》一文中，将自鸣钟传入中国的历程，置于西方人"钟表外交"的大背景下进行论述，因此在提及自鸣钟传入朝鲜一事时，认为陆若汉赠予郑斗源自鸣钟，是希望通过将其赠送给朝鲜使臣而叩开西方文化进入朝鲜之门。[②] 而从结果来看，很显然陆若汉的期望是落空了，牢牢锁闭的朝鲜大门，在其后二百多年的时间里，始终没有对西方人打开。[③]

关于西洋钟表在中国传播及影响的问题，海内外学者已有大量论著。[④] 汤、黄二位在论述该问题时也有归纳式的评价，指出："钟表及其技术在中国的影响几乎接近于西方历法"，"钟表在中

---

① ［韩］国史编纂委员会：《朝鲜王朝实录》，（首尔）探求堂，1968 年，第 34 册，第 37 页。

② 前引汤开建、黄春艳：《明清之际西洋钟表在中国的传播》，《暨南史学（第四辑）》，第 308 页。

③ 一般认为，最早在"壬辰战争"（1592—1597）期间，应日本将领小西行长之邀，切斯帕德斯（Cespedes）由日本进入朝鲜，他是最早踏上朝鲜半岛的西方人，但是他的活动范围有限，很可能没有接触过朝鲜民众。之后又有 1628 年荷兰人朴渊（Weltevree）等 3 人漂流到济州岛和 1653 年荷兰人哈梅尔（Hamel）等 36 人漂流到朝鲜半岛被送到首都汉阳的事件。韩国学者李元淳在其所著《朝鲜西学史研究》一书中指出："直接进入朝鲜社会的西洋人，在文化方面的贡献是极其有限的。同时，在朝鲜之外的外部世界，也存在一些窥伺朝鲜者，但均未付诸实践。"参见［韩］李元淳著，王玉洁、朴英姬、洪军译，邹振环校订：《朝鲜西学史研究》，中国社会科学出版社，2001 年，第 41—42 页。

④ 汤开建、黄春艳论文中对此有详细梳理。前引汤开建、黄春艳：《明清之际西洋钟表在中国的传播》，《暨南史学（第四辑）》，第 305 页。

国传播和被认知接受的速度是其他任何西方物品无法比拟的。”[①]然而,令人意外的是,自鸣钟的这种“魔法效应”,在面对朝鲜半岛时却“失灵”了。自鸣钟传入朝鲜半岛,为什么没有带来西方人预期中的效果?西方技艺的高妙,难道就没有对朝鲜人造成震撼?我们通常认为的东亚共同性,此刻又去了哪里?要回答这些问题,恐怕还是要进入朝鲜半岛自身的历史语境中去观察。接下来就让我们来看一下自鸣钟初入朝鲜半岛时究竟发生了什么?

2. 郑斗源与陆若汉的登州会晤

先回到被公认为自鸣钟传入朝鲜半岛的背景事件——1630年郑斗源出使明朝上来。1630年七月,郑斗源被任命为进慰使出使明朝。这次例行的使行活动,同时还被赋予了另一项使命,即请求明朝收回更改登州贡道为天津贡道的决定。[②] 因辽东贡道为后金所阻,该次朝鲜使行由海路出使,先渡海至登州,再由陆路抵北京。正是因为此次出使线路的特殊性,才有了郑斗源与陆若汉在登州的会面。

有关这次使行,当事人郑斗源留下了一部记录文献——《朝天记地图》。[③] 这是一部图文并茂的资料,既绘制了登州贡道沿途

① 汤开建、黄春艳:《明清之际西洋钟表在中国的传播》,《暨南史学(第四辑)》,第304页。

② [韩]国史编纂委员会:《朝鲜王朝实录》第34册,第385页:“己卯(1630年七月二日,笔者注)初,经略袁崇焕以登州海路平易,且疑毛将,请禁之,遂开天津之路,令我国朝贡及唐船来往者悉由之。天津则辽河之所汇注,海波洄洑,险恶无比。至是,进慰使郑斗源将赴京,请赍改路奏本,直向登州,上从之。”

③ 现存《朝天记地图》为孤本,藏于韩国成均馆大学尊经阁图书馆,图书编号为:B16I-0020。复旦大学文史研究院与成均馆大学东亚学术院大东文化研究院合编的《韩国汉文燕行文献选编》(复旦大学出版社,2011年)第7册,收录了该文献影印本。

所经海域岛屿和陆路城市的示意图，又在每幅图后附上途经该地时的见闻。从《朝天记地图》的文字部分，我们看到此次使行关于修改贡道的交涉最终并未成功，另外，就本文的关切点而言，也同样令人遗憾，因为在这部文献中，并没有提及郑斗源与陆若汉的会面。

关于这一次会面的记载，留存在了另外一些文献中。比如前述《实录》中的记载即为一例，但是那段文字重点记述的是郑斗源带回的物品，"西洋人陆若汉"只是作为赠礼者的名字，被点到即止，并无更多细节，甚至连两人会面的地点信息都没有提到。而在朝鲜王朝另一部重要官修史料《国朝宝鉴》[①]中，我们看到了更为详细的记载：

> 秋七月。陈奏使郑斗源回自京师，献西洋火炮、焰硝花、千里镜、自鸣钟、紫木花及诸图书等物。上以其志在御敌，特加一资，因谏院启还收。
>
> （原文注）郑斗源先来状启曰：西洋国去中原九万里，三年可达皇京。陆若汉即利玛窦之友，尝在其国制火炮以灭红夷、毛夷之作梗者，尤精于天文历法。到广

① 《国朝宝鉴》是朝鲜王朝官方的正史文献，是《朝鲜王朝实录》修纂过程中一种特殊的副产品，朝鲜王朝正祖曾御笔论述其与实录的关系："实录与宝鉴，皆史也，而其体不同。事巨细得失，无不笔，藏之名山，以俟天下万世者，实录是已。取其训谟功烈之大者，特书而昭揭，为后嗣王鉴法者，宝鉴是已。故实录秘而宝鉴彰，实录期乎远而宝鉴切于今。是二者皆不可阙。"朝鲜王朝旧有《四朝宝鉴》，汇编太祖、太宗、文宗、世宗四朝史事，其后又单独编撰过宣祖朝、肃宗朝《宝鉴》，至正祖时期编撰英祖朝实录时，除编撰完成英祖朝《宝鉴》外，还一次性补编完成此前所缺十二朝的《宝鉴》，汇编成包罗此前各朝代的《国朝宝鉴》。此后这一官方修史传统被延续，朝鲜王朝除最后两代高宗、纯宗朝外，均有《宝鉴》存世。参见《国朝宝鉴》，首卷，国朝宝鉴序，见"韩国古典综合数据库"，网址：http://db.itkc.or.kr/inLink?DCI=ITKC_GO_1295A_0010_010_0010_2022_001_XML。（最后查阅时间为 2024 年 10 月 9 日，下同）

> 东,请以红夷炮讨虏师,帝嘉之,以为掌教官,送于登州,军门待以宾师。钦天监修历,亦全用若汉之言。一日若汉来见臣,时年九十七,精神秀丽,飘飘然若神仙中人。臣愿得一火炮归献,若汉即许之,并给其他书、器,列录于后:《治历缘起》一册、《天文略》[①]一册、利玛窦《天文书》一册、《远镜说》一册、《千里镜说》一册、《职方外纪》一册、《西洋国风俗记》一册、《西洋国贡献神威大铳疏》一册、《天文图》《南北极》两幅、《天文广数》两幅、《万里全图》五幅、《红夷炮题本》一。千里镜一部,窥测天文,亦能于百里外看望敌阵中细微之物,直银三四百两云。日晷观一座,定时刻,定四方,定日月之行。自鸣钟一部,每于十二时自鸣。火炮一部,不用火绳,以火石击之而火自发,我国鸟铳二放之间,可放四五次,捷疾如神。焰硝花,即煮硝之碱土者。紫木花,即绵花之色紫者。[②]

朝鲜使臣在完成使命后回国途中,往往要撰写报告先行送回国内,称为状启。与《实录》不同的是,《国朝宝鉴》记录郑斗源出使一事时,将他提交的状启中的一部分文字,以小字夹注的方式,抄录了下来。从这部分状启文字中,我们就看到了郑斗源与陆若汉会面地点为登州这一细节信息。除此以外,不难发现《国朝宝鉴》编撰者在处理这部分内容时是有取舍标准的,即重点关注与"西洋"有关的内容。于是,他们专门将郑斗源状启中关于西人、西书、西器的文字摘录出来。首先便是"西人"陆若汉的事迹,包

---

① 此处疑应为阳玛诺(Emmanuel Diaz)所作《天问略》。

② 《国朝宝鉴》,卷三十五,仁祖朝二,辛未条。见"韩国古典综合数据库",网址:http://db.itkc.or.kr/inLink?DCI=ITKC_GO_1295A_0360_010_0060_2022_004_XML。

括其与利玛窦的关系、在火炮制造和天文历法方面的专长、参与崇祯年间招募葡兵一事[①]的经过，同时还有关于其年龄和相貌的记述。

令人不解的是，郑斗源称陆若汉当时年纪为97岁，这一点与事实不符。据记载陆若汉为1561年生人[②]，时年应为69岁。我们已经无法确知这一关于年龄的误解是怎么产生的，但这一误解直接导致了郑斗源对陆若汉"精神秀丽，飘飘然若神仙中人"认知的产生。以至于在其后与朝鲜国王仁祖的一次对话中，当被问及"陆若汉何如人也"时，郑斗源的回答是"似是得道之人也"[③]。然而，有意思的是，和当时发生在中国的一幕相比，郑斗源误认为陆若汉97岁这件事，简直可以说是"小巫见大巫"：据说，1630年陆若汉进京时，当时北京城纷纷谣传陆若汉已有250岁，"结果很多人都围绕在这位勇敢的老人身边，像是要寻找长寿的秘诀，试图抚摩他的身体"[④]。

《国朝宝鉴》对郑斗源书面汇报的内容，只是选择性地摘录，该报告的原始内容应该要更详尽一些。产生于同时代的一部私撰著作——赵庆男的《续杂录》[⑤]，为我们提供了重要补充。赵庆男抄录了一部分他所见的郑斗源状启的内容，与《国朝宝鉴》所记

---

① 关于崇祯年间招募葡兵一事，以及陆若汉参与其中的历史细节，可参考董少新、黄一农：《崇祯年间招募葡兵新考》，《历史研究》2009年第5期；亦可参考刘小珊、陈曦子、陈访泽：《明中后期中日葡外交使者陆若汉研究》，商务印书馆，2015年，第290—307页。

② 参见荣振华、耿昇译：《在华耶稣会士列传及书目补编》，中华书局，1995年，第564页。

③ ［韩］国史编纂委员会：《朝鲜王朝实录》第34册，第439页。

④ 刘小珊、陈曦子、陈访泽：《明中后期中日葡外交使者陆若汉研究》，第302页。

⑤ 赵庆男（1570—1641），字善述，号山西，朝鲜王朝文臣，著有《乱中杂录》，以日记体形式记述1582年至1610年间史事，是研究"壬辰战争"历史的重要参考文献之一。《续杂录》是赵庆男接续《乱中杂录》所作记述1611年至1638年间史事的日记体文献。

又不尽相同。比如,其中提到郑斗源一共提交三份报告:“《先来状启》《西洋国奇别》及《紫木花状启》各一道”,由此可知,《国朝宝鉴》和赵庆男抄录的内容,准确来说应是郑斗源所作《西洋国奇别》的部分文字。又如,其中更具体地提到陆若汉“统公沙·的西劳等夷到广东”,公沙·的西劳正是当时所招募葡兵的统帅。再比如,提到“礼部尚书徐光启题请优待”,所指乃是徐光启在招募葡兵一事中的表现。这些内容在《国朝宝鉴》中均未见。[①]

再看《国朝宝鉴》记录的后半部分,是关于陆若汉赠予郑斗源的物品目录,包括书籍、图绘和器物等。按郑斗源的汇报,他主动向陆若汉求取的,只有火炮一物,后者爽快答应了。至于其他东西,都是陆若汉主动赠予的。郑斗源将这些书、器名目一一记下,成为这些西方书籍和器物第一次大规模流入朝鲜半岛的最早和最重要的文字记录。因本文重点关注自鸣钟,故书和图的部分暂且略过,仅看其中所记器物:火炮、千里镜、日晷观、自鸣钟、硝石、紫木花。如果说记录的顺序、描述的详细程度和当时记录者对这些器物的关心程度存在正向关联的话,似乎自鸣钟在所有受赠礼物中的重要性排序并不靠前,除一句“自鸣钟一部,每于十二时自鸣”外,别无更多记述,朝鲜人郑斗源至少并没有表现出如明朝人初见自鸣钟时那种“惊艳”的感觉。

---

① “陈慰陪臣郑斗源回自京师,《先来状启》《西洋国奇别》及《紫木花状启》各一道云。西洋国去中原九万里,至距北京陆路三万里、水路九万里,三年可达。其国人陆若汉年九十七,灭红夷、毛夷之梗者,统公沙·的西劳等夷到广东,进红夷炮,请讨虏。天子嘉之,赏赐累巨万,钦差掌教之官,送于登州军门,并力恢复辽东,军门待以宾师。一日若汉来见臣,臣见其精神秀丽,飘飘然若神仙中人。尤精于天文,故天朝时方修改历法,专用若汉之言,至于礼部尚书徐光启题请优待。天朝称以神异之人,又精于大炮法,神妙天下所无云。臣愿得大炮归献于国王,则即许之。他物亦给之,其物名状启后录矣。”赵庆男:《续杂录》,卷三,辛未下。见“韩国古典综合数据库”,网址:http://db.itkc.or.kr/inLink?DCI=ITKC_GO_1333A_0030_000_0060_2004_008_XML。

如果再看《续杂录》中的记载，会发现郑斗源在《西洋国奇别》里列出各种物名之前，其实还有大段对所见事物的应对和思考。[①]概括起来大体有以下四点。

其一，在了解到陆若汉精通天文知识后，安排自己所带的译官李荣后专门向其请教，学习天文之法，以期在回国后将所习之法传授给观象监官员。其二，见葡兵火炮的火石击发之法，联想到朝鲜国内也产火石，安排手下郑孝吉学习该法，意欲回国后模仿试行。其三，见硝石制作之法，联想到国内火药价高问题可以通过自产硝石缓解，于是带回硝石样品，并建议从椵岛雇佣明朝制硝工匠，以期实现朝鲜火药低价量产。其四，见自鸣钟，知其为定时之具，认为带回后可依样仿造，用来辅助校准观象监原先用以计时的漏刻时计。这里的第四点，与本文关注的自鸣钟问题密切相关，后来朝鲜王朝也确实进行了自鸣钟的仿制，此为后话。

还有一个关键问题有待解决，且在目前所见朝鲜王朝一方的文献中无法确知，那就是郑斗源和陆若汉究竟于何时见面？韩国学者李元淳在《朝鲜西学史研究》中提及该问题时推测：1630 年郑斗源等一行出使时，因仍采用旧的登州贡道而被明朝方面拒绝

---

① "臣未赴京时，窃闻观象监监天度渐差，方修制中星，而未得其详云，以此求得天文之法而来矣。臣所带译官李荣后，为人十分精详，非但能文，凡事善为穷理，故使荣后往问其法，颇通其妙。其于鸟铳法，则不用火绳而石火自发，尤极奇异。臣闻富平阿南山多出火石，或可用此为乎乙喻，第试之可知矣。别牌阵郑孝吉亦多才能，故又使传习放炮法矣。臣见中原海滨产焰焇，臣闻我国海滨亦多有之，臣所带京炮手朴武吉言仁川海上多有之云。煮法则臣见正如煮盐之法。我国火药极贵，最欠于御敌，臣常叹闷，故见样次以□，又得盐焇数两而来。臣又得自鸣钟，此则定十二时之钟也，亦可依方造之，以察观象监漏刻为白乎乙去，亦为觅来矣。"（此处引文中下划线处为韩国古代官方文书写作中常见的"吏文"用法，一般可理解为语助词，无实意。）赵庆男：《续杂录》，卷三，辛未下。见"韩国古典综合数据库"，网址：http://db.itkc.or.kr/inLink?DCI=ITKC_GO_1333A_0030_000_0060_2004_008_XML。

入京,在登州滞留 20 余日,于是有了郑斗源在登州军门孙元化(1582—1632)帐中偶遇陆若汉一事。[①] 但该结论似乎并无确凿文献依据。

考证二人见面时间的另一条路径是追索陆若汉的行动轨迹。根据董少新、刘小珊等学者的研究所示:陆若汉于崇祯三年(1630)六月,曾离开北京返回澳门,处理购炮募兵事宜,崇祯四年(1631)三月,由于登州前线吃紧,陆若汉与公沙·的西劳等“为登抚孙元化调用”。而郑斗源使团是在崇祯四年六月返抵朝鲜。从朝鲜到登州航程为一个月。故知陆若汉在登州与朝鲜使团相遇即在崇祯四年三月至五月间。[②] 显然这一种推断更为可靠,而且这也回答了前文的一个疑问,即在郑斗源的《朝天记地图》中为何只字未提陆若汉?原因其实很简单,《朝天记地图》只记了朝鲜使团的去程,并未记述返程期间发生之事。

综上所述,1630 年朝鲜使臣郑斗源出使明朝,1631 年三至五月间在其回国途经登州时,于登莱巡抚孙元化处结识葡萄牙人陆若汉,并从其处获赠大量西书、西器,其中就包括自鸣钟。自鸣钟由此第一次被带入朝鲜半岛,并与大量西学书籍、图绘和火炮、千里镜等代表性西方器物一同被呈送给朝鲜国王。从第一次近距离接触到自鸣钟并且留下记录的郑斗源的笔下,我们并没有感受到他在面对这一西方新奇器物时有过多的情绪波澜,他只是平淡地认为其可资依样仿制,作为校准当时朝鲜所用漏刻时计的辅助工具,仅此而已。

---

① [韩]李元淳著,王玉洁、朴英姬、洪军译,邹振环校订:《朝鲜西学史研究》,第 47 页。

② 董少新、黄一农:《崇祯年间招募葡兵新考》,《历史研究》2009 年第 5 期;刘小珊、陈曦子、陈访泽:《明中后期中日葡外交使者陆若汉研究》,第 412—413 页。

3. “徒为巧异、无所实用”的自鸣钟

郑斗源对自鸣钟的反应显得过于平淡了些，那么其他朝鲜人会不会不太一样呢？似乎也并没有。按照《朝鲜王朝实录》的记载，郑斗源回国献上陆若汉的赠礼之后，国王仁祖的第一反应是对其进行论功行赏，官升一级，理由是“觅来西炮，志在御敌，诚极可嘉”。但是，司谏院马上提出反对意见，请求国王收回“加资之命”，最后仁祖听从了这一意见。[①]

朝鲜王朝司谏院的言官为什么要反对国王对郑斗源论功行赏？从实录中并不能找到答案，但是在一本题为《凝川日录》[②]的朝鲜王朝时代文献中，却记录下了这一过程中国王旨意和司谏院上书的详细内容：

> 传曰：陈慰使郑斗源，处事明敏。其所觅来西炮，精巧无比，实合战用，其多甚杀贼为国周旋之功，极为可嘉。特加一资，以表予意。一行员役中可赏者，亦令书启。……院启：陈慰使郑斗源状启，殊极诞慢，其所上进之物，徒为巧异，无所实用者多，而盛有所称引，其不识事理甚矣，此诚可罚而不可赏。而一小炮觅来之故，至于资级，物情皆以为非。请还收加资之命。[③]

---

① ［韩］国史编纂委员会：《朝鲜王朝实录》第34册，第37页。

② 《凝川日录》，作者不详，记述了1609年11月28日至1635年8月13日间历史事件、秘密故事、官员言论等，被认为是理解光海君和仁祖时期朝鲜王朝历史的重要参考资料。

③ 作者不详：《凝川日录》卷五，辛未七月。见“韩国古典综合数据库”，网址：http://db.itkc.or.kr/inLink?DCI=ITKC_GO_1337A_0050_000_0020_2004_012_XML。

司谏院反对的理由中有一条是“其所上进之物,徒为巧异,无所实用者多”。由此可见,自鸣钟作为郑斗源上进物之一,在司谏院官员看来,属于“徒为巧异,无所实用”之物。自鸣钟的确有制作精巧、令人惊异的外观特征,但是论及实用性,在这些朝鲜人看来却并无价值。细细想来,说自鸣钟没有太大的实用价值,这话不无道理。钟表的实用性在于指示时间,而在当时的朝鲜,事实上并不缺乏指示时间的工具,即使是自动报时功能,在当时朝鲜人看来也并不新奇。

朝鲜时代学者李圭景(1788—1856)的一段论述,有助于我们理解这一问题,他在《自鸣钟辨证说》一文中这样写道:

> 候时自鸣之制,古必有之而无传。自唐、宋已有其渐,畴人辈出,西通昧谷故也。(间注)张衡、一行、祖冲之皆能作仪,运转自动。苏鹗载新罗献万佛山,木人稽首,其机在钟。《唐书》:罽宾国遣使进天文经,拂菻国其王城门楼悬一大金秤,以金丸十二枚属于衡端,以候日时之十二时,为一金人立于侧,每至一时,其金丸辄落,发声引唱,以纪日时。宋太平兴国中,张思训上浑仪,七人直七政,十二神直时,皆以机发。魏朴、马钧俱通此。中原本有自动自击之可考者也。元有郭守敬七宝灯漏,钟鼓应时自鸣。(间注)按《甲子会纪》:元泰定帝二十二年甲午,元主作刻漏,玉女捧筹,金甲神人自击钲鼓。一说元顺帝自制龙舟及宝漏,按时而动,名自鸣钟,精巧出人意表,皆未曾有者也云。元帝宫漏,详在辨说中。皇明初,詹希元沙漏,童子自击钲鼓。王征轮壶,木人自行,手撞钟鼓,以报更点。我世宗朝御制简仪台,铜人自击钲鼓。郑三峰道传撰《经国大典·工典》,有“自击匠,注自鸣钟匠”云。《弘文馆志·中

> 庙朝》，有“内下自鸣钟于本馆”之文。然则中国与我东，从古原有此制。[①]

李圭景考证了定时自动报时装置在中国和朝鲜半岛的发展史，认为在中国和朝鲜半岛，自古就有自动报时装置的技术和实物存在。他按照时间顺序，依次提到了汉代张衡等人制造的自动仪器、唐代新罗国进献的万佛山造型的自动仪器、宋代张思训的浑仪、元代郭守敬的七宝灯漏、明代詹希元的五轮沙漏、朝鲜世宗朝的简仪台等装置。最后他还专门提及在朝鲜方面的文献记录中，早在16世纪中叶前(《经国大典》编成于1485年，朝鲜中宗朝为1505—1544年)，就已经有了“自鸣钟”这一词汇及其所指称器物的存在。从知识史和物质文化史的角度去理解，因为有了这样的前提，1631年朝鲜人接触到带有西方色彩的“自鸣钟”的概念和实物时的平淡反应，似乎也就变得合乎情理了。

但是，如果我们用一种比较的视角去看待明代中国和朝鲜王朝在最初面对西方自鸣钟这一事物时的不同反应，还是会生出些许不解。当时的中国知识分子难道就没有人像李圭景那样认为自鸣钟技术在本国古已有之吗？还是说即便是存在这样的认知，最初接触到自鸣钟的明朝人还是被西方器物“巧异”的特性所吸引和征服，而“实用”这一价值判定相应地退居其次了呢？

有观点认为，自鸣钟初入明代中国时，其制作工艺还达不到准确计时的程度，甚至比之传统的中国计时仪还要逊色不少，因此它带给中国社会的只是满足皇帝和上流社会极少数人群的猎奇心理需求而已，此时人们关注的只是它精美的外表和复杂唬人

---

① 李圭景：《五洲衍文长笺散稿》上册，(首尔)明文堂，1982年，第513—514页。

的金属齿轮结构,其自身的实用价值尚未体现出来。[①]

两相比较之下,可以发现,尽管自鸣钟在初次进入明朝和朝鲜王朝时,直面的对象都是社会上层精英群体,但收获的两者反应却截然不同。前者被其精巧的外部特征吸引而对其投以极大关注,而后者却因更注重器物的实用价值而对其几乎不屑一顾。经济基础决定上层建筑,这或许是对此差异性表现最合理的解释。明代中期社会精英阶层物质条件的相对富足,成为滋养和支撑其猎奇心理需求的基础,也为自鸣钟之类的西方器物的进入和被接受提供了空间。而 17 世纪初的朝鲜王朝在相继经历"壬辰战争"、后金侵袭等破坏之下,国家经济陷于疲敝不堪的状态,整个社会自上而下正严禁奢靡、奉行节俭。在这种氛围之下,自然就没有留给巧异而不实用的西方器物进入并产生影响的缝隙。

4. "利玛窦模式"在朝鲜半岛的失利

17 世纪初,西方人试图将西方文化输入东亚的企图及其相应策略,在面对朝鲜半岛时何以失败的原因,这下也便呼之欲出了。之前已经提到,有学者认为,陆若汉将自鸣钟等大量西书西器赠予郑斗源带回朝鲜,背后存有西方人寄望以此叩开朝鲜大门的企图。更有研究者对此有进一步的揭示:陆若汉与郑斗源看似不经意的会晤,实际上是当时西方一些势力的精心安排。[②] 果真如此,那么西方人费尽心机的安排,最终可以说恰恰是败在了它对此前面对中国时出奇成功的"利玛窦模式"的盲目自信之上。

有关利玛窦和自鸣钟的故事,还有这样一个情节:1601 年 1

① 陈开来:《"自鸣钟"与近代中国社会的变迁》,《文化遗产》2018 年第 2 期。

② 刘小珊、陈曦子、陈访泽:《明中后期中日葡外交使者陆若汉研究》,第 419 页。

月 24 日，利玛窦到北京献上了礼物，万历皇帝很欣赏那两架一大一小的机械钟，他把小的留在身边，第二年令工部为有摆锤的大钟修建了木阁楼。皇帝因这些讨人欢心的礼物而对教士们有了好感，也对西方文明产生了兴趣。为了正常维护和使用机械钟，他指定四名太监向利玛窦请教。利氏再三向皇帝请求在北京居住，利用当时中国人还不了解发条的作用略施一计，故意松了发条，使钟“既不守时，也不报点”，于是皇帝命令外国人前来修理，而利氏也成功定居北京。[①]

利玛窦被尊为西方文化在中国传播的奠基人，而这个故事也赋予了自鸣钟非同寻常的标志性意义，甚至成为后来西方国家“自鸣钟外交”政策的滥觞。“自鸣钟”顺理成章地成为西方文化传播中国过程中孕育出的一件“魔法物品”，发生在日本的类似故事[②]，也更进一步印证了它的“魔法效应”——利用西方精美新奇的日用器物，引起东方国家上层精英的关注，进而引发他们对西方科学技术的兴趣，最终实现将西方文化传播到该国的目的。

自鸣钟的“魔法效应”，在西方文化向中国、日本的传播中，都得到了显现和印证，这在某种程度上令西方人对其产生了足够的自信。于是在面对朝鲜半岛这一前期未能攻破的堡垒时，一旦有了展开攻势的机会，他们便最先使出了这一杀手锏。然而这一次，他们却因为犯了经验主义的错误而败北。究其原因，西方人

---

① 汤开建、黄春艳：《明清之际西洋钟表在中国的传播》，《暨南史学(第四辑)》，第 307—308 页。文中注相关记事引自《利玛窦中国札记》及何大化《远方亚洲》。参见利玛窦、金尼阁著，何高济、王遵仲、李申译，何兆武校：《利玛窦中国札记》，中华书局，2010 年，第 420 页。

② 日本关于西方人带来自鸣钟的最早记录是 1551 年圣方济各·沙勿略向大内义隆进献自鸣钟，见《大内义隆记》；而现存最早的舶来品则是 1611 年西班牙国王菲利普三世赠予德川家康的发条钟(1581 年造)，现藏于久能山东照宫。参见早坂功：《和時計の文化史：時計のデザイン史(2)》，《デザイン学研究(第 78 号)》，日本デザイン学会，1990 年，第 30—31 页。

没有对朝鲜王朝的社会经济状况做出准确的研判,不知道当时朝鲜王朝的真正需求。

郑斗源在会见陆若汉时,其实是传递了明确的需求信号的,他向陆若汉提出的唯一请求便是“愿得一火炮归献”。陆若汉满足了他的要求,但却没有读懂朝鲜人“唯一请求”背后的深层意味。在众多的西器之中,郑斗源独求“火炮”,正是因为它才是当时对朝鲜王朝来说真正最“实用”的东西,对身处明清战争夹缝之中的朝鲜王朝而言,最紧迫的任务是自保、是生存,而葡萄牙人坐拥的战争利器“火炮”,可比作救命稻草。

郑斗源与陆若汉互动过程中的其他一些表现,也明显传递出对于“火炮”及其相关技术的渴求,比如他专门让手下的郑孝吉去学习火石击发之法,对火药制造原料之一的硝石及其煮制技术表现出极大兴趣,而在郑斗源回国后给国王的报告中,甚至还表示要寻机向陆若汉求取红夷大炮相关的技术:

> 臣见西洋红夷炮丸子,其大如斗,直到八十里外,天下之壮器。若汉时住登州孙军门处,臣既与之相知,后日军门前送咨文时,兼付一书求其法,则红夷炮法亦可学矣。①

然而陆若汉没有随机应变,只是机械地执行了既定的计划,向朝鲜输出大批西学书籍、地图、精巧器物,殊不知送出的这一大批礼物,其实还抵不上一架火炮有用,甚至这些对当时朝鲜王朝而言没有实用价值的东西,还有可能淡化了火炮的存在感。朝鲜

---

① 赵庆男:《续杂录》,卷三,辛未下。见“韩国古典综合数据库”,网址:http://db.itkc.or.kr/inLink?DCI=ITKC_GO_1333A_0030_000_0060_2004_008_XML。

王朝司谏院对郑斗源的批评意见，归根到底就是在说：带回来一大堆没用的东西，真正有用的火炮，就只带回来一把，谈何有功，何必奖赏？[①]

对西方人而言，此时可以说遗憾地错失了一个叩开朝鲜半岛大门的绝佳机会，如果在这个时间节点上，借助历史性的"郑、陆登州之晤"，西方人能够通过准确把握朝鲜王朝真实紧迫的需求，适时调整赠礼策略，以一定数量的火炮作为主要礼物，或者更明确地表明愿意向朝鲜方面提供军事技术援助，那么，叩开朝鲜的大门也并非没有机会。西方人在向明代中国传播自身文化时确实积累了成功的经验，虽然同为东亚国家，但是当时的朝鲜王朝却有着自身独特的政治、经济、社会背景，不考虑这些实际状况，盲目、机械地套用经验性的固化模式去开展文化传播的行动，最终导致了西方人的失败，这样的经验教训，在今天仍然值得被吸取。

自鸣钟在朝鲜半岛的首次亮相，并不是一次成功的文化输出案例，但是自鸣钟在朝鲜半岛的故事，却也由此拉开了帷幕。郑斗源带回的自鸣钟，不知去向何处。但是到了1669年，有个叫宋以颖的朝鲜人，成功仿制出了一台以齿轮驱动的西式自鸣钟[②]；朝鲜国王景宗（1688—1724）御笔写过一篇《自鸣钟记》[③]；有清一代，往还中朝之间的朝鲜燕行使的笔下，频繁出现在北京观看甚至购买日益先进精致的自鸣钟的记载。尽管开局不同，但自鸣钟作为承载鲜明的西方技术和文化特征的器物，在此后长时段的历史进程中，对于东亚不同国家的影响，似乎又慢慢汇拢到同一条路径上来。

---

① [韩] 国史编纂委员会：《朝鲜王朝实录》第34册，第37页。

② [韩] 国史编纂委员会：《朝鲜王朝实录》第37册，第691页。

③《列圣御制》，卷十七，景宗大王文，见"韩国古典综合数据库"，网址：http://db.itkc.or.kr/inLink?DCI=ITKC_BT_1504A_V005_091_IMG。

附录:

自鸣钟辨证说

〔朝鲜王朝〕李圭景

(摘自李圭景《五洲衍文长笺散稿》)

候时自鸣之制,古必有之而无传。自唐、宋已有其渐,畴人辈出,西通昧谷故也。张衡、一行、祖冲之皆能作仪运转自动。苏鹗载:“新罗献万佛山,木人稽首其机在钟。”《唐书》:“罽宾国遣使进天文经,拂菻国其王城门楼悬一大金秤,以金丸十二枚属于衡端,以候日时之十二时,为一金人立于侧,每至一时,其金丸辄落,发声引唱,以纪日时。”宋太平兴国中,张思训上浑仪,七人直七政,十二神直时,皆以机发。魏朴、马钧俱通此。中原本有自动自击之可考者也。元有郭守敬七宝灯漏,钟鼓应时自鸣。按《甲子会纪》:“元泰定帝二十二年甲午,元主作刻漏,玉女捧筹,金甲神人自击钲鼓。”一说元顺帝自制龙舟及宝漏,按时而动,名自鸣钟,精巧出人意表,皆未曾有者也云。元帝宫漏,详在辨说中。皇明初,詹希元沙漏,童子自击钲鼓。王征轮壶,木人自行,手撞钟鼓,以报更点。我世宗朝御制简仪台,铜人自击钲鼓。郑三峰道传撰《经国大典·工典》:“有自击匠。注:自鸣钟匠云。”《弘文馆志》中庙朝,有“内下自鸣钟于本馆”之文。然则中国与我东,从古原有此制,而特未如西人所制也。

西钟,万历辛巳,西泰之入夹候钟,以至应时自击有节。西人著《自鸣钟说》(利西泰著《自鸣钟说》),见于邓玉函《奇器图说》目录,而图说佚焉。《潜谷笔谭》:“万历辛未,郑知事斗源赴京,从极西陆若汉得此钟而来,不知运用,人皆笑之。(见《国朝宝鉴》)”密阳有巧匠刘兴发，得倭所买之钟，穷思自得运用之妙，发机回转，十二时皆令自击，此西钟之权舆也。

西泰《几何原本序》，以为使乐自鸣者，亦度数之一支也。清《研经室阮元集》引王应麟《小学绀珠》："晷刻漏中辊弹，以为此制，又以此钟出于西方，重学者大有识见。（阮元作《自鸣钟说》）"愚亦有一微见，即本于河洛之数，成于比例之法者也。

日本白石源屿尝咏此钟曰："凫氏为种日，轩辕制漏成。授时钦历象，齐政在玑衡。圆盖天形小，方舆地体平。（上悬圜钟，下设方函。）宸宫瞻紫极，仙阙望沧瀛。（制有二式，可系可架，函旁开门，内设机轮，俨若空中楼阁海上观阙。）辰宿分经纬，阴阳自运行。磨旋玄蚁转，隙过白驹征。（函中侧轮，或左或右，旋转不息。）层柱西昆壮，魁杓北斗横。（函中有大小数，柱当面仄铜板上，环书十二辰名，中心揭斗柄，随时转指，毫厘不差。）轮重华月满，绳直绛河月。（长绳二条上，缠双轮铜丸，大小各二。）燥炭悬权重，浮灰动管轻。（函上置衡，衡端悬锺，又函中有如管者。）霄间金杵倚，云表玉杯擎。（高擢一柱，当空擎钟，钟下倚杵，应机自击，望之或如承露金茎。）陨石铜丸下，奔电铁轴轰。（应时机发，铜丸急走，激只轮以下，杵自撞钟。）山崩遥应响，霜降暗飞声。龙夜盆中跃，鸡晨枕底鸣。柝传通远郭，鼓答彻高城。红线量长短，黄钟定浊清。却如听广乐，不是梦瑶京。"览此可知其制矣。其制不一，惟在巧思之如何。而其尺度，虽大小悬殊，比例之则本无大小。

南怀仁《坤舆外纪》："热尔马尼亚国人，制作精巧，能于戒指内，纳一自鸣钟。"《闽小纪》："闽中绝技，龙溪孙孺理，能制一寸许自鸣钟。今燕都听时钟、时表、钟表，小如鸡子，可佩怀中。"西土测时仪如小盒，清沈沃田大成有记可考。

余所谓无大小者，非臆料也。复思钟制，既自斡旋而鸣，其别为机棙，俾有节族，应时奏乐，如闻时钟之作乐者，则岂不奇哉？尝闻西土有一种金焉,其名曰“胎叶”,凡诸金一经揉曲,不能自伸。而惟此金也,屈而反张,捻之自解,故剪作羊肠铁为机,则能自动自旋,制小钟小乐,非此不成。或作布谷及小鸡,而随时自鸣。或制美人,使两瞳自转,而应时自鸣。或使美人弹琵琶,或使神鬼横槊,以为自鸣之机。绸缪转旋,而不差其度者,莫匪胎叶、羊肠也。

近世崔天岳者,善制此种。嗣此姜佥枢信及其胤彝中、彝五及金兴德命炼最精。然不知有制作之成书也。

自鸣钟记

〔朝鲜王朝〕景宗大王

(摘自《列圣御制》卷十一)

窃观自鸣钟乃倭国所制造也,造成之奇巧,内外之符合,双锤之转运,干支之详奏,无不纤悉该包者也。《舜典》曰:“在璇玑玉衡,以齐七政。”盖自鸣之钟以器之微物,象天之形体,日月星辰之运,进退疾徐之度,亦可知矣。帝舜之整理庶务,首察玑衡,此人君政事之所当先也。舜受命之初,先察璇玑以揆七政之运。人子事亲,候察颜色,犹恐一毫少拂于亲心,承顺父母之色,正如此也。夫玑衡者,在器之天也,七政者,在天之天也。在天之天不可得而见,在器之天所可得而察。何?莫非圣人心术渊源之所寓,精神流通之所及,岂可以浅窥于其间哉?此尧舜放勋钦明之大功也欤。

陈慰陪臣郑斗源回自京师

〔朝鲜王朝〕赵庆男

(摘自赵庆男《续杂录》卷三)

陈慰陪臣郑斗源回自京师,先来《状启》《西洋国奇别》及《紫木花状启》各一道。云：

西洋国去中原九万里，至距北京陆路三万里水路九万里三年可达。其国人陆若汉年九十七，灭红夷、毛夷之梗者，统公沙的西劳等夷到广东，进红夷炮请讨虏。天子嘉之，赏赐累巨万，钦差掌教之官，送于登州军门，并力恢复辽东。军门待以宾师。一日若汉来见臣，臣见其精神秀丽，飘飘然若神仙中人。尤精于天文，故天朝时方修改历法，专用若汉之言。至于礼部尚书徐光启题请优待。天朝称以神异之人。又精于大炮法，神妙天下所无云。臣愿得大炮归献于国王，则即许之，他物亦给之。其物名状启后录矣。

臣未赴京时，窃闻观象监监天度渐差，方修制中星，而未得其详云。以此求得天文之法而来矣。臣所带译官李荣后，为人十分精详，非但能文，凡事善为穷理。故使荣后往问其法，颇通其妙。其于鸟铳法，则不用火绳，而石火自发，尤极奇异。臣闻富平阿南山，多出火石，或可用此为乎乙喻，第试之可知矣。别牌阵郑孝吉亦多才能，故又使传习放炮法矣。臣见中原海滨产焰焇，臣闻我国海滨亦多有之。臣所带京炮手朴武吉言，仁川海上多有之云。煮法则臣见正如煮盐之法。我国火药极贵，最欠于御敌，臣常叹闷，故见样次以□，又得盐焇数两而来。臣又得自鸣钟，此则定十二时之钟也，亦可依方造之，以察观象监漏刻为白乎去，亦为觅来矣。

上项陆若汉既为天朝之官，而军门待以宾师之人，给臣以兵器，因臣以启知于圣上，极其敬谨叱不喻。我国曾所未有之兵器乙仍于，臣敢受来。其煮焰焇之法，则中原之人知者甚多。使译官密求于椵岛，则庶可得矣。若得煮焰焇汉人，则我国火药之贱，何以异于中原哉？臣见西洋红夷炮丸子，其大如斗，直到八十里外，天下之壮器。若汉时住登州孙军门处，臣既与之相知，后日军门前送咨文时,兼付一书求其法,则红夷炮法亦可学矣。臣职是使臣,于是等事似不相干,而区区忧国之诚,不能自已。敢此陈达,不胜惶恐猥滥之至。后录物件拨上,恐致伤损,一行持去云云。

林庆业："天下之节"与明清鼎革

1. 林庆业其人及其研究

林庆业（1594—1646），字英伯[①]，朝鲜王朝忠清道忠州达川人。他是朝鲜半岛著名的历史人物，"林将军"之名，在今天的朝鲜、韩国仍可谓家喻户晓。朝鲜国王正祖李算（1752—1800）在为林庆业亲撰的《达川忠烈祠碑》开篇中这样写道：

> 有天下之节，有一国之节，有匹夫之节。虽其限于地而局于分，亦由器量之大小使之然尔。故自经于沟渎，君子莫之许。而忠臣烈士之磊落相望者，往往思不出疆埸之外。呜呼！节之于天下也，难矣哉。然则迹起一国，而办天下之大节，若故将军林庆业者，可不谓尤所难也乎！[②]

"天下之节"，便是我们今天了解林庆业这一人物历史形象的关键词。那么，"天下之节"在此究竟有何内在含义？这就需要从

① 案李选《林将军传》又作"继伯"，但除此之外，其余相关传记皆称林庆业字"英伯"。参见李选：《芝湖集》卷十三《林将军传》，［韩］民族文化推进会编：《韩国文集丛刊》，首尔：景仁文化社，1995年，第143册，第576页。

② （朝鲜）正祖：《弘斋全书》卷十五《达川忠烈祠碑》，见前引《韩国文集丛刊》，第262册，第251页。

“匹夫”“一国”“天下”这三者关系的角度去理解。与中国传统中“国家即天下”的观念不同,那个时代朝鲜人观念中的“国家”和“天下”是泾渭分明的两个概念,如果说“国家”指称本国即朝鲜王朝,那么“天下”所指的就是一个中华文化或者儒家文明的“世界体系”,而这个体系的核心在当时的语境中即中国的明朝政权。

于是,我们也就不难理解作为个体的朝鲜人能够“办天下之大节”的含义,即他能够超越个人(匹夫)、国家(一国)的局限,为一个更加宏大的体系(天下)去服务和贡献,表现出超越常人的行为、气节。具体而言,身处明清易代时期的林庆业,作为一名朝鲜武将,能够在朝鲜王朝被清朝全面压制的情况下,不仅情感上始终倾向明朝,甚至在行动上直接投入助明抗清的军事活动,这一切使得他最终在本国被冠以“天下之节”的道德光环。

然而,正是这样一位“迹起一国,而办天下之大节”的朝鲜人林庆业,尽管曾经不遗余力地为明朝中国输忠尽节,其事迹在后世中国史书中却没有留下太多痕迹,在当代中国也几乎没有什么知名度,着实令人惋惜。青史不留其名,一方面固然是与后来清朝官方修史者的政治立场有着必然的联系(毕竟林庆业是作为清朝政府的对立方存在的);另一方面,外国人的身份属性、事迹尚不足够轰动、国内留存材料稀缺等原因,也同时限制了中国方面私人修史中对林庆业这一人物的涉及。

时至今日,就中国历史学界研究现状而言,随着我们对朝鲜半岛历史认知的不断深化和细化,再加上对朝鲜半岛历史文献资料获取的日益便捷,林庆业这一与中国历史相关的朝鲜半岛“名人”及其事迹,已经完全有条件通过中国研究者的努力,被全方位、立体化地呈现在中国的民众面前。那么,就让我们先对林庆业这个人物进行一个素描式的勾勒。

林庆业出身贫寒,早年由武科入仕,先后担任过各种低级武官。1625年，他因参与平定朝鲜国内政治动荡事件——“李适之乱”[①]立下战功，此后开始在军界崭露头角，并因得到当时权臣金瑬（1570—1648）的赏识而逐渐获得升迁。

“丁卯之役”[②]后，林庆业到平安道任职，主要负责朝鲜与后金接壤的西部边境防守事宜。林庆业在平安道历任中军、清北防御使、义州府尹和平安道兵马节度使等要职，在军队管理和地方民政上均卓有治绩，成为朝鲜王朝当时最重要的军事将领之一。任职平安道期间，林庆业还曾应明朝方面要求与明军一同夹击投金叛将孔有德、耿仲明，因表现积极，受到明朝嘉奖。

“丙子之役”[③]后，朝鲜王朝成为清朝藩属国。在清朝要求下，林庆业前后两次作为带兵将领率兵参与明清之间的“皮岛之战”和“松锦之战”中。其间，他与明军暗通情报，消极怠战。同时，他还参与策划了朝鲜僧人申歇越境潜入明朝传递军情之事。松锦之战后，潜通事发，清朝要求朝鲜方面将林庆业押往沈阳治罪，林庆业在押解途中逃走，浮海到登州，加入明朝军队中，直接参与抗清活动。

明亡后，林庆业为清朝俘获，被羁押在北京。其后清朝应朝鲜之请将其送回本国，然而因为受国内谋逆案牵连，他在受审期

---

① 李适（1587—1624），朝鲜中期武臣、叛乱者，祖籍固城，字白圭，宣祖朝武科及第，曾任刑曹佐郎、咸镜北道兵马节度使。在1623年朝鲜仁祖发动武装政变取代前任国王光海君的“仁祖反正”过程中，他立下军功，被定为靖社功臣二等第一位，后因与举义大将金瑬不和，被派到京城外为官。1624年，他与郑忠信、奇自献、李时言等发动叛乱，一度攻破京城，迫使仁祖等人逃往公州，叛乱活动最后被镇压，李适被同党所杀。该事件在韩国历史上被称为“李适之乱”。参见韩国精神文化研究院编：《韩国民族文化大百科事典》，韩国精神文化研究院，1991年，第17册，第704页。

② 1627年，后金出兵朝鲜半岛的一次战争，朝鲜王朝战败后与后金盟誓，结为兄弟之国，向后金开市并缴纳岁贡。

③ 1637年，清朝攻打朝鲜王朝的一次战争，皇太极亲征，朝鲜君臣退守南汉山城，被围四十余日后国王仁祖出城投降，在汉江南岸的三田渡向皇太极行三跪九叩之礼，此后朝鲜断绝与明朝的宗藩关系，成为清朝的藩属国。

间死于狱中,享年五十三岁。朝鲜王朝肃宗朝以后,受国内“尊周思明”思想不断深化的影响,林庆业不仅被全面平反,其事迹更是持续得到宣扬和表彰,最终被塑造成朝鲜半岛最具代表性的民族英雄式人物之一。

林庆业所身处的时代,广义上来说就是所谓的“明清易代”(明清鼎革)时期。明清易代既是中国历史上的重要事件,也是中朝关系史上的一段特殊时期。在这一时期内,东北亚地区的政治、外交和军事因素交织在一起,明、清(后金)和朝鲜三者之间关系复杂,互动频繁。

朝鲜王朝作为明朝二百余年的藩属国,一直至诚事大。朝鲜君臣称本国“服事天朝二百余载”,与明朝的关系是“义即君臣,恩犹父子”①,他们始终坚持“天地为大明天地,日月为大明日月,山河区域为大明山河区域”②的正统性认同,对上国明朝忠贞不贰。后金的崛起,动摇了明朝与朝鲜的关系。为打破明朝的“三方布置之策”③,后金(清)先后发动“丁卯之役”和“丙子之役”,以武力征讨的方式使朝鲜成为自己的藩属国,并令其中断与明朝的朝贡关系。由此,清朝扫除了自己进攻明朝的后顾之忧,明朝则失去了钳制清朝的军事同盟国。④

对此,一方面朝鲜君臣因深受儒家义理观影响,内心并不真正认同清朝作为宗主国的正统地位,另一方面,由于新任朝鲜国

① 《朝鲜王朝实录》,“仁祖元年三月甲辰”条,国史编纂委员会编:《朝鲜王朝实录》(全四十九册),首尔:探求堂,1968年,第33册,第503页。

② 郭钟锡:《俯宇集》卷141《某里纪行录跋》,[韩]民族文化推进会编:《韩国文集丛刊》,首尔:景仁文化社,2005年,第344册,第35页。

③ 所谓“三方布置”之策,是明朝为了抑制后金,提出的以辽东、皮岛和朝鲜形成三方合击之势,对后金进行围堵的策略。参见李光涛:《毛文龙酿乱东江本末》,《明清档案论文集》,台北:联经事业出版公司,1996年,第163—254页。

④ 关于清和朝鲜间的这两次战役,可参见魏志江:《清鲜“丁卯胡乱”和“丙子之役”考略》,金健人编:《韩国研究(第七辑)》,学苑出版社,2004年,第247—264页。

王仁祖“反正上位”的政治合法性来源之一，就是反对前任光海君在明与后金之间保持政治中立，因而他仍需持续表现出亲明远清的态度来维系自己的对内权威。于是，在表面臣服之下，朝鲜君臣采取的策略是暗中联络明朝。[①]

不过，相比于朝堂上君臣们的隐忍、顾忌和收敛，林庆业的行为则显得更为激进一些，这或许也是他的武将身份和所处境地所决定的。作为身处三方军事交锋最前线的带兵将领，他虽试图以表面听从清朝军令暗中襄助明军的方式去应对，但在战场的实际情况下，这一做法并非长久之计，当被清朝方面察觉之后，他毅然决定以个人身份投向明朝，表明自己“忠于上国”的立场。而他之后的行动轨迹，便直接赋予了他尊明反清、甘为宗主国以身犯难的朝鲜义士形象。

林庆业的行为在当时看来实属难得，难怪后来有朝鲜士人会发出这样的感慨：“自古忠臣烈士，固多尽节于倾覆之际，莫非亲北面事本朝者，曷尝闻藩国之陪臣，为天子立慬，如吾东丙丁以来诸贤者乎？”[②]林庆业的这种“以藩国陪臣为天子立慬”的行为，也就是朝鲜国王正祖口中所说的“迹起一国，而办天下之大节”。

拥有“天下之节”的林庆业，无疑是一个非常值得注意和深入研究的历史人物。其一，林庆业本身的经历和事迹极具传奇性，其“独能以偏邦之人，而为中国用”[③]，他虽为朝鲜人，但与中国有着密切联系，他的事迹应当为我们所了解。其二，林庆业尊明抗

---

① 关于朝鲜潜通明朝始末，可参见刘家驹：《清朝初期的中韩关系》，台北：文史哲出版社，1986 年，第 343—396 页。

② 李颐命：《疏斋集》卷 10《林将军传后叙》，杜宏刚等编：《韩国文集中的清代史料》，第 4 辑，广西师范大学出版社，2008 年，第 15 页。

③ 李种徽：《修山集》卷二《林将军传后叙》：“余尝以为论林公以成败者，非知公者也。独能以偏邦之人，而为中国用，此已奇矣。”［韩］民族文化推进会编：《韩国文集丛刊》，首尔：景仁文化社，2000 年，第 247 册，第 318 页。

清的举动背后有着丰富的思想内涵,和朝鲜王朝长久以来的事大主义与尊周思想联系密切,通过了解林庆业这一人物及其事迹,能够更好地认识、理解和把握朝鲜王朝在明清易代和清朝初期处理对外关系的思想动机。其三,林庆业活跃于明清易代的特殊历史时期,其事迹涉及明、清和朝鲜三方关系,折射出当时东北亚的历史状况,对于我们更全面地了解该时段的政治、军事与外交的历史也有一定帮助。

当然,研究林庆业这一朝鲜半岛历史名人,首先绕不开的就是韩国学界的既有研究成果。目前韩国有关林庆业的研究可分为三种。第一种是历史宣传和普及类的介绍性著作,比如,韩国历史宣传读物《朝鲜伟人传林庆业》[1]和历史通俗读物《历史人物4》[2]《历代人物韩国史 5》[3]中的林庆业小传,简要介绍了林庆业的主要事迹。另有《忠愍公林将军要览》[4]一书,收录了林庆业的遗文、正祖为林庆业御制的碑文以及有关林庆业的遗迹、遗物等内容,这类著作侧重历史普及和宣传,对林庆业的生平和事迹虽有提及,但一来比较简单,二来多有夸大和不实之处。

第二种是从文学角度进行的相关研究,如边炳善《壬丙两乱与历史小说——以〈壬辰录〉〈林庆业传〉〈朴氏传〉为中心历史小说的类型分析及其小说史的意义》[5]、苏在英《以壬辰丙子两乱为

---

① 帝国地方行政学会朝鲜支部:《朝鲜伟人传林庆业》,朝鲜地方行政 7-5,1928 年。

② 日新阁编:《歷史의 人物 4》(历史人物 4),首尔:日新阁,1979 年。

③ 信和出版社编:《历代人物韩国史 5》,首尔:信和出版社,1979 年。

④ 忠愍公林庆业将军纪念事业会:《忠愍公林将军要览》,首尔:忠愍公林庆业将军纪念事业会,1977 年。

⑤ 边炳善:《壬・丙两乱과 历史小说-壬辰录・林庆业传・朴氏传을 中心으로 한 历史小说의 类型分析과 그 小说史的意义》(壬丙两乱与历史小说——以《壬辰录》《林庆业传》《朴氏传》为中心历史小说的类型分析及其小说史的意义),高丽大学校国语国文学课硕士学位论文,1983 年。

中心的文学意识的变迁过程》[①]、张德顺《丙子胡乱前后的战争小说》[②]、徐大锡《林庆业传研究》[③]、尹荣玉《林庆业传研究》[④]等，这些研究均从文学角度入手，对作为历史演义小说的《林庆业传》的版本、小说中林庆业的形象进行了对比考述和分析；此外，李庆善《林庆业的人物、遗迹、传说与调查研究》[⑤]一文，介绍了林庆业的生平概况及其相关的遗迹和传说；金粉淑《韩日英雄像的比较——以林庆业与源义仲为中心》[⑥]则通过林庆业和源义仲生涯、成长和事业发展与没落过程的对比，分析了韩日英雄形象的异同点。

第三种是研究其他课题时涉及林庆业。比如朴文烈《关于忠州忠烈祠藏文物研究》[⑦]、朴珠《17 世纪旌表政策研究》[⑧]《18 世纪的旌表政策》[⑨]、车文燮《朝鲜后期兵马防御营设置考》[⑩]、李章熙《丁卯丙子胡乱义兵考》[⑪]、金光重《关于韩末爱国启蒙运动期的尚

① 苏在英：《壬辰丙子两乱を中心とした文学意识の变迁过程》(以壬辰丙子两乱为中心的文学意识的变迁过程)，《朝鲜学报》94，朝鲜学会，1980 年，第 55—62 页。

② 张德顺：《丙子胡乱을 前后한 战争小说》(丙子胡乱前后的战争小说)，《人文科学》1959 年第 5 辑。

③ 徐大锡：《林庆业传研究》，《韩国学论丛》之《霞城李瑄根博士古稀纪念论文集》，1974 年，第 368—371 页。

④ 尹荣玉：《林庆业传研究》，《国语国文学研究》，1973 年第 15 辑，第 25—42 页。

⑤ 李庆善：《林庆业의 人物・遗迹・传说의 调查研究》(林庆业的人物、遗迹、传说与调查研究)，《汉阳大学校论文集》，1979 年，第 13 辑，第 13—35 页。

⑥ 金粉淑：《韩・日 英雄像의 比较-林庆业과 源义仲을 中心으로-》(韩日英雄像的比较——以林庆业与源义仲为中心)，东亚大学校附设石堂传统文化研究院：《石堂论丛》1991 年第 17 辑。

⑦ 朴文烈：《충주 忠烈祠의 소장 유물에 관한 연구》(关于忠州忠烈祠藏文物研究)，《书志学研究》47，韩国书志学会，2010 年，第 93—127 页。

⑧ 朴珠：《17 세기 旌表政策에 대한 研究》(17 世纪旌表政策研究)，《国史馆论丛》1989 年第 4 辑。

⑨ 朴珠：《18 세기의 旌表政策》(18 世纪的旌表政策)，《国史馆论丛》1991 年第 22 辑。

⑩ 车文燮：《朝鲜后期兵马防御营设置考》，《国史馆论丛》1990 年第 17 辑。

⑪ 李章熙：《丁卯丙子胡乱义兵考》，《建大史学》1974 年第 4 辑。

武教育》[①]、赵炳鲁《朝鲜后期交通发达研究》[②]等,它们的研究主题并非林庆业,但因内容涉及林庆业而对其有所提及,如研究旌表政策时提及朝鲜王朝官方对林庆业的表彰,考证兵马防御营设置时提及林庆业在清北防御使任上实施的兵马防御营政策等,不过整体而言对林庆业的具体事迹都着墨不多。

此外,由于林庆业的经历和明末清初的中朝关系相互交织而密不可分,因此有关明清易代之际中朝关系史的研究亦应关注。在这一方面,国内外学术研究成果十分丰富。国内如刘家驹专著《清朝初期的中韩关系》、孙卫国《试论入关前清与朝鲜关系的演变历程》、魏志江《清鲜“丁卯胡乱”与“丙子之役”考略》、刁书仁《论清朝与朝鲜宗藩关系的形成与确立》[③]、刘为《试论摄政王多尔衮的朝鲜政策》[④]、陈尚胜《17—19世纪朝鲜王朝的清朝观演变》[⑤]等。韩国学界相关研究有全海宗《中韩关系史论》[⑥]《韩中关系史研究》[⑦]、崔韶子《胡乱与朝鲜对明清关系的变迁——以事大交邻问题为中心》[⑧]、金钟圆《丁卯胡乱时后金出兵动机》[⑨]、金钟博《明清交替期中韩关系之变化与小中华论》[⑩]等。日本学界则有鸳渊

① 金光重:《韩末爱国启蒙运动期의 尙武教育에 대하여》,《国史馆论丛》1991年第23辑。

② 赵炳鲁:《交通发达에 관한 研究》(朝鲜后期交通发达研究),《国史馆论丛》1994年第57辑。

③ 刁书仁:《论清朝与朝鲜宗藩关系的形成与确立》,《扬州大学学报(人文社会科学版)》2003年第1期。

④ 刘为:《试论摄政王多尔衮的朝鲜政策》,《中国边疆史地研究》2005年第3期。

⑤ 陈尚胜:《17—19世纪朝鲜王朝的清朝观演变》,《韩国学报》2000年第16期。

⑥ 全海宗:《中韩关系史论》,中国社会科学出版社,1997年。

⑦ 全海宗:《韩中关系史研究》,首尔:一潮阁部,1981年。

⑧ 崔韶子:《胡乱与朝鲜对明清关系的变迁——以事大交邻问题为中心》,《梨大史苑》1975年第12辑。

⑨ 金钟圆:《丁卯胡乱时后金出兵动机》,《东洋史学研究》1978年第12—13辑。

⑩ 金钟博:《明清交替期中韩关系之变化与小中华论》,《中国学论丛》2006年第22辑。

一《清初清鲜关系与三田渡碑文(上、中、下)》[①]、岸本美绪《"后十六世纪问题"与清朝》[②]、岩井茂树《清朝、朝鲜、对马——一六三九年前后东北亚细亚形势》[③]等。这些研究从不同角度、不同方面考察了明清易代之际的中朝关系,较为全面地展现出明末清初明、清、鲜三方的国情与政治交互形势,为研究林庆业提供了重要的背景资料。

总体而言,当下国内学界有关林庆业的研究还比较薄弱,既无专著,亦无专文,仅在部分有关明末清初中朝关系史的论著或相关文学研究中,偶有所见。

国内关于林庆业的研究,大致可分为两个方面。一是明清易代之际的中朝关系史研究有涉及,如刘家驹的专著《清朝初期的中韩关系》中"清初朝鲜潜通明朝始末"一节在述及皮岛之战、松锦之战和潜通败露等事时提及林庆业,以《朝鲜王朝实录》中相关史料为线索,简单叙述了林庆业在相关事件中的行为和表现,但对林庆业本人没有进行论述和评价。孙卫国的专著《大明旗号与小中华意识——朝鲜王朝尊周思明问题研究(1637—1800)》[④]、论文《试论入关前清与朝鲜关系的演变历程》在论及朝鲜潜通明朝之事时,言及林庆业,认为林庆业是朝鲜潜通明朝的策划者和参与者之一,以小段内容总结了林庆业在潜通明朝中的主要作为和结局。石少颖的博士论文《仁祖时代朝鲜对后金(清)交涉史研究(1623—1649)》[⑤]提及朝鲜助兵清朝攻陷椵岛,林庆业作为将领受

① 鸳渊一:《清初清鲜关系与三田渡碑文(上、中、下)》,《史林》13-1、2、3、4,1928 年。

② 岸本美绪:《"后十六世纪问题"与清朝》,《明清史研究》2004 年第 200 辑。

③ 岩井茂树:《清朝、朝鲜、对马——一六三九年前后东北亚细亚形势》,《明清史研究》2004 年第 200 辑。

④ 孙卫国:《大明旗号与小中华意识——朝鲜王朝尊周思明问题研究(1637—1800)》,商务印书馆,2007 年。

⑤ 石少颖:《仁祖时代朝鲜对后金(清)交涉史研究(1623—1649)》,山东大学博士学位论文,2008 年。

到清人赏赐。

二是从文学角度考述或分析《林将军传》等小说,如赵维国的《朝鲜汉文小说〈林将军传〉成书、版本考述》[①]以韩国所藏的数种历史演义小说《林将军传》抄本作为研究对象,比较诸版本异同,考证其相互关系,对汉文小说《林将军传》诸抄本之间的关系做了比较系统的辨析。吴文亮的《朝鲜朝末期国文小说中的满洲族形象研究——以〈朴氏夫人传〉与〈林庆业传〉为中心》[②]通过比较文学形象学的研究方法,分析了《林庆业传》中出现的满洲族形象。两篇文章对林庆业本身的论述十分有限。

2. 林庆业出任平安道中军

本文拟在林庆业人物个案研究方面做出尝试,选择其生平重要阶段即“丁卯之乱”后任职平安道期间的事迹进行考证,试图呈现出此前研究者未及揭示的更为详细的历史面貌。

平安道,朝鲜王朝八道之一,地处朝鲜西北边境,林庆业的出生之地。“丁卯之乱”以后的平安道,北与后金隔鸭绿江相峙,西临毛文龙治下明朝的东江镇,西南则与明朝山东半岛登州府隔海相望。它地处明、金、鲜三方交会地带,军事防御压力巨大自不必说,还要应对诸如与后金之间的贸易往来、为明朝东江镇筹措粮草军需、频繁接应明与后金使者等内政和外交任务。

作为当时朝鲜王朝军事、内政、外交任务最重的行政区域,平安道官员选任至关重要,特别是最高军政长官——平安监司的任

---

① 赵维国:《朝鲜汉文小说〈林将军传〉成书、版本考述》,《中华文史论丛》2016 年第 2 期。

② 吴文亮:《朝鲜朝末期国文小说中的满洲族形象研究——以〈朴氏夫人传〉与〈林庆业传〉为中心》,延边大学硕士学位论文,2009 年。

命，更是重中之重。

1627 年“丁卯之乱”时，时任平安监司尹暄（1573—1627）在后金大军压境下弃平壤城而走，在朝鲜与后金议和当日被枭首示众。[①] 继任平安监司金起宗（1585—1635），在任职一年多后以病重为由数次请辞，未获允，且因多次请辞被言官弹劾，最后因家母病危再请辞，朝廷才允其递职。[②] 1629 年初，金时让（1581—1643）接任平安监司，次年八月，以病请递。[③] 1630 年九月，朝廷任命张绅（？—1637）为平安监司，张绅上疏拒辞。[④]

平安监司一职，四年间四易其人，赴任者不堪其累，借病请辞，最后竟还出现被任命者拒辞不往的情况。朝鲜王朝这一封疆大吏之职，为何如此令人望而却步？从张绅的请辞上疏，或可看出一些端倪。张绅上疏中说：“前日虽有积于毛、陈之事，未必能令兴治喜怒，似不当因此递易。”[⑤]这里的毛、陈、兴治，分别指毛文龙、陈继盛和刘兴治三人。张绅认为，朝廷任命他为平安监司，是因为他与毛文龙、陈继盛有积怨，所以认为刘兴治可能会对他有好感，但他认为没有必然因果关系，朝廷的任命依据过于草率。[⑥]

为什么平安监司的任命，要考虑到与毛文龙、刘兴治的私人

---

① 《承政院日记》册三十一“仁祖五年二月壬子”条：“平安监司尹暄，平壤守城时，人民溃散不能守城罪，枭示事，依台启。”《承政院日记》，韩国首尔大学奎章阁藏本，第 17 册，第 052a 页。本文所用《承政院日记》版本为韩国奎章阁全文图像数据库版，网址：http://sjw. history. go. kr/main. do，2023 年 3 月 28 日。

② 《承政院日记》，第 21 册，第 135a 页；第 22 册，第 016b 页；第 24 册，第 28b 页。

③ 《承政院日记》，第 30 册，第 166b 页。

④ 《承政院日记》，第 31 册，第 031a 页。

⑤ 《承政院日记》，第 31 册，第 031a 页。

⑥ 张绅与毛文龙的积怨，指的是张绅担任黄海道监司时，曾拒绝毛文龙在黄海道伐木造船的请求一事，为此毛文龙还向仁祖告了一状。事见《承政院日记》，第 21 册，第 082b 页。

关系呢？这就要和此时的椵岛(皮岛)[1]刚刚发生的事变联系起来看了。1629年六月，明朝蓟辽督师袁崇焕以阅兵为名登上椵岛，在列数十二条罪状后，怒斩毛文龙，并以原副总兵陈继盛接任毛职，此举拉开东江镇动荡的序幕。1630年四月，刘兴治发动兵变，杀陈继盛，割据椵岛。所以说，此时上任的平安监司需要直接面对的是割据椵岛的刘兴治。虽说是这样，但是张绅说得在理，认为与毛文龙有积怨的人会得到刘兴治的好感，这个逻辑并不成立，而以此决定平安监司人选确实过于草率。

平安道局势本就错综复杂，再加上邻近的明朝东江镇突发兵变，令朝鲜王朝平安道最高行政长官一职成为谁都不敢轻易接下的烫手山芋。张绅的拒辞，使平安监司的任命再次让朝鲜政府头疼，不过也正因为如此，林庆业的机会近在眼前了。

1630年十月，朝鲜王朝决定任命闵圣徽(1582—1647)为平安道监司。闵圣徽在光海君元年通过增广文科丙科及第入仕，担任武职，出守边防，曾参与仁祖反正，镇压李适之乱，之后出任全罗道监司，被弹劾后回京任刑曹参判，他还曾经担任登极使副使，经海路前往明朝进贺崇祯帝即位。[2] 从闵圣徽的经历看，他是担任平安监司的合适人选，行伍出身，熟悉边防军务，也曾经担任一方行政长官，有内政治理经验。不过，他身上也有缺点，当年弹劾的言官就说他独断专行、急躁冒进。[3]

闵圣徽被任命为平安道监司，毕竟是临危受命，朝廷也允许他提一些条件，而他希望能给自己配备一名协助参赞军务和指挥

① 椵岛，中国方面文献中常称“皮岛”，韩国文献多称“椵岛”，本文以实际使用的韩国文献所记为准。

② 闵圣徽人物简介可参见：http://encykorea.aks.ac.kr/Contents/Item/E0020145，2023年3月28日。

③《承政院日记》，第12册，第078b页；第14册，第161b页。

兵士的得力将领。辅助平安道监司的军事主官的官职名称是“平安中军”。为了平安中军人选的择定，闵圣徽直接找到了时任左议政并掌管军务的金瑬求助。金瑬马上想到了自己的亲信军官林庆业，他爱惜林庆业之才，本欲将其留在身边，而考虑到当时西北边境形势，国家最大的忧患系于其地，那里更需要林庆业这样的人才去发挥作用，权衡再三，他决定推荐林庆业担任该职。①

1630年十月二十二日，平安道监司闵圣徽、平安道中军林庆业受命离京，前往平壤治所赴任。② 就这样，林庆业离开京城这一他并不适应的是非之地（此前他在京城屡遭言官弹劾），他要去的地方，是令那些京官们人人望而却步、纷乱四起的国家边陲。须知，等待着他的，是漫长的艰难险阻。同时，那将是一片试炼场，也是他人生重要的中继站。

3. 安内攘外：参与平安道治理

(1) 提出“清北防御之计”

闵圣徽和林庆业即将要面对的究竟是怎样一个平安道？他们治理平安道的当务之急又是什么？二人赴任前，仁祖单独召见了闵圣徽，闵圣徽向仁祖汇报了治理平安道的基本设想。鉴于闵圣徽与林庆业二人属于合作关系，我们可以认为这些设想是二人共同商议的结果。

---

① 参见李选：《芝湖集》卷十三《林将军传》：“庚午，平安监司闵圣徽启请中军。体相惜其才，重其去，而以边忧方在西关，故乃许送。”［韩］民族文化推进会编：《韩国文集丛刊》，首尔：景仁文化社，1998年，第143册，第577页。

② 《承政院日记》册三十一“仁祖八年十月丁卯”条：“下直，平安监司闵圣徽，中军林庆业。”《承政院日记》，第32册，第072a页。

平安监司徽辞朝,上召见之,问曰:“西藩板荡之余,又遭汉人侵扰之患,孑遗余民,不得奠居,予用闷焉。欲祛斯弊,计将安出?其作拿之徒乃是叛将麾下,我国守令不宜太自畏屈。依其告示,一一痛禁可也。”

圣徽曰:“清川以北,其祸益惨。且皆招徕还集之民,纵欲防御,力不赡耳。且以安州为关防之界限,而清北之民,置之相忘之域,此非计之得也。若置兵使于宣、铁等地,设为大镇,招集流离之人,使百姓奠居、军卒屯田,以为安民制敌之策,则汉人亦自此不无畏戢之心矣。”

上曰:“卿宜趁冰澌未塞,往见兴治,谕之曰:‘作拿之甚者,则虽是上国之人,不可不以盗贼待之,而出于不得已,则亦当以弓剑从事,俾为禁制之地’云,则庶有畏惮之心矣。”①

仁祖提出了两个平安道治理的关键问题:一是安民,二是处理与椵岛的关系。所谓安民,是要想办法让刚刚经历“丁卯之乱”又遭逢椵岛乱军侵扰的平安道百姓重新安居乐业。而处理与椵岛刘兴治部的关系,原则是不卑不亢,对犯害平安道百姓的乱军,要在与刘兴治沟通取得共识后,予以抓捕并严惩,不可因其为明朝人而姑息。

关于第一个安民的问题,闵、林二人的设想是:在直接面对椵岛的沿海地带宣川、铁山两地设置规模较大的军镇,召集附近流离百姓居住其中,同时令军士展开屯田,此举不仅可使百姓有安

① 《朝鲜仁祖实录》卷二十三,仁祖八年十月二十二日丁卯。韩国国史编纂委员会编:《朝鲜王朝实录》,首尔:探求堂,1955—1963年影印本,第34册,第402页。

居之所，又可令岛上乱军有所顾忌，不敢贸然前来。而若后金来犯，此种军镇亦可起到防御作用。这一策略也被称为“清北[①]防御之计”，从此后平安道北部展开的一系列建城活动看，它确实得到了一定程度的贯彻执行。

关于椵岛关系的处理，在刘兴治割据椵岛之后，出现椵岛兵士进入平安道沿海地带劫掠的事件，朝鲜王朝显然不能遽然将此类事件认定为刘兴治部有意为之。在明朝没有对兵乱的性质给出明确认定前，考虑到与明朝的关系，朝鲜方面还是希望通过与刘兴治直接沟通的方式，来消弭事件的影响。为此，仁祖向闵圣徽下达了一个具体的任务：让他以平安道监司的身份亲自前往椵岛见刘兴治，并带去自己的口谕，向其表明朝鲜方面的态度。

(2) 为闵圣徽登岛交涉献计

闵、林二人到平壤上任不久，在他们眼皮子底下，发生了一起与刘兴治手下有关的劫掠事件。十一月六日，朝廷接到闵圣徽的报告，称刘兴治手下的将官李梅，从平壤附近的甑山出海返回椵岛时，将朝鲜方面的七十余匹货运马匹和一行马夫强行带回岛去，此事在当地引发了极大的震动。

李梅一行于当年八月受刘兴治委派前往朝鲜京城，向仁祖送礼并递交刘兴治的文书，他们受到了仁祖的接见，得到了回礼。朝鲜方面安排运送回礼的马匹和马夫，原本应在货物装船后返回，不想却为李梅等强行带走。事发后，闵圣徽向朝廷请命前往椵岛，亲见刘兴治交涉此事，同时完成赴任时仁祖所托。朝廷回

① 所谓“清北”，乃清川江以北之意。清川江是位于平安道中部的一条河流，向西南流入海中。它刚好将平安道西部地区分割为面积大体相当的南北两个部分。朝鲜王朝时期文献中常出现“清北”一词，一般指的就是清川江以北地区，也即平安道的西北部地区。

复允其前往。[1]

闵圣徽出发前往椵岛之前,与林庆业进行了沟通,征求他对此行的建议。林庆业分析:此时椵岛内情势非常微妙,刘兴治发动兵变之后,为求自保多方展开联络,不仅向朝鲜方面积极输诚,甚至还和后金暗中联系。林庆业担心闵圣徽前去椵岛,很有可能因刘兴治担心与后金联系一事情报外泄,而被其强留岛中无法返回。然而,椵岛之行已是箭在弦上,为此林庆业给闵圣徽出了一个主意:假如刘兴治强留于他,就说今年按例要送到岛上的粮草补给,必须要等他回府亲自签发后才能送出,这样刘兴治便不得不放他返回。其后事情果如林庆业所言发生,闵圣徽以林庆业之计应对,才得以脱身。回到平壤后,闵圣徽向林庆业致谢,称其“先见令人惊服,可谓古之诸葛”[2]。

闵圣徽亲赴椵岛,涉险而归,完成了既定的使命:一方面向刘兴治申明,以后朝鲜方面派给运输货物的马匹,只供运输之用,岛方不得占为己有;另一方面向刘兴治传达了仁祖的口谕,令其约束岛上军士,不得侵扰朝鲜百姓,否则将以盗贼论处。完成这项使命,可算是闵圣徽与林庆业这一对搭档上任之后取得的第一项政绩。

(3) 打击椵岛情报网

闵、林二人上任之后展开的第二项重要工作是打击椵岛情报网。是年十二月一日,朝鲜王朝备边司接到平安道监司闵圣徽的奏报:“近闻我国事情,无不传通于岛中。此必汉人等散在辇毂之下,随所闻驰通。宜搜括汉人之在京者,一一刷

---

① 《朝鲜仁祖实录》卷二十三,仁祖八年十一月六日辛巳,《朝鲜王朝实录》,第 34 册,第 404 页。

② 见金憙编:《林忠愍公实纪》,藏于韩国学中央研究院藏书阁,藏书号: K2-809,第 40 页。

送，则细作渐息矣。”[①]这个奏报提到：最近发现椵岛方面能够全面迅速地掌握朝鲜国内事情，说明其建立了一个庞大的情报网，而这个情报网的核心在京城，建议对身处京城的汉人进行排查。备边司接报后十分重视，立即展开了排查工作。

十二月十一日，备边司又收到平安道奏报，其中提到了他们的最新调查进展：已通过情报人员了解到刘兴治向京城安插细作的具体方式：“刘将以解文伶俐者及善手匠人等，出送于京里，使之投接于士夫家及闾阎，细探消息。”[②]刘兴治的做法是将一批会朝鲜语的汉人和能工巧匠送到京城，令其在部分官员家中供事或于市井中开设手工作坊，同时伺机探查情报。备边司接报后立即按图索骥，查办了涉嫌汉人，将其遣送回岛，就此一举破获了刘兴治的京城情报网。

事后备边司总结：情报泄露的根源在于京城与椵岛之间的贸易往来，贸易活动一日不绝，双方人员往来就一日不断，情报泄露之事便不可禁绝。因此备边司建议仁祖下令禁止相关贸易活动，仁祖接受了这一建议。[③]

破获椵岛情报网并中断京城与椵岛的贸易往来，貌似体现出朝鲜王朝在处理与刘兴治部关系中强硬的一面。但或许情报问题触及朝鲜王朝的底线、贸易活动中朝鲜方面本就入不敷出这两点，才是支撑这一强硬态度的根本原因。事实上，在闵圣徽和林庆业处理的另一件关涉椵岛的冲突案例上，朝廷的态度就没这么

---

① 《朝鲜仁祖实录》卷二十三，仁祖八年十二月一日乙巳，《朝鲜王朝实录》，第34册，第406页。

② 《朝鲜仁祖实录》卷二十三，仁祖八年十二月十一日乙卯，《朝鲜王朝实录》，第34册，第408页。

③ 《朝鲜仁祖实录》卷二十三，仁祖八年十二月十一日乙卯：“备局回启曰：‘……岛中之马市不罢，则译官、商贾辈买卖之路不绝，我国事情之透漏，恒在于此，宜严饬禁戢。’上从之。”《朝鲜王朝实录》，第34册，第408页。

强硬。

(4) 审慎应对椵岛势力

十二月六日,闵、林二人向朝廷汇报了一个案件:在平安道一个叫做中和的地方,发生了当地守将领兵击杀十七名汉人的事件。涉案守将名叫梁得渭,他因为不忍坐视汉人抢掠,遂领兵与之相斗,最后击杀十七人。平安道在向朝廷汇报时,尽力为当事官兵开脱,指出如果朝廷对这些人以杀人罪论处,则此后汉人抢掠朝鲜百姓将更加无所顾忌,而百姓则会因为担心招惹是非,不敢与之抗争,因此建议朝廷酌情处理。[①]

仁祖曾命闵圣徽向刘兴治谕令:“作拿之甚者,则虽是上国之人,不可不以盗贼待之,而出于不得已,则亦当以弓剑从事,俾为禁制之地。”[②]这件事情,可以说是检验这条原则最好的试金石。但是,针对此事,朝鲜备边司的表现却是颇为顾忌椵岛势力,给出的处理意见是“令本道查出首倡者一二人,通于刘将,斩首以送。”大有息事宁人之感。最后,处理意见汇报到仁祖那里,仁祖表示平安道和备边司两方意见都有道理,令再议处置。[③] 这一事件最后的处理结果不得而知,但至少可知在处理与椵岛刘兴治关系一事上,朝鲜朝堂之中,显然仍存在一定的分歧。

事实上,这种分歧从刘兴治发动兵变以来就一直存在。刘兴治兵变的消息传到朝鲜之后,朝堂上立刻出现了讨伐刘兴治的主张,但同时也有人认为这是明朝内部事情,在明朝没有指示的情况下,朝鲜没有理由代上国行事,因而迟迟没有采取行动。之后,

① 《朝鲜仁祖实录》卷二十三,仁祖八年十二月六日庚戌,《朝鲜王朝实录》,第 34 册,第 407 页。

② 《朝鲜仁祖实录》卷二十三,仁祖八年十月二十二日丁卯,《朝鲜王朝实录》,第 34 册,第 402 页。

③ 《朝鲜仁祖实录》卷二十三,仁祖八年十二月六日庚戌,《朝鲜王朝实录》,第 34 册,第 407 页。

刘兴治主动向朝鲜遣使示好，朝鲜便也只好虚与委蛇。很难说，刘兴治给仁祖的言辞恳切的文书，是不是也令朝堂上的一些人产生了刘兴治举岛投靠朝鲜的幻想，因而才想要对其尽可能地进行安抚。

身处直面刘兴治部最前线的闵圣徽和林庆业二人，因亲眼见到椵岛汉人对朝鲜沿海百姓的侵扰，故而对其态度相对更为强硬一些。在他们看来，对于椵岛，至少要尽全力做好防范御敌的准备。于是，在1630年年末，他们向朝廷提出申请，希望在黄海道北部靠近平安道一带伐取松木，运到邻近的平安道南部沿海的广梁镇建造战船、兵船。[①] 显然这是为了应对来自海上的军事威胁做未雨绸缪的打算。

广梁镇原本就是朝鲜王朝的一个水师军镇，但早已废弃多年，在椵岛不对朝鲜王朝产生威胁之时，平安道确实没有常备大量水师的必要，而现在情况发生了变化，水师的增配也应该被提上议事日程了。由于平安道地区并不出产木材，最近的木材产地在黄海道境内，故而平安道需要向朝廷申请，由朝廷予以协调，允其在黄海道伐木，再运至广梁镇造船。

闵、林二人的这一造船计划，得到了朝廷的许可，而这也是他们到任平安道短短两个月之内，推动实施的又一桩大事。在平安道造船和发展水师这件事情上，相信林庆业应该是起到了主导作用，毕竟他曾经有过驻守防踏水师军镇[②]的经验，而闵圣徽的履历

---

① 《朝鲜仁祖实录》卷二十三，仁祖八年十二月二十四日戊辰，《朝鲜王朝实录》，第34册，第410页。

② 1625年，林庆业出任防踏佥使。防踏是地名，指防踏镇，它位于朝鲜半岛最南端群岛带的一个岛屿之上，1523年朝鲜王朝就在此修筑堡垒，设置军镇，此后这里一直作为朝鲜海军全罗左水营的基地，是朝鲜南疆重要的海防要塞之一。防踏佥使是防踏镇的最高军事长官，林庆业出任此职一年。参见李选：《芝湖集》卷十三《林将军传》，《韩国文集丛刊》，第143册，第577页。

中并没有与水师相关的内容。

4. 消弭兵戈:解决后金降兵危机

在朝鲜王朝前线积极防备、朝堂犹豫观望的情况下,椵岛内的形势也在发生着变化。发动兵变的刘兴治部得不到明朝方面的粮饷支持,向朝鲜方面主动输诚以期通过贸易活动获取粮草的途径又稍通即阻。随着时间的推移,岛内军心开始背离。刘兴治感受到情况的严峻,考虑出岛投靠后金,但又担心手下军士不愿跟从,于是他决定铤而走险,勾结岛上后金投降兵士,欲寻觅机会离开椵岛、带领亲信部众投向后金。1631 年三月二十一日,因投金计划败露,椵岛将领张焘、沈世魁等先发制人,乘夜突袭刘兴治营帐,击败刘兴治手下及后金降军,刘兴治不知去处,或云死于乱军之中。[①] 刘兴治从此退出了椵岛的历史舞台。

另一方面,一部分身处椵岛的后金降兵,也因此逃出椵岛,进入了朝鲜平安道境内。而这批后金降兵,成为担任平安道军政长官的闵、林二人需要直接面对和处理的问题。

闵、林二人上任以来的五个月间,主要精力放在应对椵岛刘兴治的问题上,并没有和平安道面对的另一外部势力后金进行正面的接触和交锋,而椵岛后金降兵进入平安道一事,直接将二人推上了应对后金的风口浪尖。

综合朝鲜、后金两方的材料记载,这一批从椵岛逃出的后金

① 《朝鲜仁祖实录》卷二十四,仁祖九年三月二十一日乙未:"椵岛守将刘兴治谋叛,为张焘、沈世魁等所杀。兴治欲投虏,而恐岛众不从,潜与降㺚结为腹心,先杀将校之不与己者,又欲尽除岛众之不从者。焘及世魁等揣知其意,相与密谋,乘夜突入兴治营,仍纵火鼓噪,杀降㺚无遗类。兴治不知去处,或云死于乱兵中矣。"《朝鲜王朝实录》,第 34 册,第 419 页。

降兵人数约在三百到五百之间,《清实录》记录的具体数字为380余人。[①] 这应是后金方面最后接回的人数,而最初逃出的人数当更多一些。

这批降兵逃到了朝鲜平安道境内,首先做出反应的就是平安道的地方官员在得到消息之后,首先展开了讨论,其中宣川府使李浚主张出兵将其一举歼灭,而林庆业全力制止,他认为如果歼灭这批降兵,很有可能造成与后金的冲突,严重的话将会贻祸国家。他建议先派兵控制住这批降军,同时立即向朝廷汇报此事。[②]

朝廷接到奏报后,立即展开了讨论,最初仁祖主张发兵驱逐,但大臣们普遍认为不应轻举妄动,仁祖只得听从了他们的意见,决定静观其变。[③] 与此同时,消息也很快传到后金方面,三月二十七日,后金派遣英俄尔岱领千余骑兵进驻两国边境地带的九连城,邀朝鲜方面进行交涉:

> 龙胥大率千余骑,来屯九连城。义州府尹申景珍、肃川府使孟孝男与兰英往见之,龙胡曰:"闻岛中变生,降㺚五百余人欲投我国,而为贵国拦阻云,然耶?我当直抵降㺚所住处矣。"孝男等措辞以答之,龙胡等曰:"贵国若有异意,则吾等虽渡江而死,沈阳亦有兵矣。"其后,监司闵圣徽请以降㺚接置僻处,给料安顿,上从之。[④]

---

① 《太宗文皇帝实录》卷八,天聪五年三月二十日。

② "假㺚三百余骑来奔我境,宣川府使李浚欲尽歼之,将军力止曰:若歼此虏,则必贻祸国家。莫若少待以观事机也。仍发兵围驻,驰闻于朝。"李选:《芝湖集》卷十三《林将军传》,《韩国文集丛刊》,第143册,第577页。

③ 《朝鲜仁祖实录》卷二十四,仁祖九年三月二十二日丙申,《朝鲜王朝实录》,第34册,第419页。

④ 《朝鲜仁祖实录》卷二十四,仁祖九年三月二十七日辛丑,《朝鲜王朝实录》,第34册,第420页。

朝鲜派遣义州府尹申景珍、肃川府使孟孝男以及使臣朴兰英往见英俄尔岱。英俄尔岱单刀直入，称后金已经了解椵岛兵变和后金兵士进入朝鲜境内一事，并听说朝鲜有意阻拦兵士回归后金。事实上，在《清实录》记载中，还提到了后金当时获得这样的情报："朝鲜国麒麟寨人以鸟枪截杀欲执送明国。"①

英俄尔岱表示，如果情况属实，他将直接领兵前往后金兵士所在之地将其接回。他还威胁道，如果朝鲜阻拦其部，他宁可一战而死，但后金亦将发大军而至。在后金的军事压力之下，闵圣徽奏请先将后金降兵好生安顿，再行协商。事实上，朝鲜交还后金降兵已经势在必行。

在送还后金降兵这件事情上，虽然朝鲜朝堂上理智的声音占据上风，使得事件始终朝着对朝鲜有利的方向发展，但朝中对后金强硬的一派也一直在发出他们的声音，宣川府使李浚是代表人物之一，而朝堂上大批弹劾林庆业的人亦属此类。当时，林庆业因为全力制止李浚的歼敌主张，在朝堂上被以"护贼"之罪加以弹劾，若不是后金发兵压境，真的很难预料林庆业会因为"护贼"的罪名而落得怎样的下场，更不要说令"朝野始服其先见"②了。

显然，林庆业并非亲后金之人，他的考虑和判断都是基于对朝鲜与后金实力对比的权衡而做出的，而正是他在第一时间、第一现场制止了强硬派的出兵主张，才避免了一场朝鲜与后金间潜在军事冲突的发生。林庆业传记中对此事迹进行了一定程度的渲染，将最后实际送还金兵的任务也安在了他的身上，称"林庆业

① 《太宗文皇帝实录》卷八，天聪五年三月二十日。

② 李选：《芝湖集》卷十三《林将军传》："两司以为(林庆业)护贼，合启请加极律。不浃旬，虏兵果入境，索假撻甚急。即命许送，然后两司始停启，而朝野始服其先见。"《韩国文集丛刊》，第143册，第577页。

出其所囚三百人以与之，清人大悦"[①]。关于林庆业是否亲自带队送还了金兵，只能说有此可能性，但材料有限，无法确证。

送还金兵一事算是得到了妥善的处理，但由此也带来了新的问题。朝鲜史料记载，被送回的兵士向皇太极进言："兴治被杀，岛中未定。若于此时以一支兵袭岛，则可全利也。"[②]后金本就视椵岛如芒刺在背，自然不愿错失这次机会。1631 年五月二十七日，皇太极命楞额礼、喀克笃礼两人率骑兵 1 500 人、步兵 4 500 人，出征椵岛。[③] 皇太极下令对所经朝鲜之地秋毫不可有犯，并向朝鲜方面派出使臣，要求其借船、助粮，配合攻岛。[④]

对于后金的要求，朝鲜答复同意襄助十日粮草，但拒绝借船，同时谴责后金不顾盟约，贸然发兵进入朝鲜境内。[⑤] 为了以防万一，朝鲜也开始着手调动军队向平安道集结。

后金进袭椵岛一役中，明军在新任椵岛都督黄龙的指挥下，发挥海上优势主动出击，取得了数次战斗的胜利，但双方兵力损失大体相当。最后，后金军队见占岛无望，便于六月二十六日撤军了。

朝鲜方面是此次战役的旁观者，《朝鲜王朝实录》中，详细记载了战斗经过，成为我们今天了解该次战役细节的重要史料。不过《实录》中显然也有朝鲜史官的发挥，比如其写道："胡将等皆曰：朝鲜之不借船，真出大义，假使借船，我无所利"[⑥]，竟借助后

---

① 黄景源：《江汉集》卷三十《明陪臣传四 · 林庆业》，《韩国文集丛刊》，第 225 册，第 64 页。

②《朝鲜仁祖实录》卷二十四，仁祖九年六月二十八日庚午，《朝鲜王朝实录》，第 34 册，第 434 页。

③《太宗文皇帝实录》卷九，天聪五年五月二十七日。

④《太宗文皇帝实录》卷九，天聪五年五月二十七日。

⑤《朝鲜仁祖实录》卷二十四，仁祖九年六月十二日甲寅，《朝鲜王朝实录》，第 34 册，第 432 页。

⑥《朝鲜仁祖实录》卷二十四，仁祖九年六月二十八日庚午，《朝鲜王朝实录》，第 34 册，第 432 页。

金将官之口，对朝鲜不借船一事进行合理性书写。

从后金将领发回的奏报来看，他们并没有将战败的所有责任归之于朝鲜不借船一事，而是客观指出对岛内情况的误判——并没有事先了解到黄龙已驻兵五千于岛上——导致了战役的失利。[①]

后金军队于七月二日回到沈阳，《清实录》记载其"悉以俘获人畜及币帛等物分给阵亡被创将士有差"[②]。清军并未登上椵岛，其所谓俘获人畜及币帛，不少可能还是来自朝鲜境内。可见，由于朝鲜的不配合，后金军队最后也就没有再严格遵守对朝鲜之地秋毫不犯的军纪。

直至后金的退兵，因刘兴治兵变带来的一系列连锁反应才算真正画上了一个句号，椵岛又重新回到了明朝官方的管制之下，而对于朝鲜来说，椵岛只要不是一个威胁，就是对自己有利的存在。对闵圣徽、林庆业而言，椵岛这一不安定因素的消除，也令他们能够将更多的精力集中到平安道的治理之上。

5. 坚守清北：倾力投入平安道防务

(1) 督造完成四座山城建设

闵、林二人上任前向仁祖提出的"清北防御之计"，此后不久便进入到实际推进的过程中。他们的最初计划，是要在离椵岛最近的铁山、宣川两地建设军镇，现在，随着椵岛形势的变化，以及对后金防御需求的进一步凸显，闵、林二人决定在铁、宣两地基础上再增加两处建设军镇的选址，即宣川东南的郭山和郭山东部的

① 《太宗文皇帝实录》卷九，天聪五年六月二十六日。

② 《太宗文皇帝实录》卷九，天聪五年七月二日。

安州。

为加强军镇战时的防御能力，需要在军镇范围内建设山城这一防御性建筑。所谓山城，是以合适的山体为基础建设城墙、城门等防御工事，战时可迁军民于其中，缩小防御范围，利用山势之险进行防守，起到事半功倍的防御效果。闵、林二人计划在铁山、宣川、郭山、安州四地各建设一座山城。其中，铁山、郭山和安州三地，原本就各建有云岩山城、凌汉山城和龙骨山城，只是在"丁卯之役"中被破坏，此时只需要进行重新修复。唯有宣川一地，原本没有山城建筑，需要新建，为此，二人向朝廷提出在宣川新建剑山山城的申请，得到了朝廷的应允。

选择在剑山建设山城，是有充分依据的，但这并非是闵、林二人的创见，而是在参考了此前任平安监司金起宗的详细调查报告的基础上做出的决定。金起宗就任平安监司时，曾专门就平安道西北部地区的山城选址进行过实地考察，并于 1628 年十月二十二日向朝廷提交了调查报告。报告中介绍了几处可以据险而守的山地，同时强调指出宣川的剑山是整个"清北"地区建设山城的最佳选择。他在报告中这样描述剑山的情况：

> 宣川之剑山，亦义兵将智得男入保之处。上台迤东一面广可数千余尺，铁壁巉截，西、南、北三面亦皆乱石壁立，如成叠嶂，岩下有窟，可容数百人，不用拳石为城，尺童当关，可无贼兵跻攀之处，中可容数千人。其下有中台，山势内平，外列剑峰，容众约可四五万，三面险阻，人迹不通，南面七十步许，地形不至绝险，若不高筑石垒，难以御敌，以一府凋残之力，决难办此。姑以上台为子城，定作今冬入守之所。西路设险处，非止一二，惟剑山为第一。若俟物力之稍完，修筑中台，仍设外城，则可

> 作关防重地。且在直路,贼不敢舍此而东。清川以北,若无城守之举则已,有则无过于剑山。[①]

总体而言,剑山具备建设山城的两大明显优势,一是山体中有面积较广的两块平地,依山势为上台、中台,可用于容纳军民、屯兵、练兵。二是这两块平地都有天然山势作为屏障,或是绝壁,或为险峰,金起宗形容其险要程度为“尺童当关”,万夫莫开。另外,剑山处于南下必经之路上,在此设关防,敌军难以绕开。因此金起宗总结道:“西路设险处,非止一二,惟剑山为第一。”“清川以北,若无城守之举则已,有则无过于剑山。”此外,按照金起宗报告所说,当时他已经计划在剑山先行修筑上台部分作为子城,等物力充足后,再继续修筑中台即外城部分。

金起宗在任期间到底有没有启动剑山山城的建设,我们看不到更多的材料,可以明确的一点是,金起宗在提交了这份报告的两个月后就请辞离任了,或许剑山山城建设一事因此搁置也未可知。另外可以确定的就是,闵、林二人就任平安道期间,重启了剑山山城的修筑,并且完成了建造工程。而且,这一次是林庆业亲自承担起了剑山筑城这一项艰巨的任务,1631 年六月初,他以平安道中军兼任剑山山城防御使[②],进驻剑山、监督山城建设。林庆业的这一次亲力亲为,为的是实现他和闵圣徽共同规划的清北防御体系建设的宏伟目标。

1631 年六月重启的剑山山城建设工程,可以说是当时平安道举全道之力集中攻坚的一个项目。从《朝鲜王朝实录》中的一条

---

① 《朝鲜仁祖实录》卷十九,仁祖六年十月二十二日己酉,《朝鲜王朝实录》,第 34 册,第 302 页。

② 李选:《芝湖集》卷十三《林将军传》:“辛未六月,除剑山山城防御使。”《韩国文集丛刊》,第 143 册,第 577 页。

材料中我们看到：六月八日，朝廷收到闵圣徽的一封奏报，其中提到他收到后金欲向朝鲜借船进攻椵岛的消息时，人正在剑山，“与定州等六邑守令及诸将官等相会犒军”[①]。由此可以知道，当时平安道为了剑山山城的修建，征调了治下六个邑的军士参与工程建设，其目的十分明确：集中力量，速战速决。这一做法的效果是明显的，剑山山城的修筑，于七月二十五日完成，历时不到两个月。[②]

此前已经提到，平安道修筑山城防御工事的整体计划共涉及四地四城，除了宣川剑山山城外，还有铁山云岩山城、郭山凌汉山城、安州龙骨山城。林庆业传记材料中提到：“平安监司启请新设剑山山城，使公（林庆业）董役，且凌汉、云岩、龙骨诸城丁卯以后残破而不复修，至是亦使悉监重筑，公身先士卒，不惮劳苦，次第完役。”[③]林庆业在监督剑山山城建设时，同时还负有监督另外三地三城重筑的使命，他最终不辱使命，令四城建设次第完成。

剑山、云岩、凌汉、龙骨四座山城的完工，对朝鲜防御外敌进犯有着重大的军事意义，朝廷对平安道取得的这一项成果应该是很满意的。而林庆业作为四座山城建设的直接负责人，也因此受到了国王仁祖的谕令嘉奖：

> 事闻，下谕曰：剑山、龙骨筑城之时，大小之役，必身先之，终日不休，与士卒同劳苦，察其心迹，一出于至诚，无分毫假饰，亦不曾矜其功伐，两城之役才毕，又向云岩、凌汉，以保活清西遗民为己任，其功劳极为可嘉，赐

---

① 《朝鲜仁祖实录》卷二十四，仁祖九年六月二十八日庚戌，《朝鲜王朝实录》，第34册，第431页。

② 《朝鲜仁祖实录》卷二十五，仁祖九年七月二十五日丁酉，《朝鲜王朝实录》，第34册，第438页。

③ 见前引金憙编：《林忠愍公实纪》，第40页。

熟马一匹,卿其领受。[1]

(2) 反对"清北清野"与主张修筑龙湾

然而,朝鲜王朝的事情永远比表面上看到的复杂,即使在四城完筑这样的重大成果背后,尚有一条暗流涌动,那就是关于清北之地该守还是该弃的争论。这里需要先引出另一个涉事人物——郑忠信(1576—1636)。[2] 郑忠信是仁祖时期朝鲜军界一员重臣,他在"壬辰战争"期间参军入伍,之后通过武科及第,早年担任随行军官出使过中国,也参与通信使行去过日本,"李适之乱"时,他因与李适过从甚密一度被认为是同党,但他通过积极平叛证明了自己,录振武一等功臣,受封锦南君,从"丁卯之役"开始,他长期担任朝鲜兵马副元帅。1631 年五月底,因后金入袭椵岛,他被指派为平安道兵马节度使,进驻安州。

安州在清川以南,郑忠信进入安州之后,派人前往清北地区,以"人给九斗米"的条件招募壮丁,希望充实安州兵力,巩固城防。六月,郑忠信向仁祖上书,详细阐述了自己的军事主张,他认为在国家兵力有限的情况下,固守安州、清北清野是最合理的防御方针,同时他还提出了调动各道兵力轮番入守安州,军士有事入守无事出耕等防御策略。[3]

前已述及,平安道此时正如火如荼地开展以剑山为代表的山城建设工程,其目的就是要留民聚民于清北地方,以固守清北为指导方针。然而,郑忠信自京甫一到任,提出以安州为关防界限而放弃清北的思路,实行与当地正在推进的方针背道而驰的措

① 见前引金憙编:《林忠愍公实纪》,第 40—41 页。

② 郑忠信事迹,可参见《晚云先生年谱》,《韩国文集丛刊》,第 83 册,第 356—371 页。

③ 郑忠信:《晚云集》卷二,"又论军务札",《韩国文集丛刊》,第 83 册,第 331—333 页。

施，这一点显然引起了主张固守清北的地方官员们的不满。

七月九日，朝廷收到平安道永柔县令郑麒寿的上疏，指责郑忠信招募清北壮丁入安州，是推行"清北清野"计划、弃守清北，这是在抛弃"祖宗疆土"，他建议朝廷应该重视在清北建城，"使土民守之，贼来则入守，贼去则出耕"。仁祖令备边司议处，后者反馈认为："清北清野"和"且耕且守"是殊途同归，都是为了解决清北的问题，只不过一者出于眼下实际考虑，一者着眼长远。此外，平安道的清北建城工作确实取得了一些可喜的进展，但也绝不可冒进，特别是不能太早深入到与后金过于邻近的义州地区。①

备边司官员"不可冒进"的提醒并非多虑。七月二十五日，朝廷接到闵圣徽与林庆业的奏报，他们借着汇报剑山山城完筑的消息，顺势提出了修筑义州龙湾城的建议，并说龙湾城保存相对完好，重修难度不大，只是需要朝廷考虑调兵给饷以及派何人进行防守等问题。与该奏报一同呈上的，还有平安道进士杨渐亨等人的联名上书，内容说的是清北不可弃以及重修义州旧城对收复清北、防御后金的意义。仁祖把两封奏疏一并转给备边司讨论，备边司商议后启奏：既然重修义州旧城难度不大，直接交给平安道处理就行。但涉及调兵、给饷、择将等问题，需要等当时正在病休的金瑬复出之后才能作出决定。仁祖答复：等到粮饷器械等备齐后，再开始筑城。于是修筑龙湾城一事，暂时搁置下来。②

至此，一个新的问题浮出水面——义州龙湾城。此前提到的四座山城，建成后都解决了调兵给饷和守将安排的问题，同时也有一些民众主动入居其中。但唯独义州龙湾城的问题，在之后一

① 《朝鲜仁祖实录》卷二十五，仁祖九年七月九日辛巳，《朝鲜王朝实录》，第34册，第437页。

② 《朝鲜仁祖实录》卷二十五，仁祖九年七月二十五日丁酉，《朝鲜王朝实录》，第34册，第438页。

段时间内都迟迟得不到推进。原因何在?

朝鲜方面之所以出现“收复清北”的言论,是因为“丁卯之役”后清北很多地方没有了驻军,只有象征性的地方官衙,后金、椵岛之人毫无顾忌,随意进出,如入无人之境,而当地百姓则不堪其扰,大量流出。从这意义上说,清北的确成为朝鲜王朝无力管辖的一片“失地”,所以才有了“收复”一说。

而平安道的一系列建城举措,实际上就是在通过重新固防、驻军的方式,逐步恢复对清北地区的控制。但是,这样一个“收复失地”的进程,越是推进到离后金近的地方,就越艰难。

义州作为一个去军事化的缓冲地带,是后金最希望看到的状态,而义州旧城龙湾城,更是在后金的严密注视之下。朝鲜军队重新进驻龙湾,很难不触动后金方面的神经。备边司的答复说得一点都没错,修筑旧城一事本身并无困难,难的是驻军,重新驻军龙湾,已经不仅仅是朝鲜王朝的内政事务,而是关涉到后金的外交事务了。此等大事,谁都不敢轻易决断,而暂时推在病休的备边司名义上的最高长官金瑬的身上,或许是最好的权宜之计。

而这件事情一被搁置下来,郑忠信与平安道主官之间的矛盾便开始发酵了。八月,郑忠信再次向仁祖上疏,详细陈述不可修筑义州龙湾城的三条理由:一是龙湾城城防规模太大,没有足够兵力根本无力防守。二是龙湾城防对后金而言没有任何秘密可言,后金能破城一次就能再破第二次。三是龙湾不是军事要冲,金兵完全可以绕道而过。他认为除非朝廷有足够多的兵力和粮草供给,不是简单修复而是全面改造城防,在龙湾旁边的昌城布置同等力量的防御,否则,修筑并入守龙湾城根本就是不切实际的空谈。[①]

---

① 郑忠信:《晚云集》,《韩国文集丛刊》,第83册,第333—334页。

九月三日，备边司就郑忠信上书进行讨论后向仁祖启奏：调派足够防守的兵力，肯定是做不到，但是修筑龙湾城一事，也不可以轻易否定。如果按照郑忠信所说完全放弃龙湾，恐怕会失去民心。一切还是等金瑬出仕再作商议。[①] 备边司的答复道出了问题的关键——民心，郑忠信的清北清野之策看似完全符合军事常理，但平安道主官的"收复清北"之计无疑占据了道德的制高点。就这样，对郑忠信的第二次上书，朝廷仍没有给出确定的答复，修筑龙湾一事，也继续搁置。

九月五日，金瑬病中上疏，专门就修筑龙湾城一事给出了自己的意见。他认为：义州是关防重地，一日不可忘，修筑龙湾城是民心所向，民心不可抗。龙湾城驻军确有实际困难，但因此就否定修城之举，以致轻言一个弃字，是极其不当的。龙湾修城一事，可令平安道主官按计划推进，但也不必求快。驻军之事，可以留待以后再行商议。[②] 金瑬的上疏，态度非常明确，否定了郑忠信的意见，支持了平安道主官的做法。至此，修筑义州龙湾城一事，算是有了一个定论。

清北该守还是该弃，龙湾城当修还是不当修，反映出的不是郑忠信个人与平安道主官之间的矛盾，而是朝堂上保守派和激进派之间长久以来就存在的分歧。很难说他们谁对谁错，一个正视现实、讲求实际，一个理想主义、积极进取，前者容易故步自封、妄自菲薄，后者则容易鲁莽冒进、引火烧身。但是，最大的问题在于，当不同的观念和认知与朝堂上的政治斗争和倾轧纠缠在一起时，最终除了斗个两败俱伤，对事情的解决没有任何帮助。

---

① 《朝鲜仁祖实录》卷二十五，仁祖九年九月三日甲戌，《朝鲜王朝实录》，第 34 册，第 441 页。

② 《朝鲜仁祖实录》卷二十五，仁祖九年九月五日丙子，《朝鲜王朝实录》，第 34 册，第 442 页。

(3) 清北守弃之争引发的朝堂倾轧

1632年一月十八日,郑忠信上疏,以病请辞,其上疏中流露出明显的不满:

> 一自妄论湾城之役,大见斥于本道,或以为割弃清北,或以为猜功剑山,群疏叠起,拟议惨切。至于六月身死之朴仁俭,犹上九月之疏,是鬼亦阴诛矣。何敢一日察任?亟乞递免。[①]

郑忠信说,自从提出反对修筑龙湾城之后,自己就遭到平安道官员的排挤,一些人罗织罪名联名上疏指责他,有的说他轻言割弃清北,有的说他因剑山建城一事争功而猜忌同僚。最荒诞的是有个叫朴仁俭的,六月份人已经死了,还被列在九月份联名上疏的名单里,真是“做鬼”也不放过他。他受够了这样的环境,不敢再多待一天,所以乞请辞职。朝廷同意了他的辞职请求。

郑忠信请辞上疏中提到了“猜功剑山”,而我们知道因督造剑山山城立功获赏的正是林庆业,那么郑忠信所说的“猜功剑山”,是不是与林庆业有关呢?另外,他提到的朴仁俭一事,的确有些骇人听闻,究竟又是什么情况呢?关于以上两个问题的答案,以及郑忠信与林庆业二人的关系,通过郑忠信年谱中的这样一段记载,能够看出一些端倪:

> 公自论湾城之役,清北之人颇有怨者。时林庆业方起服为宣川防御使,迫欲代公,阴嗾士子等,资以粮馔,

① 《朝鲜仁祖实录》卷二十六,仁祖十年一月十八日丙辰,《朝鲜王朝实录》,第34册,第466页。

> 上疏斥公，而至以已死之人混书于联名之中。故公疏中有：至有六月身死之朴仁俭，犹上九月之疏，是鬼亦阴诛云云。监司闵圣徽承朝命，查核得实，庆业乃听勘。[①]

这段材料中提到郑忠信因龙湾修城一事与平安道清北官员们结怨，然后拿了林庆业来举例，这似乎显示二人结怨最深。接着又讲到林庆业为了取代郑忠信的职务，暗中贿赂并唆使平安道士子联名上疏指责郑忠信，联名信有故意夸大和造假的成分，以至于里面混进了已死之人朴仁俭的名字。最后又提到，后来闵圣徽奉命调查联名信一事，查实了造假行为，林庆业也因此接受了调查。

郑忠信年谱的记载内容到此为止，而该次调查的经过和结果，则在林庆业年谱中得以体现。据林庆业年谱记载，他在接受调查的过程中表达了两点。其一，“设令时在任所，不可教诱人民，况今身在衰麻，何可念遑他事乎?”意思是说，即使是在任上，他也绝对不会做出教唆诱导民众为己所用的行为，更何况当时他正在专心服丧[②]，无暇也不屑去做构陷他人的举动。其二，在接受调查的过程中，林庆业仍坦然表示“但祖宗土地不可轻弃之说，在任时所争也”。即自己毫不回避自己与郑忠信的政见不同，就算因此会招来嫌疑，仍然坚持表达自己的观点和立场。[③]

整个事件的细节虽然无法一一还原，但结果基本上还是可以确定的，那就是林庆业并没有因为这次事件受到太大的影响，他在受到羁押问询后不久就被释放了。应该说，这一结果是和林庆

① 郑忠信：《晚云集》，《韩国文集丛刊》，第 83 册，第 365 页。

② 李选：《芝湖集》卷十三《林将军传》：“壬申二月，遭父丧。”《韩国文集丛刊》，第 143 册，第 577 页。

③ 见前引金憙编：《林忠愍公实纪》，第 42 页。

业当时的实际情况直接相关的，即使该次指控的罪名坐实，也不过是降级撤职之类的处罚，而林庆业正处于丁忧期间，本就身无官职，贬无可贬，结果自然也就是不了了之。

此后，林庆业继续丁忧，但朝堂上政敌对他的攻击并没有结束，继郑忠信之后，又出现了来自时任兵曹判书金自点（1588—1651）的弹劾。金自点上疏称林庆业在负责剑山筑城筹备军需过程中，以极低的价格强行收购卫戍期满即将轮换离开的兵士们的旧军装和日用品，充作新兵军备。言下之意，指其有欺压兵士、以次充好、中饱私囊等行径。这次弹劾将矛头直指林庆业近期最重要的功绩——剑山筑城，弹劾如若成功极有可能对其形成致命伤害。

按照林庆业年谱的记载，这次事件的后续发展是：朝廷展开调查，询问了涉事的兵士，而兵士们都对林庆业的做法给予正面的肯定：

> 自点嫌己论不立，憾公甚深。以都帅入为兵判，陷公以剑山山城军器别备时准朔戍军军装轻价勒夺，行移三南推问。其时戍军等皆言：吾等远戍边地，准朔归来之际任重路远，军装等物运来为难，或给主人，或轻价放卖，而防御使许给准价，从便买卖，故军情乐卖，准捧其价，归备新装尚有余物，防御使有何勒夺之理乎？事遂寝。①

兵士们表示：轮值期满更换卫戍地时，原先的旧军装和日用品等，本就成为累赘，不方便带到新的卫戍地，原本的处理方式是直接扔弃或半卖半送给当地百姓，而林庆业的做法是用一个统一

① 见前引金意编：《林忠愍公实纪》，第43页。

的价格向他们回收，这个价格虽然是折价，但对兵士们来说也比原本的处理方式的收入高，用来置办一套新衣绰绰有余。调查的结果显示，在这件事上林庆业非但没有过错，甚至还找到了一种通过旧物回收利用节省军需开支的新举措。这次弹劾自然也就消停下去了。

林庆业年谱记载的这一金自点弹劾事件，不见于其他文献，可靠性存疑。这一事件中出现的关键人物——金自点，在各类文献资料中，都被刻画成林庆业的“一生之敌”，最后更是扮演了导致林庆业之死的罪魁祸首。

屡遭政敌针对，换个角度看，恰恰说明林庆业已经成长为一个朝鲜政坛引人注目的人物。而数遭弹劾而无碍，恰恰又反映出他对于王朝的重要性，特别是在军事领域的不可替代性。北部边境是朝鲜王朝的命门所在，在平安道深耕数载的林庆业，已经毫无疑问地成为北边防御体系的核心将领，而随着明朝与后金之间对抗态势的发展变化，林庆业也即将直面更多的挑战与机遇。

6. 从林庆业看明清鼎革的时代切片

本文叙述了林庆业从1630年十月就任平安道中军至1632年二月去职丁忧间的相关事迹。在以往关于林庆业的研究中，这一年多时间里的事迹，往往只被一笔带过，我通过对多种文献资料的深挖，将林庆业的这段经历进行尽可能细节的呈现。通过这种呈现，以林庆业这一人物为主线展开的大量历史事件得以一一浮现出来，更重要的是，由此我们看到了这一时期明朝、后金、朝鲜三方在朝鲜半岛西北部地区这一空间内展开的一幅复杂交互又生动鲜活的历史图卷。

如果眼光只盯着中国，十之八九看不到林庆业这个朝鲜人，更遑论从他身上看到东亚各方势力互动的历史。人物研究的魅力,在于最后我们不仅认识一个人,也了解与之相关的历史事件、理解其所处的时代环境和历史背景,可以由人见事,见微知著。本文对林庆业这一人物的发掘,尚不及十分之一,从林庆业看明清之际东亚世界历史变迁这一研究课题,还有极大的展开空间。

椵岛刘兴治兵乱对朝鲜的影响、朝鲜政府与刘兴治部的往来、椵岛后金降兵归逃与后金攻袭椵岛、朝鲜“丁卯之乱”后“收复清北”的举措、朝鲜内部对清北地区弃守的争议……这些出现在本文叙述中的话题,以往国内学界都较少关注,但不难看出它们都是直接关系到明末清初东亚历史变迁的颇有意义的话题。当然,进入这些话题的讨论,一方面需要依靠侧重从朝鲜半岛的角度去观察的眼光,另一方面需要借助更多朝鲜半岛方面的历史文献。

传统的国别史、两国关系史研究方法,已经越来越无法满足今天历史研究的需要,而区域史和全球史所提示的重视多方交互和横向联结的研究方法,正在不断彰显其活力。对于东亚地区历史问题的研究,无疑也需要适应和主动融入这样的趋势中去。

附录:

达川忠烈祠碑

〔朝鲜王朝〕正祖大王

(摘自正祖大王《弘斋全书》卷十五)

有天下之节,有一国之节,有匹夫之节,虽其限于地而局于分,亦由器量之大小,使之然尔。故自经于沟渎,君子莫之许。而忠臣烈士之磊落相望者,往往思不出疆场之外。呜呼!节之于天下也,难矣哉。然则迹起一国,而办天下之大节,若故将军林庆业者，可不谓尤所难也乎！

将军忠州人，幼骁勇绝伦。稍长，学兵法，善骑射。尝曰："吾幸不为物为女而为男子，安能局趣老此邦也！"举武科。崇祯六年，为清北防御使。时明将孔有德、耿仲明叛据牛家庄，将军与明兵夹击，大破之。天子以其先登劳，授将军总兵，赏赉特厚，天下以此知将军名。

九年，清人大举寇我。将军为义州府尹，坚壁垒，多张疑兵。清人知有备，直夜渡萨水，趋汉城，转围广州。将军欲用孙膑故策，出轻骑，袭沈阳，节度使固止之。而清人遣三百骑先还，以接应将军后。将军追斩其将，杀其骑过半。明年，广州围解。

清人征兵于我，将攻东江，胁将军为前锋。将军喜曰："东江天下珍宝之所聚，城陷虏获皆前锋有也。"于是清人争为前锋，而将军不与为焉。十三年，清人又攻锦州，将军以平安节度使被征在行间，故迟留师期，以利明兵。及遇明兵于盖州，暗令炮射者去丸镞，明兵亦如之，两军一无所伤。既而佯沉善泅二卒于海，从水中抵明营曰："朝鲜虽与清盟，终不忍倍。"明天子诘朝，二卒归报皇诏。其事秘，人莫能详。然清人已揣将军意，恐深入反为患，令将军东还。自此天下益知将军之义。

十五年，锦州破，都督洪承畴以其军降清。初将军之在石城也，潜遣三船，密通军谋于承畴。又尝阴求义僧独步，赍奏咨如明。至是，事并觉，清人发使者逮将军。将军杖剑而起曰："大丈夫宁徒死耶?"即道亡为僧，持浮屠券，给贾人装舟往海西输谷者。既中流，出怀中剑，叱曰："我林节度也，将赴明朝，不从令者斩。"众皆慑服。乃扬帆向登州。未达，风驱入海丰县。登帅闻将军在海丰，急遣人邀置幕府，常与议兵事。间使出剿土贼，将军设奇计，缚其酋以献，登帅甚重之。

十七年，燕京陷。将军寻亦为清所执，系至北。诱使之降曰：

“苟尔降,无忧不富贵。且尔生不识明天子,守死无义。”将军叹曰:“吾诚图存,何必浮海,自投于明耶?今明事已去,吾岂以富贵易其心也。”清人义而厚遇之。于是将军之节,闻于天下云。

会本朝有沈器远狱,辞连将军,使使求还于清。下吏验问亡状。贼臣金自点素忌将军,因而锻炼而杀之。临死大呼曰:“天下事未定,不可杀我!”时年五十三。

肃宗朝追复官爵,赐谥“忠愍”。英宗朝,忠州人图像立祠于达川旧居,特命额以“忠烈”,划给享田。我两圣褒嘉之典,吁其无憾矣。予于临御初,闻祠久荒颓,不庇风雨,命有司葺之。戊申,摸遗像,重妥其灵,建绰楔,肇旌其闾,治牲石,俾峙于祠之庭,而特书其天下之节曰:

将军生于偏邦而不为风气所囿,职于陪臣而能以王事自负,其卓荦不羁之志,纵横不局之才,不待举登莱之帆而固已吞辽沈雄海岱矣。是将弥宇宙而皆吾分内,孰区区于山川之限哉!然非才与志之难,之才、之志,尽其节之为愈难。故曾子论君子,不仅以托孤寄命,而至临大节不可夺,然后始深许之。夫甲申之变,天子之贵戚大臣,搏颡殊庭,以丐全其性命利禄者,何限也?乃将军非有奔走服事之旧,缓急心膂之托,宁以义死,不忍以不义而富且贵,捐一身于所必无幸,而树纲常于地分之所未必皆然。使天下之人皆知有将军之节,而国兴有立焉。此其器量之所范围,果何如也?呜呼!劫火熸而日星炳,狂澜倒而碣石在,志士之于是刻也。傥有衋欷而不能自已者夫:遂系以词曰:

剑湖月古兮,江流吞吐。达巷人去兮,曼声谌寒。老柏荒祠兮,千秋纲常。云车霓旌兮,英威飒爽。臣拜稽首兮,天子在上。偕彼熊袁兮,左右虎韔。于何夕降兮,魂翱翔乎常所之。眷言周道兮,神嗜饮食。炉升一炷兮,豆实百芬。蕴义融结兮,叹息如闻。瞻前忽后兮,风归肃然。星星有嘒兮,问光恠乎斗牛之躔。

林将军庆业传

〔朝鲜王朝〕宋时烈

（摘自宋时烈《宋子大全》卷二百十三）

林将军庆业，字英伯，居忠州达川。少以弓马为业，“大丈夫”三字常不绝于口。亦好读书，常慨然自叹曰：“吾禀天地之气，不为物而为人，不为妇人而为男子，惜乎生此偏邦，将局束以送一生也。”丁卯虏变，朝廷与媾，以却其兵。将军时不甚知名，奋曰：“朝廷与我精炮四万，则将往歼彼虏，洗剑鸭水而归耳。”崇祯丁丑，虏以我王世子入沈阳，又执斥和人洪掌令翼汉以去，将杀之。沿路守宰，恐惧莫敢与语。将军时为义州府尹，出迎执手曰：“士大夫死得其所，难矣。公名将与太山北斗争高矣。”供奉甚丰，又资送极厚，谈笑送别，绝无嗟劳语。时虏酋闻将军名，必欲用之，凡击椵岛及西犯，必使朝廷为将而送之。将军以计诳虏，虏一切堕将军计中而不觉也。至盖州海中，与天兵相遇，虏使其亲信者数辈，同载一船，以察事情。将军亦随机出奇，方其战时，使炮兵密用土丸。天兵发矢，亦故使不及，故两军一无所伤。将军忽使善水者二卒佯堕水，潜传本国忠悃于天将之船，因通虏人机密情形。一日，喟然谓同志曰：“平生素心，正在今日。盖以犯顺为至痛极冤，欲投入天朝也。”或曰：“岂不好乎？奈祸及本朝何？”将军遂叹息而止。始虏所恃以为西犯之计者，将军也。及见将军屡战辄退，遂为退军计，使将军由水路归国，盖不欲我师涉其境也。将军曰：“我之思归，一日为急。岂不欲由水路速归？但舟楫皆伤败，且无粮食，不由旱路，无以得达。”虏将信之，遂由虏地而归。既而虏追觉其见欺之状，又潜通天将之事发露，虏胁我朝执送将军。将军闻即束装杖剑就道，叹曰：“天生男子，必有所用。今乃无端就死于虏庭乎？”遂于中路逃躲。虏闻之益怒，诘责本朝。本朝大索，终不能得。将军往来江湖间，或与商贾杂作，或混迹僧徒，或出没城市，而人莫能知也。年月日，得商贾船，潜入大明地，为天将所任用。此后事详载其《日录》。甲申，北京破，虏人入据而天下为其区域。将军遂被执，抗节矢死，虏终不能屈，遂付本朝使价出送，身犹汉服而头不剃矣。时贼臣金自点当国，杀之。将军临死大言曰："天下事未定，不可杀我矣。"既死，国人无不义而哀之。尼山贼柳濯，假将军姓名作乱曰："将讨虏雪耻。"愚民以至僧徒，一时云集。李延阳时白，自请率禁兵往讨。已而乱民知非将军，即解散，故逆竖被擒于道臣而诛灭之。

按崇祯丙子，虏人僭号，遣使于我，有同金虏之诏谕江南者然。蒙人亦至，欲共尊为帝。馆学诸生，大会阙下，上疏请斩二使，二使怯而逃去。朝廷奏闻天朝，传檄军门。时掌令洪翼汉在乡上疏曰："臣闻虏使怯诛逃去，曲踊距踊。"义气百倍，仍请斥主和臣，不翅如胡澹庵之于秦桧。丁丑媾称，虏胁本朝执公以去。时国家新破，无不咎洪公以斥和招兵，又畏虏，不敢慰问。独林将军深加叹赏，喜其死得其所，其气义之相感如此。洪公竟与吴、尹两学士，取义成仁，其为国家之耿光何如哉！其后将军之所成就，尤卓荦奇伟，求之古今，实罕其俦。孔子作《春秋》，垂法万世，自获麟以至于今两千年，所读此书者多矣。而能知其大义炳然者盖寡矣。今将军以海外陪臣，尊周一心，始终如水，虽以虏之凶暴，终不能屈，可谓千百年一人而已。

明总兵官朝鲜国正宪大夫平安道兵马节度使忠愍林公神道碑铭并序

〔朝鲜王朝〕黄景源

（摘自黄景源《江汉集》卷十三）

崇祯十七年，天子曰："辽阳没为沙漠，于今二十六年矣。将相诸臣，无一人能为中国御外侮者。陪臣庆业，秉大义，起自属国，浮海三千七百里，逾长山，绝鼍矶，依归中土。乞从军，誓复辽阳。朕甚嘉之，其以某为总兵官。”三月丁未，天子崩。四月丙寅，清人引兵入关门。公保石城，为所执。清人令民皆薙发，独公不从。清人谕公曰：“始崇祯中，副总兵尚可喜，以广鹿归附于清，即赐策封为诸王。公如事清，必不死，又当受封矣。”公骂曰：“吾诚图存，则终老丘壑足矣，何苦去父母之国，千里浮海，以自投于大明哉。今大明社稷已亡，吾岂以死生荣辱，变其志邪。”清人无不怜其忠。已而，送公北京，狱。诱胁百端，终不屈。思文监国，公谓清人曰：“昔曹孟德释关羽而归之，羽竟报孟德之恩。汝诚能送我南朝，则我当报汝之恩，如关公之报孟德焉。”清人曰：“汝不忘南朝，可谓忠矣。然养虎而遗患，吾不为也。”居岁余，公得东归。辽阳父老，皆拥马相与流涕曰：“是崇祯故总兵官也。”

公姓林氏，字英伯，平泽人也。幼率群儿为战阵，坐作进退，皆有度。群儿慑伏听指挥，不敢违令。及既长，学古兵法。尝太息曰：“吾受天地之气，不为禽兽而为人，不为妇人而为男子，安能局促老此邦也。”年二十五，举武科。初补权管小农堡。治军有功，加折冲将军、龙骧卫副护军。李适反，上如公州。公慷慨自请从军，与适兵战于鞍岭。适既诛，册振武原从功臣，升嘉善大夫、羽林卫将。由防踏镇佥节制使，为乐安郡守。

天启七年，清数万骑入平山，上如江都。公率师从节度使，昼夜驰抵文殊山，清兵已解。公愤曰：“苟得精炮四万人，则辽阳可扫平矣。”城剑山，授防御使督其役，又城龙骨、云暗、凌汉，以劳赐马以奖之。进牧定州，都元帅金自点等议清北地旷人少，不可城守，宜弃之以予清人。公争曰：“景泰六年，清北闾、茂、虞、慈四州之民，移旁府而空其地。使立岩、朱砂、申松、古涂诸洞，为女真所穴有者一百七十有余年。西鄙人尚恨王朝之失策也，况萨水博陵以北千余里。先王疆土，乌可以割予清人乎？"自点怒请罪于朝，遂系狱。已而见释，居父忧。观察使启西门之事，非林某不可任，上乃起复，为宁边都护府使兼清北防御使，城白马山。

初游击孔有德引兵援辽，与其党耿仲明反，自吴桥直犯陵县，陷临邑、商河、齐东、新城，不数月，又破登州，执巡抚御史孙元化、副使宋光兰等，山东遂震。游击将军陈良谟力战死之。天子命都御史朱大典巡抚山东，与总兵官陈弘范等讨有德，进围登州。有德弃城亡入海。使曹绍宗、刘承祖奉表降清。弘范追至狄江西，上乃命公夹攻之。公率精兵出兰子北二十里，据兄弟山。有德军可十余万，被于海上。公奋剑骂有德曰："尔为游击将军援辽阳，何以反为？"有德怒，挥稍直前，欲刺之。公又骂曰："尔虽禽山东巡抚孙御史，敢与吾抗乎？"乃抽矢射，中其马。有德败走牛家庄，公遂驰击大破之，几获有德。当是时，弘范督师至海上，望见公兵皆敢战，顾谓诸将曰："林某勇冠三军，孰谓属国无隽杰也。"会清都督济尔哈朗阿济格，引沈阳骑迎有德于镇江。弘范解兵归山东。天子曰："逆贼有德，大肆不道。攻陷州县，山东骚然。陪臣庆业从军旅以助天讨，追奔逐北，捷书来闻，特降敕书，宣授以副总兵官。仍赐金花表其首，用示优礼。"公由是知名中国。清都督济尔哈朗阿济格亦称公为真将军。

公还宁边，即上疏乞终父丧，上许之。服除，荐拜义州尹。公既至，始置屯田。自箭门并统军亭逾清水，属之威远古长城，凡十二屯，令州人杂耕其中以取食，一府赖之。上奖谕，特加嘉义。居一年，坐事削职。义州民诣备边司言："公居边，有威惠。"于是复授义州尹。

清代善遣使移书，上不受。使者亡去。公叹曰："清兵朝暮必至矣。"乃驰启，乞得战士二万人以御清兵，王许之。因教海西节度使发骑步卒二万人，出戍义州。言事者以为不可，事遂寝。英俄儿岱，从间道进围南汉，令要虎率三百骑屯义州。公引壮士崔孝一，疾击清骑于白马山下。要虎身被两银甲，重百余斤。公顾孝一曰："彼银甲可夺而擐也。"即跃马驰入清阵，杀要虎，夺两银甲而擐之。孝一夹击，斩清人百五十级，尽还其所掠男女百二十口马六十匹。清骑遁去。及解兵，英俄儿岱让公曰："尔何敢杀吾之将也。"公对曰："为国捍边，见敌兵不敢不伐也。"英俄儿岱曰："我兵归自南汉，而尔不伐我何也？"公对曰："王家不幸，王世子在汝军中，庆业抑志不能与汝交兵也。"英俄儿岱多其义。

初清使之至王京也，洪忠正公翼汉建言，乞斩使者头，献于天子。清使怒，及围南汉，索首谋绝盟之臣。王朝乃遣忠正公入沈阳。州县震惧，莫敢问。独公出郊迎忠正公于义顺馆，执手而语曰："君子死得其所，诚难矣。公为天子明大义，死何所恨！"立解其裘以衣之，资送甚盛。诸将曰："清人闻之，必不悦。安知府尹之不系沈阳乎？"公谢曰："苟明大义，则庆业虽蹈白刃，有光荣矣。"

居母忧，上命起复，视州事。未几，以事至王京。召见慰谕，赐厩马。公在州时，清遣人夜入府中，窃公之所佩羽箭。公乃阴诱善盗者，入清帐中，窃其主所著雀翎而藏之。其后清人至义州，乃出羽箭，投于公曰："还公羽箭。"公于是亦出雀翎，投于清人曰："还尔雀翎。"清人大惭。公尝以信接清人，而义折之，清人感服，减岁输米千余石。上大喜，为赐玺书，加资宪大夫。又坐事流铁山府。已而，复为义州府尹。荐拜平安道兵马节度使，镇安州。尝献绵布六千匹，请助沈阳转输费。特加正宪。

初申歇入妙香山，学浮屠，削发为僧。闻沈世魁镇东江，浮海往游。世魁死，申歇间走入松山，依洪承畴，改名独步。久之，承畴使申歇东之沈阳，取清人要领而归。至界上，为公所得。会王朝阴求义士之可使中国者，公因言申歇精敏有口辨，上乃命装送。

申歇因得以移咨承畴，申歇还报承畴军，而上其咨。天子下诏以褒之，赐申歇号曰丽忠。居二年，申歇归自松山。上嘉之，赐申歇米五百五十石，白金一千五百两，人参五十斤。因又命公装送之。未几，承畴降于清。申歇亡去，使者不复往还矣。

及李烓系沈阳狱，告公装送申歇事。清人大怒，遣使者执公以行。是时，清人入蓟州，京师戒严。命勋臣分守九门，太监督察征诸镇兵马入卫。公被执至金郊驿，喟然叹曰："始天子授副总兵，赐金花以表余首。今清人入山海关，屠蓟州，京师震惊。余不能入卫天子，是上负皇朝之恩也，独不愧于金花乎？夫申歇奉使之事，承王命装送而已，不足以明余大义也。"乃亡命。诈为浮屠，入天宝山，留衣服于桧岩寺。周流四明、盘龙间。郡县大索，终不得。公素善定州贾人李武铁，尝夜从容见武铁，流涕而言曰："清人直薄皇城，总兵官吴三桂、左良玉，皆不能援。余亡命将入登州，从都督入卫天子。愿与汝偕浮于海。"武铁慨然而许之。公遂发装中白金予武铁，具船与粮。又募船人之能海行者。不筵日，张帆西行。既中流，乃插金花，谢船人曰："余尝欲为圣天子逐清人，以安京师。今幸蒙汝等之力，得入中国。余虽死，亦无恨矣。"船人惊拜曰："敢不如公之令。"自牛岛行二千里，至平岛。风不利，抵海丰县。县人以为清间者，初系之狱。及见公所插金花，始知天子之所宠赐也，于是乃释。至登州，都督与语，大奇之，荐于天子。而京师已解严矣。

隆武元年，公东归，衣冠如故，而志气犹不挫也。沈器远反，坐被逮。然公西行，实不预器远反事。金自点忌公之名，掠问之。公大呼曰："天下事未定，不可杀庆业。"明日遂卒。丙戌六月乙未也，享年五十三。

上大恸曰："死乎？死乎？林某敢任有功，甚可惜也。"因命史官谕其尸曰："予无杀卿之意，何遽死邪？"以其年八月某日，葬于忠州达川之原。肃庙时追复官爵，谥曰“忠愍”。

公少慷慨，有大节，履危赴难，无所回避。虽天下垂亡之时，犹归义，困于缧绁而不悔也。五世祖命山，官至吏曹判书，以清慎为国名卿。曾祖讳有名，司宪府监察，赠承政院左承旨。祖讳德胤，始举武科，为部将，赠户曹参判。父讳篁，折冲将军，赠领中枢府事。公夫人全州李氏，康献长子讳芳雨之后也。系沈阳狱，即自杀。无子，以公弟府使俊业子重蕃为后。重蕃有子二人、女二人。子曰时望、曰时亮，女长适郭时郁，次适崔俊荣。

始公浮海入中国，谓申歇曰：“吾系沈阳不逾年，必将见释。岂宜中道而亡命哉！然清人深入关内，皇城危急，吾不亡命，则无以入援天子矣。”申歇为之泣下。铭曰：

忠愍矫矫，有壮其勇。长不七尺，而敌震恐。山东绎骚，蠡贼鸱张。维孔与耿，胥附沈阳。公整师旅，出彼弓门。执讯暨暨，群丑悉奔。帝曰休哉，嘉汝之忠。乃授总兵，以章武功。于铄金华，缀公之首。荣动三军，天子所厚。蓟州不守，京师震惊。岂无戎帅，莫肯从征。公浮渤澥，指于凫绎。虎铼在舟，誓卫中国。帝曰烈哉，尔义之正。千里入援，不待朕命。赫赫总兵，复长戎垣。申以制书，慰谕是敦。公拜泣涕，钦承德音。中国虽摧，罔贰其心。斧钺威之，伊发不薙。桎梏幽之，伊膝不跪。敌国竦伏，犹且释之。痛矣孽臣，胡忍贼之。维山不崩，维石不泐。维公之名，与之无极。

黄景源："书著南明"与尊周大义

1. 黄景源其人

所谓南明，通常是指明亡（1644 年）后出现的南京福王弘光、福州唐王隆武、肇庆桂王永历及绍兴监国鲁王诸政权。如以永历帝 1662 年为清廷所杀为南明政权的终结，则南明政权存在的时间不足二十年，如以台湾郑氏政权继奉永历年号至 1683 年败亡计，其存续时间也仅为四十年。[①]

南明政权存续时间极短，但在一些后世学人心中和笔下，却被赋予了非同寻常的意义，时至今日，南明史可以说是以一种特

① 朱维铮先生在给司徒琳《南明史》中文版所作序言中提到："17 世纪中叶的南明，其实是四个或五个抗清政权的统称。它们都无一例外地抬举明帝国某个亲王充当领袖，彼此间却并没有承袭关系。每个政权的生存时间，短的不过一两年，长的也仅十来年。通计不到二十年，只可称作历史的瞬间。"见［美］司徒琳著，李荣庆等译：《南明史（1644—1662）》，上海人民出版社，2017 年，第 1 页。钱海岳《南明史》出版说明中称："所谓南明，通常是指明亡（1644 年）后出现的南京福王弘光、福州唐王隆武、肇庆桂王永历及绍兴监国鲁王诸政权。昭宗于永历十六年即为清廷所杀，之后台湾郑氏犹奉永历年号，直至永历三十七年（即康熙二十二年）。是年八月，清兵攻取台湾，明故延平王郑成功之孙克塽以明宗诸王降清，'明朔始亡'（徐鼒《小腆纪年》卷二十）。如此算来，南明就有四十年历史。钱海岳在义例里说道：'明自威宗殉国，安宗、绍宗、昭宗相继践祚，大统未坠。……及永历十六年黄屋蒙尘，已无寸土而犹书者，援春秋"公在乾侯"之例也。台湾延其正朔而犹书者，援春秋"终获麟"、左传附"悼之四年"例也。'其他老辈学者如朱希祖、柳亚子、谢国桢等，也均持南明四十年之说，与钱海岳之见解相同。"见钱海岳：《南明史》（全十四册）第一册，中华书局，2006 年，第 6 页。

殊的“断代史”的面貌呈现的。南明作为一个政权，在历史长河中只有瞬间的存在，但作为一个历史叙述的对象，其影响却跌宕起伏地持续了数个世纪。关于这一点，从历史编纂学的角度去观察，能够发现一条清晰的脉络。

南明政权终结之后，甚至可以说在此之前，就已经有一批当世学人开始对南明的历史展开书写，这种书写背后的意图，一是记录，二是反思。这些书写者中的大部分，属于所谓“明遗民”的群体，他们往往抱持着一种“为后世存信史”的信念去客观地记录南明史事，同时在评述文字中注入自己的追忆和反思之情。由于清政府在统治初期对于思想领域的控制有心无力，此类私人撰著作品大量涌现，而这些作品就成为后人整理和编撰南明史书最重要的资料来源。①

随着政权的巩固，清廷开始加强思想领域的控制。自康熙年间始，陆续爆发的若干所谓“文字狱”案中，几乎都直接或间接与私撰南明史的活动有关。在这种情况下，南明史成为一个不能触碰的禁区。而随着《明史》官修工程的展开，清廷对南明政权的历史地位有了官方的认定和表述，民间私修南明史的活动，也由此转入低谷，直至沉寂。

中国学界对南明史的研究热情，在20世纪初再次被点燃，在经历“排满革命”到“抗日图存”的历史过程中，一些有觉悟的知识分子，希望并且相信从南明的历史中能够汲取到坚守本民族立场、抵御外民族入侵的精神养分，而这种理念，使得南明的课题再次提上了历史研究的日程。此后，投身南明史研究的学人，多从发掘考订清初“明遗民”南明史著述入手，向上接续被中断的南明

---

① 据谢国桢《增订晚明史籍考》所列出书目情况统计，清初士人撰著的有关南明历史的书籍大约有250部。参见谢国桢：《增订晚明史籍考》(上、下册)，北京出版社，2014年。

史研究脉络,并在这些资料基础上推进研究工作。经过数代人的努力,直至今日,多部南明史专著得以问世(如柳亚子《南明史纲·史料》、钱海岳《南明史》、谢国桢《南明史略》、南炳文《南明史》、顾诚《南明史》等),相关论文更如汗牛充栋。[①]

一个有趣的现象是,即便是在中国,用“南明”作为著作名称来记载明清之际的历史的情况,最早也要到 19 世纪中叶才出现——据说咸丰年间有个叫钱琦的人曾著有《南明书》(今已不存)[②],且这还只是一个孤例。整个明清两代有关南明的史著,题名中多用明末、明季、南疆、残明等词汇。到 20 世纪以后,“南明”一词才被广泛使用于书和文章的题名中。然而,早在 1755 年前后,当时的朝鲜王朝就有一个叫黄景源(1709—1787)的士人撰著了一部《南明书》,由此看来,他很可能是历史上第一个使用“南明”一词入书名来编纂南明史著的人。那么,这个黄景源究竟何许人也?

黄景源(1709—1787),字大卿,自号江汉遗老,南原长水人。年少强学,于 1727 年通过生员试,以长于文章论说而名动一时,与当世名士宋士行、李天辅、吴瑗、南有容等交游往来,文章日进,名声益振。[③] 1740 年,他通过增广丙科,被荐为艺文馆检阅,次年

① 关于南明史研究论文情况,具体可参见吴航:《百年来清代南明史撰述与研究的回顾》,《中国史研究动态》2011 年第 1 期。

② 谢国桢:《增订晚明史籍考》,第 515 页。

③ 有关黄景源生平,可参见以下文献:(1) 李敏辅:《丰墅集》卷十四,“江汉黄公神道碑”,见前引《韩园文集丛刊》,第 232 册,第 569—571 页。(2) 南公辙:《金陵集》卷十五,“判中枢府事兼吏曹判书大提学奎章阁提学世子右宾客谥文景黄公神道碑铭”,见前引《韩园文集丛刊》,第 272 册,第 277—281 页。“英宗三年,举生员。与恩津宋文钦士行讲诵磨礲,深悟修辞之妙,每一篇出,则脱东人之陋,谈古文者,莫不推服。南雷渊、吴月谷诸公皆瞠然以为不能及,由是名动一世。”(李敏辅:《丰墅集》,第 569 页)又,“英宗三年,举生员。与恩津宋公文钦游,为文章论说,必本于三礼春秋。明年丁忧,客广陵,益读司马迁、韩愈、欧阳修之书,遂尽究古作家旨义。服除,从李文简公天辅,吴文穆公瑗及公辙先君子相讲磨,文章日进,名声益振。一时公卿先达,多屈轩车来访,至远方人士,以不一识面为愧。”(南公辙:《金陵集》,第 278 页)

荐为春秋馆翰林，因学识出众，颇受英祖赏识。[①] 其后历任兵曹佐郎、世子文学、司谏院正言、司宪府持平等职。

1744 年，黄景源从《明实录》中考出崇祯帝于后金侵入朝鲜（丙子之役，1636 年）时曾派兵救援朝鲜一节，上疏奏请将崇祯帝并祀于朝鲜大报坛，未见允。1749 年他又再次上疏奏请，获允。奏请将崇祯帝并祀朝鲜大报坛一事，令黄景源成为朝鲜士林秉持春秋大义的士人典范，其在士林的影响力亦由此陡增。其后，黄景源又历任东莱府使、吏曹参议、嘉善、都承旨、礼曹参判、兵曹参判、安边府使等职。

1755 年，黄景源任燕行副使出使清朝，及还，历任大司宪兼同知经筵事、艺文馆提学、弘文馆提学、刑曹参判、丰川府使、户曹参判、吏曹参判等职。1766 年，黄景源又以吏曹参判的身份，兼任艺文馆、春秋馆两馆提学。不久之后出任世孙（即后来的正祖）右副宾客。世孙主持编撰《宋史筌》，令其撰史论。其后，他还历任资宪、刑曹判书、江华留守、礼曹判书、京畿观察使、工曹判书等职。

朝鲜正祖继位（1776 年）后，黄景源撰进英祖元陵《哀册文》。之后，他又历任议政府右参赞兼知经筵事、都总管、备边司提调、吏曹判书等职。正祖建立奎章阁，拜黄景源为首任奎章阁提学，他推辞不就，转而致力于编撰《英祖实录》《明义录》等书。同时，他仍长期担任艺文、春秋两馆大提学，这表明他晚年已经成为朝鲜士林公认的学术泰斗级人物。

1787 年，黄景源卒，享年八十岁，正祖亲制祭文赐祭。[②] 祭文曰：

---

① “上心识之，后屡称公为读书士，公之受知自此始。”（南公辙：《金陵集》，第 278 页）

② “公遽以二月二十五日告终，寿八十。讣闻，上二日不视朝，震悼曰：重臣有甘盘旧谊，且其文章阐一世，设阁之后，首居是任，稽古之力，资益孔多。命加给赙仪柩材。亲制文赐祭。”（李敏辅：《丰墅集》，第 570 页）

大雅云远，文气日漓，作者中间，寂矣鼓吹。卿奋厥声，规彼大匠，体尚邃古，言耻官样。滔滔江汉，鸣国之盛，为予宾僚，掌予词命。奎署英馆，卿又其冠，曰笃契遇，不宁才难。机变都忘，孤卿自至，白发寒屋，手勘存笥。兰焫香歇，莲榜星回，太平生老，酹以一杯。[①]

1792年，黄景源被赠谥文景。[②] 黄景源的功绩，不仅得到了朝鲜国王和政坛人士的认可，当时朝鲜士人亦均对其生平成就予以高度评价：

国朝能言之士。生际昌辰，以文章贲饰昭明之化者多矣。自在布衣，声振四方，卒乃结两朝之知遇，主盟词苑。荣禄以终，未有若江汉黄公之盛者。[③]

公平生以文章及尊周大义，受知两朝，致位崇显，没乃予谥文景。其法为勤学好问，由义而济，岂不美哉。[④]

明清易代之后的很长一段时间内，朝鲜士林的舆论和思想风气，以春秋大义、尊周攘夷为主流，上至国王下至士人，皆是如此。朝鲜士人对于黄景源生平的评价，最集中的是对其秉持尊周大义的表彰和褒扬。黄景源生平的不少行动和言论，都直接体现出这一点，除了最具标志性的奏请将崇祯帝并祀朝鲜大报坛事件外，他还曾经设想编纂《毅宗皇帝实录》，试图推动将袁崇焕并享朝鲜

① 朝鲜正祖：《弘斋全书》卷二十一《提学黄景源致祭文》，收入前引《韩国文集丛刊》第262册，第329页。

② 《朝鲜王朝实录》，正祖十六年（1792年）九月二十九日，"赠谥判书黄景源文景"。

③ 李敏辅：《丰墅集》，第56页。

④ 南公辙：《金陵集》，第280页。

武烈祠，以及编撰《皇明陪臣传》一书等。而其长年致力于编撰《南明书》，以强调南明帝统一事，更是其中突出的表现之一。

目前学界对于黄景源的研究，总体而言尚不充分。韩国方面，研究者对于黄景源的关注和研究，最多的是从文学研究角度展开，讨论其文学思想和诗文创作相关的问题。① 此外，有研究者曾撰专文讨论过黄景源的《明陪臣传》。② 韩国学者禹景燮的《朝鲜王朝知识人的南明王朝认识》一文，提到了黄景源编撰《南明书》的事迹，但论述较为简略。③ 而在中国学界，鲜少有研究论及黄景源此人，目前只见到孙卫国教授在《大明旗号与小中华意识》一书中提到黄景源奏请将崇祯帝并祀于大报坛的情节，且只是一笔带过而已。④ 有鉴于此，以下本文将就黄景源的一系列“尊周思明”事迹加以叙述，并就其编撰《南明书》的事迹展开介绍。

---

① 相关研究有：(1) 임유경(任侑炅)：《英祖朝四家의文學論研究：李天輔、吳瑗、南有容、黃景源(英祖朝四家的文学论研究：李天辅、吴瑗、南有容、黄景源)》，梨花女子大学，1991 年。(2) 백진우(白晋宇)：《江漢黃景源의고문인식과창작의실제양상(江汉黄景源的古文认识与创作的实际样相)》，《동양한문학연구(东洋汉文学研究)》第 21 卷(2005 年)，第 107—132 页。(3) 김동준(金东俊)：《黃景源漢詩를통해본신념과감성，의리와시의상관성에대하여(黄景源汉诗所见信念与感情：论义理与诗的相关性)》，《민족문화(民族文化)》第 42 卷(2013 年)，第 97—141 页。(4) 이은영(李恩英)：《黃景源의시에나타난對明義理의양상과성격(黄景源诗所见对明义理的样相与性格)》，《동양한문학연구(东洋文学研究)》第 36 卷(2013 年)，第 215—238 页。(5) 안순태(安淳台)：《영조조동촌파의교유양상과교유시-오원，남유용，이천보，황경원을중심으로(英祖朝东村派的交游样相与交游诗：以吴瑗、南有容、李天辅、黄景源为中心)》，《한국한시연구(韩国汉诗研究)》第 21 卷(2013 年)，第 185—217 页。

② 임유경(任侑炅)：《황경원의 〈명배신전〉 연구(黄景源〈明陪臣传〉研究)》，《한국고전연구(韩国古典研究)》第 8 卷(2002)，第 7—30 页。

③ 우경섭(禹景燮)：《조선후기지식인들의南明王朝인식(朝鲜王朝知识人的南明王朝认识)》，《한국문화》第 61 卷(2013 年)，第 133—155 页。

④ 参见孙卫国：《大明旗号与小中华意识——朝鲜王朝尊周思明问题研究(1637—1800)》，商务印书馆，2007 年，第 134 页。

2. 黄景源的“尊周思明”事迹

黄景源生平最值得称道的“尊周思明”事迹，当属向朝鲜国王提出将崇祯帝列入朝鲜大报坛祭祀一事。大报坛是朝鲜王朝在明朝灭亡后寄托对明朝追思的最具代表性的建筑。孙卫国教授的《大明旗号与小中华意识》一书中对此有深入的研究。该书在论述朝鲜英祖时期大报坛从独祀神宗到三皇（太祖、神宗、毅宗）并祀的变化时提到:“英祖二十五年（1749 年）三月初一日，应教黄景源报告《明史》记载，崇祯十年（1637 年），崇祯帝获悉朝鲜仁祖被皇太极围困于南汉山城之消息，当即命令总兵陈洪范调集各镇舟师赴援。”由是，开启了朝鲜王朝大报坛祭祀仪制变化的讨论，并最终实现三皇并祀。[①]

事实上，黄景源早在 1744 年就已经提出将崇祯帝并祀大报坛的建议。1744 年三月二十四日，黄景源上疏，他以当时英祖命有司新制大报坛所用祭祀乐器、乐章一事为契机[②]，结合自己从《明史》中考出的崇祀帝下令救援朝鲜一事，用大段文字论述崇祯于朝鲜之恩情，称其足以与万历帝义救朝鲜之举相比拟，进而建议将崇祯帝并入大报坛祭祀[③]。

---

① 参见孙卫国:《大明旗号与小中华意识——朝鲜王朝尊周思明问题研究（1637—1800）》，第 134 页。

② “持平黄景源疏曰：伏以，臣伏见殿下命有司作大报坛雅乐器，甚盛事也。自国家初立皇坛，典制草创，虽馆阁撰定乐章，而铿锵鼓舞之器，未之具也。今殿下新造雅乐，笙磬琴瑟，钟鼓箫管，无不告备，然馆阁所定乐章，无一言颂毅宗皇帝盛德者，臣窃惜之。”见《承政院日记》，英祖二十年三月二十四日条，韩国首尔大学奎章阁藏本，第 970 册，第 168b 页。

③ “臣谨案。崇祯九年，南汉被围，毅宗皇帝诏总兵官陈洪范率山东诸镇舟师往救之。师才出海而围已解，虽无成功，其德义何其厚也。今国家既建皇坛作乐章，而毅宗皇帝出师之义不少称扬，非所以论述德美，荐告神明也。自万历以来， （转下页）

然而，该次上疏之后，黄景源得到的回复仅是："省疏具悉。所陈者，当下教于相臣矣。"[①]然后，关于将崇祯并祀于大报坛一事，竟没有了下文。不仅如此，黄景源的这篇奏疏，非但没有引起英祖的足够重视，反而给自己招来了削职的处分。这究竟是何缘由？

追溯这篇奏疏的流转过程，可以发现，它在被呈交到承政院之后，并没有被全文转呈至英祖手中，从《朝鲜王朝实录》的记载看，它经过了承政院的节略转抄。[②] 而经过这一番节略，奏疏的内容大打折扣，甚至可以说是被完全扭曲了。首先，原来奏疏中的核心内容，即从春秋大义的角度阐发崇祯义救朝鲜与万历义救朝鲜足可相提并论的论述，竟被删得片字不留；其次，原奏疏中提出的并祀崇祯帝于大报坛的诉求，一降而成为"增补祭祀乐章"的要

（接上页）国家被蛮夷之祸，乞救于中朝者数矣，而神宗毅宗二皇帝，辄皆出师以援之。然神宗皇帝承太平之余，府库充实，兵士精锐，使李如松破倭奴深入之师，战守不辍者凡九年，卒存属国，此已着于皇坛乐章者也。毅宗皇帝当天下大乱之时，外迫于强胡，内逼于狂盗，官无遗兵，兵无遗食，中原之力益竭矣，而尚闵属国之难，出师于大海之外，欲将有以救其危而拯其亡者，其慈惠恻怛之德，史策书之，天下诵之，则皇坛登歌之诗，其可以不着之耶？臣闻王者之师，一出境而义行天下，虽其无功，功之归也，与出师而有功者未尝异也。昔周子突受命于天子，赴卫国之难而不能救，然而《春秋》书王人子突救卫，以予其功者何也？盖取其义而已矣。夫洪范之出师也，未之成功，而毅宗皇帝忘中原之劳，以救属国，其大义，虽周天子不能过也。凡乐之所以铿锵者，非金石之使然也。盛德之美施于乐者，固自有铿锵之声也。不然，则金石虽备而不可谓成乐也。伏惟殿下，考之《明史》，下教有司，追祀皇坛，补乐章之阙，使毅宗皇帝出师之美，宣扬于击拊之间、歌咏之中，则所谓笙磬琴瑟钟鼓箫管，亦可得而为成乐矣。"见《承政院日记》，第970册：169a—169b。

① 《承政院日记》，第970册：169b。

② 节略后的奏疏内容如下："往者殿下命有司，作大报坛雅乐器，甚盛事也。然馆阁所定乐章，无一言颂毅宗皇帝盛德者，臣窃惜之。崇祯九年南汉被围，毅宗皇帝诏总兵陈洪范，帅舟师往救，师才出而围已解，虽无成功，其德义何其厚也？今国家既建皇坛作乐章，而毅宗出师之义少不称扬，非所以论述德美，荐告明神也。伏愿殿下考之《明史》，询之儒贤，下教馆阁，补皇坛乐章之阙焉。今之馆阁如吴光运者，太学诸生尝立馆下声罪者，而乃恬然不知避，尚居文任，诚无耻矣。岂宜使与议此事也？"见《朝鲜王朝实录》，英祖二十年三月二十四日条。

求,乖离了原意;最后,由于主体内容的删减,黄景源在奏疏最后弹劾朝中大臣吴光运的内容被突出放大。[①] 于是,当英祖看到节略后的奏疏,对崇祯一事表示不知所云,注意力完全放在了弹劾吴光运的问题上,经与朝臣相议论,英祖认为黄景源不过就是随便找个借口来弹劾政敌,于是削去他的职务以示惩戒。[②]

清朝于 1739 年将官修《明史》颁赐给朝鲜,黄景源于 1740 年入春秋馆后,得以见到此书,当他从《明史·朝鲜列传》中读到崇祯帝命救朝鲜一事[③],深植于内心的尊周大义与思明之情,促使他迫切地想向英祖提出并祀崇祯帝于大报坛的建议。但是,他的第一次上疏却因为一些意外因素没有成功,随之而来的削职处分,或许让他误认为自己的建议提得不合时宜,所以,短期内他没有再提此事。

直到五年之后的 1749 年三月初一日,黄景源才再次向英祖提出并祀崇祯帝于大报坛的建议。这一日,英祖召集一批儒臣,讲读《夙兴夜寐箴》,讲读完毕,黄景源向英祖当面进言,再次陈述了并祀崇祯帝于大报坛的建议和理由:

---

① “然今之馆阁如吴光运者,太学诸生,尝立馆下声罪而发言,而乃恬然不知避,尚居文任,诚无耻矣。岂宜使与议此事也哉? 伏望殿下俯赐裁察,臣无任沥血俟罪之至,谨昧死以闻。”见《承政院日记》,第 970 册,第 169b 页。

② “上问于大臣曰:‘朝家元无使光运制进乐章之事,景源忽为陈疏者何也?’领议政金在鲁曰:‘大报坛只祭神宗皇帝,而曾不祭毅宗皇帝,则此疏臣亦不知其何所据也。’上曰:‘光运事何也?’在鲁曰:‘似闻以光运向来疏语,泮儒辈欲逐光运于黄柑时而未果云,似指此事矣。’上曰:‘今乃觉之,专出于欲逐光运,而求说不得也。’仍削景源职。”见《朝鲜王朝实录》,英祖二十年三月二十四日条。

③ “(崇祯)十年正月,太宗文皇帝亲征朝鲜,责其渝盟助明之罪,列城悉溃。朝鲜告急,命总兵陈洪范调各镇舟师赴援。三月,洪范奏官兵出海。越数日,山东巡抚颜继祖奏属国失守,江华已破,世子被擒,国王出降。今大治舟舰来攻皮岛、铁山,其锋甚锐。宜急敕沈世魁、陈洪范二镇臣,以坚守皮岛为第一义。帝以继祖不能协图匡救,切责之。亡何,皮岛并为大清兵所破,朝鲜遂绝,不数载而明亦亡矣。”见《明史》卷 320〈朝鲜列传〉,第 8306—8307 页。转引自孙卫国:《大明旗号与小中华意识——朝鲜王朝尊周思明问题研究(1637—1800)》,第 134 页。

> 臣见皇《明史·朝鲜传》：崇祯十年正月，朝鲜告急，帝命总兵陈洪范，调各镇舟师赴援。三月洪范奏：兵出海数日，山东巡抚颜继祖奏属国失守，江华已破，世子被擒，国王出降。帝以继祖之不能协图救援切责之。若南汉数月不下，洪范之军必至城下。至不至，特本国之幸不幸，而出师之恩，毅宗、神宗何间？况毅宗不责我不能守城，反责继祖之不能救，其悯念属国之恩，未有如我毅宗者也。本国之力，虽不能闭关绝约，先正臣宋时烈所云“忍痛含冤迫不得已”八字，常在于心，然后可谓不忘皇朝。而今皇坛不祀毅宗，臣窃伤之。昔我肃考，当甲申天崩之月，望祀毅宗于苑中。继述之道，宜有追配之典矣。[①]

这次，英祖听到黄景源的进言后，当即表达了自己的意见：“予则不知有此事矣。先朝设坛祀神宗之时，以正史之未及出来，不知有崇祯罔极之恩矣。不然，岂不并祀毅皇耶？”[②]第二天，英祖就召集群臣商讨具体事宜，在几轮商讨过程中，英祖还进一步提出了将太祖与神宗、毅宗三皇并祀大报坛的想法，虽然其间也有一些大臣有不同意见，但很快在英祖的主导下实现了意见的统一，而黄景源则是站在英祖一方，支持三皇并祀的舆论主力。[③] 此后，朝鲜大报坛三皇并祀之制，迅速得以确立并施行。

---

① 《朝鲜王朝实录》，英祖二十五年三月一日条。

② 《朝鲜王朝实录》，英祖二十五年三月一日条。

③ “上曰：只祀二皇，则实有如不祭之叹矣。仍命承、史各陈所见，皆以为并祀三皇，实合尊周之义，独记事官蔡济恭以‘情虽无穷，礼则有限，高皇并祀，似难轻议’为对。上命在院承旨、入直玉堂入侍下询。承旨金相绅请断然行之，应教黄景源以为：本朝之于大明，犹子之于父母。大明既亡之后，依杞、宋故事，奉太祖之祀，固无不可矣。”见《朝鲜王朝实录》，英祖二十五年三月二十三日条。

崇祯帝并祀于大报坛，其皇坛神位应使用哪个庙号，起初也是一个问题，因崇祯庙号有四：怀宗、毅宗、思宗、威宗，朝鲜人在使用哪个庙号的问题上犹豫再三。后来，这个问题也是因为黄景源的进言而得到了解决。黄景源认为：怀宗是清人所上庙号，自不能用。思宗、毅宗是南明朝廷先后所上之庙号。而根据谥号的意涵，失位而死曰怀，追悔前过曰思，强而能断曰毅。所以，以毅宗为庙号显然最为合适。[①]

推动并最终实现崇祯帝并祀于大报坛一事，可以说是黄景源生平浓墨重彩的一笔。经此一事，他在士林中树立了较高的声望，在被"尊周思明"情绪所笼罩的朝鲜士林中，他可以说成为一个模范和标杆式的人物。与此同时，他也得到了国王英祖的进一步青睐，成为英祖的近臣，仕途一路顺畅。或许也正因为黄景源身上有了一个鲜明的标签，他自己也更加努力地投身到尊周大义的事业中去。

比如，他还曾提出编纂《毅宗皇帝实录》的设想。明朝有官修实录的传统，因实录编纂形式为后代修前代史，崇祯后明亡，所以崇祯一朝就没有了官修实录。黄景源曾就此发出过这样的感慨："明天子自高皇帝至熹宗，凡十五世皆有史，藏于名山，而毅宗独无《实录》，何其悲也？"[②]而他认为，即便如此，在当时要再为崇祯朝纂修一部《实录》，也并非不可能：

---

① "礼曹判书李周镇启言：崇祯庙号或曰怀宗、或曰毅宗、或曰思宗、或曰威宗。今此皇坛神位，未知所定。上令儒臣博考以奏。应教黄景源遂考奏曰：崇祯十七年三月丁未，大行皇帝崩，五月清人上庙号曰怀宗，六月南都上庙号曰思宗，弘光元年二月丙子，南都改上庙号曰毅宗，故大行皇帝庙号有三焉。然谥法，失位而死曰怀，若楚之怀王、齐之怀王是也；追悔前过曰思，若东平思王、广阳思王是也；强而能断曰毅，于皇明若毅皇帝是也。南都所上大行谥，虽不得着于陵碑，然中原贤士大夫如史可法、张慎言、吕大器所论定也。"见《朝鲜王朝实录》，英祖二十五年三月二十七日条。

② 黄景源：《江汉集》，收入前引《韩国文集丛刊》第224册，2009年，第152页。

> 自古社稷虽已亡，而国史终不可亡。故金匮、石室之中无实录者，未之有也。方帝室南迁之初，为毅宗诚求文献，论著实录，大学士为之总裁而学士为之纂修，则毅宗盛德之美不特止于本纪所载而已也。然百世有良史焉，因本纪而广之，追成实录，亦宜矣。岂必使学士纂修、大学士总裁然后可以扬毅宗圣德之美也哉？[①]

他认为，采用"因本纪而广之，追成实录"的方法是可以编出一部《毅宗皇帝实录》的，而关键就在于尽可能发掘更多的资料来源。他认为，在朝鲜方面，也可以发掘出能够用以丰富《毅宗皇帝实录》的资料。为此，有一次他专门拜托准备进入鼎足山史库点校国史的友人赵景瑞，希望其能够从朝鲜史料中辑出崇祯的诏敕、制命等资料，以用于《毅宗皇帝实录》的编纂：

> 赵君景瑞以奉教点检国史于鼎足山。夫国史所载者，王朝之事也。然崇祯诏敕、制命亦足考信也。今景瑞入鼎足山，辑崇祯诏敕、制命，撰《毅宗皇帝实录》传于后世，亦其职也。[②]

当然，编纂《毅宗皇帝实录》一事，最终并没有在朝鲜王朝得以实现，但黄景源的设想和努力，在当时来说，也算是一种难能可贵的尝试。

此外，黄景源还曾试图推动将明朝将领袁崇焕从享于朝鲜武烈祠。武烈祠是朝鲜时代设置于平壤的一座祠宇，其中主祀的是

① 黄景源：《江汉集》，第 153 页。
② 黄景源：《江汉集》，第 153 页。

“壬辰倭乱”中极力主张出兵救助朝鲜的明朝兵部尚书石星,此外还有一批战争期间援朝抗倭的明朝将领如李如松等从享其中。黄景源认为,袁崇焕也应从享武烈祠,其逻辑是:袁崇焕果断斩杀了意图袭击朝鲜的毛文龙,有恩于朝鲜王朝:

> 史称崇焕由海上入双岛,文龙来会。至夜半,与相燕饮,文龙曰:朝鲜衰弱可袭而有也。崇焕大怒,六月五日,邀文龙观将士射。设帐山下,令参将谢尚政等伏甲士,文龙既至,其部卒皆不得入。崇焕顿首请帝命曰:臣崇焕今诛文龙,以肃三军。于是乃取尚方剑,斩于帐中。[①]

黄景源认为,如果袁崇焕不杀毛文龙,毛文龙必袭击朝鲜,朝鲜极有可能灭亡。袁崇焕斩杀毛文龙的功劳,堪比当年义救朝鲜的李如松。诚然,袁崇焕斩杀毛文龙一事,在中国历史的脉络中自有其解释的脉络,然而回到历史的场景中,朝鲜人对于此事的认知和理解,有着复杂的样貌。由于当时朝鲜士人对袁崇焕及毛文龙的评价也存在着争议,所以黄景源提出将袁崇焕从享朝鲜武烈祠的设想,最终并没有能够实现。

另外还值得一提的是,黄景源编纂了《皇明陪臣传》一书,该书为在朝鲜王朝抵御后金入侵的战事中死节的臣子以及孝宗时期倡议北伐的诸人立传,其意在表彰为国捐躯的忠臣和坚守尊周大义的朝鲜士人。如此种种举动,无不显示出黄景源可谓终其一生,都在为“尊周大义”而努力着,下面将要谈到其撰著《南明书》一事,堪称其晚年为“尊周”大业而尽力的绝唱。

---

① 黄景源:《江汉集》,第 131 页。

3. 黄景源与《南明书》的撰著

南明的一段历史，往长了说四十年，往短了说只有二十年不到，然而就是这样一段历史，在某种程度上被后世学人书写成了一种特殊的“断代史”，这是一个有趣的学术史现象。原本，南明与任何一个历史朝代相比，体量都不在同一个量级，但是，当它成为一个历史叙述的对象，被叙述者们在不同的时代背景下加上他们所希望赋予的意涵，层层累加之下，体量不断膨胀。

明遗民撰著南明史，为寄托追忆和反思；晚清民国学人研究南明史，为唤醒民族意识、抗御外辱；时至今日，弘扬民族精神，仍是南明史研究的重要使命之一。有趣的是，在历史上，南明史研究被赋予特殊使命的现象，不仅仅存在于中国，甚至还“走出国门”，发生在了邻国朝鲜。

清代学人私修南明史的活动，自康熙朝后因受到压制而日渐沉寂，可在当时的邻国朝鲜，却有着另外一番景象。孙卫国教授的研究指出，明亡之后，朝鲜士人在“尊周思明”理念的影响下，开展了大量明史编纂活动，在其《大明旗号与小中华意识》一书中，介绍了 19 种朝鲜人撰著的明史书籍，这些史籍中最早的成书于 18 世纪初，最晚的成书于 19 世纪末，从这些书的内容来看，可以发现朝鲜士人编明史，几乎都将南明政权作为明代历史的一部分加以记述，并采用南明正朔。[①] 可见，尊奉南明帝统的修史活动，虽在同时期的清朝正逐渐走向末路，在朝鲜的士人群体中却得以长期延续。

---

① 参见孙卫国：《大明旗号与小中华意识——朝鲜王朝尊周思明问题研究（1637—1800）》，第 256—261 页。

然而，有这样一个情况值得注意：在朝鲜王朝最早编纂完成的一部明史著述——李玄锡（1647—1703）的《明史纲目》（成书于1703年）中，有关南明弘光、隆武、永历三帝的记述，是被置于附录之中（末附补遗三篇）的，比之其后出现的明史著述的写法，它反倒成了一个特例。这一情况表明，在李玄锡个人的观念中，或者说在其所处时代的舆论环境中，朝鲜王朝大概还没有出现必须尊奉南明帝统的意识。那么，这样一种意识是如何形成和被强化的，就成为一个值得追问的问题。

孙卫国教授在介绍19种朝鲜人明史著述时，提到了南有容（1698—1773）编纂的《明书纂要正纲》，称该书"意在更正李玄锡之误，强调南明正统，记洪武元年到永历十三年史实"[①]。南有容在《明书纂要正纲·序》中明确表达了自己的写作意图："近世李氏《纲目》，又自附紫阳义例，而纪年止于崇祯，弘光以降，附见编外，下同僭国。虽其载事之详，用心之勤，大纲不正，曷足以为史？是书所为作，特正其纲焉耳。"[②]尽管《明书纂要正纲·序》的确切成书年代不可考，但当不晚于1772年。[③] 南有容称自己编纂该书"盖十有三年而仅能脱稿矣"，也就是说至少在1760年前后，南有容就已经具有了明确的南明正统意识。

而在强调南明正统这件事情上，黄景源的表现比南有容更进了一步。相较于将南明作为正统纳入明史进行叙述的做法，黄景源决定编纂一部专门记述南明政权历史的史书，且书名直接题为《南明书》，这在当时士人中，可算得上是一种创举。黄景源曾于

① 孙卫国：《大明旗号与小中华意识——朝鲜王朝尊周思明问题研究（1637—1800）》，第260页。

② 见南有容：《雷渊集》，收在前引《韩国文集丛刊》第217册，2009年，第275页。

③ 该书有韩国学中央研究院图书馆馆藏本（藏书号K2-112），线装18卷9册，序题："崇祯百四十五年壬辰（1772）朝鲜国陪臣太史宜宁南有容谨书。"

一封致友人书信中提及，他在出使清朝期间，“从皇朝世家子孙收拾永历十六年旧史遗闻”，并称这些资料对他编纂《南明书》有极大助益[①]，黄景源出使清朝的时间为1755年[②]，由此可知，他至少在1755年之前就已经开始编纂《南明书》。

1740年，以翰林身份进入春秋馆供职，得见清朝官修《明史》。对黄景源产生的另外一个深远影响是，促使他开始致力于《南明书》的编纂工作。黄景源在一次与好友申成甫的书信往来中，回顾起自己编纂《南明书》的最初动机：

> 景源在史馆时，读张廷玉《明史·传》，至弘光、隆武、永历三先帝列于《诸王》，未尝不悲愤泣下也。昔孔子因鲁史记作《春秋》，周虽微，犹书天王者，明大义也。故僖公二十有八年经曰：“天王狩于河阳”，《谷梁传》曰：“为若将狩而遇诸侯之朝也，为天王讳也。”昭公二十有三年经曰：“天王居于狄泉”，《谷梁传》曰：“始王也，其曰天王，因其居而王之也。”《春秋》之义不亦严乎？夫三先帝承毅宗之绪，正位南方为天子以承宗庙，而廷玉列之《诸王》，是春秋之义不明也。景源欲著《南明书》，始自弘光元年迄于永历十有六年，以明大义。[③]

黄景源为自己设定的任务是编纂一部始自弘光迄于永历的单纯的南明政权史书，这在当时的朝鲜可算是前无古人之举。然而，在具体编纂的过程中，他却遇到了一个致命的问题——文献

① 黄景源：《江汉集》，第128页。

② 《朝鲜王朝实录》，英祖三十一年（1755年）八月二十六日条：“以海运君梿为进贺兼谢恩正使，黄景源为副使，徐命膺为书状官，金汉老为掌令。”

③ 黄景源：《江汉集》，第130页。

资料不足。因此,他说自己“论次《南明书》者十五年”而“未能卒业”[①]。此前,朝鲜士人编纂明史的方式,基本上都是从中国方面的文献中辑录汇编,因此掌握文献数量的多寡,直接关系到编纂成果的质量。

黄景源给自己规划了一个具有开创性意义的课题,但是,在当时朝鲜国内要真正找寻到与南明直接相关的文献资料,是极难的事,诚如他自己所说:“自永历入缅以来,士大夫出七星关奔井亘者不可胜数。本邦山川在中州万里之外,属国史臣得南明行在事实,为尤难也。故景源虽欲论次,而不可得也。”[②]因此,黄景源编纂《南明书》进展极慢,完全可以理解。

不过,情况总算是发生了可喜的变化。1755 年,黄景源充任燕行副使,前往中国,更加幸运的是,在这次出使过程中,他收集到了一些南明历史记录文献。黄景源称这部分文献是“皇朝世家子孙收拾永历十六年旧史遗闻”,而从他的另外一些文字记录中我们可以知道,这些所谓的旧史遗闻,主要是一些南明人物传记类的资料。比如,他在给友人李天辅的书信中就列举了一些相关的人物传记资料:

> 夫桂林、梧州之间,其烈士不见于史。有邓凯者,善用长矛重百斤,能刺人于马上,疾如鸷鸟。奉诏书护卫皇子,赐金币,进右都督。帝在阿瓦,凯进曰“国君死社稷,此大义也。今陛下不死社稷,其于毅宗皇帝何?”因叩头泫然泣下。及被执,五日不食犹不死。闻帝崩暴骸中野,乃泣血提筐拾之。滇父老无不感动,各助金钱,遂

① 黄景源:《江汉集》,第 128 页。

② 黄景源:《江汉集》,第 128 页。

葬于囊木河上。

有魏豹者，好游侠，往来江、淮，交天下豪杰之士。弘光元年直内殿，勇冠三军。隆武初进总兵官，永历元年与大学士吕大器定策有功，诏拜为靖东将军，进爵国公。及天子出奔永昌，马惟兴劝豹亡去，豹谢曰："吾辈皆去，何忍使天子独行邪？"流涕不去，从入缅，日以恢复为事。会缅人诈盟，杀文武四十余人，豹手刃力战死之，时年四十四。

有陆苏者，年十一，毅宗皇帝弃群臣，白衣冠哀临七日，如成人。弘光元年，南都陷，遂毁巾衫、焚笔砚，迁于水次，驾扁舟漂泊海滨三十年，誓不履岸，冠婚皆在舟中焉。惟日日投网得鱼，令童子入市易米以自给。风雨之夕辄系棹仰天恸哭，呼毅宗皇帝不辍。其卒时遗命家人葬于海岛，曰："我死，无令魂魄游中土也。"

有赵叔济者、焦润生者、林行帜者、钱邦芑者、杨志达者、李若练者、王玉藻者、费经虞者、薛大观者之仁之勇，亦干城之士也。诚使九人佐先帝奋扬威武，则何患缅国之不臣顺而明室之不匡复乎？[①]

黄景源对自己在出使过程中获得的旧史遗闻资料，感到如获至宝，按照他的既定设计，是希望编撰一部纪传体的《南明书》，其中本纪的部分并不难，因为完全可以从官修《明史》中摘取史料。真正困难的恰恰是列传的部分，因为官修《明史》中，属于南明政权人物的列传不仅不够多，而且几乎都是些众所周知的大人物，他则希望自己编的列传能够尽可能收入一些小人物的传记，而他

① 黄景源：《江汉集》，第128—129页。

这次出使获得的资料,恰恰都属于这一类人物传记资料,这让他不禁觉得是天意要助其完成《南明书》的编纂:

> 始张廷玉撰次《明史》,永历大臣大学士瞿式耜、大学士吴贞毓、大学士严起恒皆得立传,而独于士之微者不著也。有如景源不入关,则永历诸臣本末莫之得也,又何以成《南明书》乎?往者足下所为序称景源著本纪以存皇统,然永历贤士大夫为天子死于大义,而湮没不见于史,则景源虽著本纪,不足为一代全书而传于后世也。然则景源入关内而得明事以成此书者,岂非天哉?[①]

最后,黄景源终于完成了他的《南明书》,其篇幅为三本纪、四十列传。然而可惜的是,今天我们已经看不到这部《南明书》。

有趣的是,在中国,曾经有人提到自己读过朝鲜人编撰的《南明书》。谢国桢《增订晚明史籍考》中记载:"《南明书》,朝鲜佚名撰。按:王葆心《蕲黄四十八寨(砦)纪事·鄂寨(砦)续编》注引《春在堂随笔》云:'吾观朝鲜人所为《南明书》'云云。"[②]该条材料指向了晚清民国士人王葆心(1867—1944),其在《蕲黄四十八寨(砦)纪事》中的原文是:"吾观朝鲜人所为《南明书》,其中书法实以正朔予安、绍诸帝而外本朝。其书法予夺,均本此义。可见朝鲜人乃以中国正统自居,而以清代为闰位也。"[③]由此可见,王葆心曾经读到过朝鲜人所著《南明书》,但是该《南明书》是否即为黄景源所著之书,尚无法断定。

---

① 黄景源:《江汉集》,第129页。

② 谢国桢:《增订晚明史籍考》,第516页。

③ 王葆心:《蕲黄四十八寨(砦)纪事》,台湾中华书局,1972年,第37—38页。

4. 朝鲜士人与南明史观

朝鲜王朝士人黄景源，平生以文学造诣与坚守尊周大义见称，历仕朝鲜英祖、正祖两朝，在士林中地位尊崇。他通过撰著《南明书》，为朝鲜士人树立了一个尊奉南明正统的标杆。从后世朝鲜士人明史编纂的表现来看，他的努力无疑是成功的。其后，由朝鲜正祖亲自主持编撰的《明季提挈》、赵彻永编撰的《续明史》[①]、洪奭周编撰的《续史略翼笺》等明史著作，均将南明政权作为正统纳入。此外，朝鲜正祖时期另一位著名的尊周学者成海应，在整理汇编了大量明遗民史料之后，也试图追随黄景源的脚步，编纂一部南明专史，由其文集中留下的《南明书拟稿义例》一文可见一斑。[②]

南明的历史，对于朝鲜士人来说，本是一个相当遥远的存在，但它竟然能在某一特定的历史时期中成为一部分朝鲜士人关注的热点，这种现象对于不熟悉朝鲜历史的人可能真的难以理解。事实上，朝鲜王朝的语境中，南明史更像是一个工具，士人们利用它想要达到的目的，就是强化自身所谓"尊周思明"的态度和立场，而强化这样一种立场的有益结果，便是可以帮助朝鲜王朝的知识分子在思想上隔绝来自外部世界（清朝中国）新的影响。而这种隔绝在某种意义上也是一种守护，在朝鲜士人笔下，称他们守护的是"中华"的精神，而在我看来，他们守护的本

---

① 赵彻永：《续明史》，收入《域外汉籍珍本文库》史部二辑二册，西南师范大学出版社、人民出版社，2011 年。相关研究有曾磊：《朝鲜〈续明史〉史学思想研究》，《南昌教育学院学报》2014 年第 6 期。

② 成海应：《经研斋全集·外集》卷三十五，见前引《韩国文集丛刊》第 277 册，第 63—71 页。

质上是自己的民族精神。[①] 由此观之,不论是在中国还是朝鲜,南明史最后都指向了民族精神这一归宿,这可算得上是一种殊途同归。

附录:

与李元灵第二书

〔朝鲜王朝〕黄景源

(摘自黄景源《江汉集》卷十七)

景源论次《南明书》者十五年矣,至于今未能卒业,非特以《列传》定著之为难也。自永历入缅以来,士大夫出七星关奔井亘者不可胜数。本邦山川在中州万里之外,属国史臣得南明行在事实,为尤难也。故景源虽欲论次,而不可得也。及假节而入关内,然后从皇朝世家子孙收拾永历十六年旧史遗闻,甚可幸也。

昔冉有问于孔子曰:“伯夷、叔齐何人也?”孔子曰:“古之贤人也。”曰:“怨乎?”曰:“求仁而得仁,又何怨?”景源尝过孤竹城,感二子者得孔子而名益显。若永历贤士大夫抗节者可谓多矣,而天下未有孔子,其孰能显其名哉?

夫桂林、梧州之间,其烈士不见于史。

有邓凯者,善用长矛,重百斤,能刺人于马上,疾如鸷鸟。奉诏书护卫皇子,赐金币,进右都督。帝在阿瓦,凯进曰:“国君死社稷,此大义也。今陛下不死社稷,其于毅宗皇帝何?”因叩头泫然

① 清代以降,朝鲜知识分子的“中华”表述,不再以尊崇中国文化为内核,更多的是体现朝鲜因继承“中华”传统而获得的属于其自身的民族特质。相关论述参见拙文《韩国汉文文献〈随槎录〉的史料价值——兼谈朝鲜王朝的“小中华意识”》,《复旦学报(社会科学版)》2013 年第 5 期。

泣下。及被执，五日不食犹不死。闻帝崩，暴骸中野，乃泣血提筐拾之。滇父老无不感动，各助金钱，遂葬于囊木河上。

有魏豹者，好游侠，往来江、淮，交天下豪杰之士。弘光元年，直内殿，勇冠三军。隆武初进总兵官，永历元年与大学士吕大器定策有功，诏拜为靖东将军，进爵国公。及天子出奔永昌，马惟兴劝豹亡去。豹谢曰："吾辈皆去，何忍使天子独行邪？"流涕不去，从入缅，日以恢复为事。会缅人诈盟，杀文武四十余人。豹手刃力战死之，时年四十四。

有陆苏者，年十一，毅宗皇帝弃群臣，白衣冠哀临七日，如成人。弘光元年，南都陷，遂毁巾衫、焚笔砚，迁于水次，驾扁舟漂泊海滨三十年，誓不履岸，冠婚皆在舟中焉。惟日日投网得鱼，令童子入市易米以自给。风雨之夕辄系棹仰天恸哭，呼毅宗皇帝不辍。其卒时遗命家人葬于海岛，曰："我死，无令魂魄游中土也。"

悲夫！三人忠足以辅翼帝室，志足以扫清中原，而天命已改之后，非人力之所可移也。故终世无所成功，天下惜之。

有赵叔济者、焦润生者、林行帜者、钱邦芑者、杨志达者、李若练者、王玉藻者、费经虞者、薛大观者之仁之勇，亦干城之士也。诚使九人佐先帝奋扬威武，则何患缅国之不臣顺而明室之不匡复乎？

始张廷玉撰次《明史》，永历大臣大学士瞿式耜、大学士吴贞毓、大学士严起恒皆得立传，而独于士之微者不著也。有如景源不入关，则永历诸臣本末莫之得也，又何以成《南明书》乎？

往者足下所为序，称景源著本纪以存皇统。然永历贤士大夫为天子死于大义，而湮没不见于史，则景源虽著本纪，不足为一代全书而传于后世也。然则景源入关内而得明事以成此书者，岂非天哉？

与申成甫第二书

〔朝鲜王朝〕黄景源

(摘自黄景源《江汉集》卷六)

景源白成甫足下:

比蒙赐书,责景源不作国史,景源知识,固不若古之良史,而文章庸陋卑下,不足以论述王朝贤公卿功德之美。故恳谢不敢闻命,非饰让以欺足下也。

然景源在史馆时,读张廷玉《明史·传》,至弘光、隆武、永历三先帝列于《诸王》,未尝不悲愤泣下也。昔孔子因鲁史记作《春秋》,周虽微,犹书天王者,明大义也。故僖公二十有八年《经》曰:“天王狩于河阳。”《谷梁传》曰:“为若将狩而遇诸侯之朝也,为天王讳也。”昭公二十有三年《经》曰:“天王居于狄泉。”《谷梁传》曰:“始王也,其曰天王,因其居而王之也。”《春秋》之义不亦严乎?

夫三先帝承毅宗之绪,正位南方为天子以承宗庙,而廷玉列之《诸王》,是《春秋》之义不明也。景源欲著《南明书》,始自弘光元年,讫于永历十有六年,以明大义。

然皇后童氏至自河南,称福王藩邸元妃,巡抚御史陈潜夫送至南京。帝大怒,乃下童氏锦衣卫,并逮潜夫会讯之,命颁示童氏审词于中外,以释群疑,已而下诏杀童氏。童氏如非真皇后,潜夫何以具仪卫送至南京乎?此其可疑者一也。

驸马都尉王昺侄孙之明,崇祯时侍卫东宫,家破南奔。鸿胪少卿高梦箕家丁穆虎教之诈称太子。命百官会审之明、梦箕于午门外,靖南侯黄得功上疏争之。帝出奔应天府,人立之明即皇帝位,之明如非真太子,得功何以固争乎?此其可疑者二也。

大学士史可法、高弘图号为贤相。然可法以大学士既不能讨李自成，又不能拒奴儿兵。独弘图请遣诏使，由福州浮海往谕朝鲜国，令出精兵，一自登州入中原以讨自成，一自宁远入蓟北以逐奴儿，帝褒纳之。而诏使终不往谕者何哉？此其可疑者三也。

大学士黄道周明于易象，称毅宗崇祯元年当师卦上六之爻，则思文隆武元年当易之何卦何爻乎？道周自谓岁行在戌必死，则何以劝进思文而请出师乎？知中原不可恢复，而犹率九千余兵出衢州者，何哉？此其可疑者四也。

都督邓凯，永历中与任国玺请皇太子出阁开讲。帝乃许，秋凉施行。至期，国玺进《宋末通鉴》。帝即遇弑，凯泣血，收帝骸骨于墟中而葬之。后数十年，凯病卒。何不迎立皇太子以存明室乎？此其可疑者五也。

惟足下与宋士行考《明史》，断其是非而详教焉。见属国史，虽士行亦不肯作。景源何敢撰士行之所不肯作者邪？愿足下深思之也。

江汉黄公神道碑铭

〔朝鲜王朝〕李敏辅

（摘自李敏辅《丰墅集》卷十四）

国朝能言之士，生际昌辰，以文章贲饰昭明之化者多矣。自在布衣，声振四方，卒乃结两朝之知遇，主盟词苑，荣禄以终，未有若江汉黄公之盛者。

公讳景源，字大卿，江汉自号。其先长水人也，翼成公喜，佐世宗致太平。翼成生讳致身，判中枢府事。传五世，有讳廷彧，兵曹判书兼大提学，长溪府院君。生讳赫，右承旨，光海时与其孙学生裳死于诬狱。生讳尔征，定山县监，实为公高祖也。曾祖讳晖，三登县令，赠吏曹参判。祖讳处义，居母忧，以孝闻，赠吏曹判书。

考讳玑,以户曹正郎处信第二子为仲父,判书,后喜文辞,不幸蚤卒,赠议政府左赞成。妣权夫人,吉城君最女。

公眉眼如画,神采粹朗,喜读书,辄至夜分。伯父忠烈公忧其疾苦,禁之,犹不止也。英宗三年,举生员,与恩津宋文钦士行,讲诵磨砻,深悟修辞之妙。每一篇出,则脱东人之陋。谈古文者,莫不推服。南雷渊、吴月谷诸公,皆瞠然以为不能及。由是名动一世。初仕义禁府都事,转至典牲直长。擢增广丙科,年三十三矣。首摄堂后,荐入艺文馆为检阅,升拜兵曹佐郎、世子文学、司谏院正言、司宪府持平。

公尝谓毅宗皇帝不血食,无以明天下之义。陈疏言:“南汉被围,皇帝诏总兵官陈洪范率山东诸舟师往救之,师才出海而围已解。虽无成功,皇帝当天下大乱,外迫于强虏,内逼于狂盗,而忘中原之劳,以救属国,德意何其厚也。臣闻王者之师一出境而义行天下,虽无其功,功之归也。与出师而有功者未尝异也。皇坛跻祀先帝,使出师之美宣扬于击拊之间,然后可以章大义于百世也。”

初,吴光运论整庵罗氏之学,指李文成诸贤为异端。太学生李端弼倡义声罪。公以为不黜光运不足以伸儒林之论,乃劾之。上怒削职。《弘文录》才成,上以党议出于名流手书,南有容等六人罚,词下吏曹,公亦与焉。未几拜副校理、修撰,改吏曹佐郎、正郎兼南学、东学教授、侍讲院司书、文学。固辞。转司谏院献纳、校理、议政府舍人兼校书、校理,中学、汉学教授,由弼善进辅德。乞养出守顺川,居一年,以玉堂召,累拜为司谏院司谏、司仆寺正、弘文馆应教兼弼善、辅德。

申请毅宗跻享,据《明史》,毕暴前所未尽言者。上命公读崇祯史,流涕曰:“微儒臣言,予几负先帝圣德。”即遣使询诸儒林,皆言当祀。于是特命修皇坛,追享毅宗。明年,擢授东莱府使,还为承旨、参议。又明年，出尹庆州。还大司谏，进吏曹参议。改大司成，升嘉善，拜都承旨。由礼曹、兵曹参判兼同知义禁府事。除安边府使，赴燕使还。丁大夫人忧，服除，入汉城府为左尹兼都总府副总管。迁大司宪兼同知经筵事、艺文馆提学。改弘文馆提学。拜吏曹、刑曹参判。

会姑婿布衣李涏上言颂父之忠，转及朴泰辅被刑事。上谓语犯先朝，命刑曹逮涏。上以问公。公谢曰："见涏上言而不能禁，臣之罪也。"重臣徐志修言涏不当鞫。上大怒，安置志修绝海中，鞫涏甚急，公亦坐系，以有功于皇坛，减死，荐棘巨济府。及岁改，命撤棘。又月余，移陕川郡。又数月，释还田里。

上亲享皇坛，愀然曰："黄某不收叙，是负先帝之恩也。"即夜特叙，礼未及告毕也。起封川府使。逾年，除户曹参判，迁同知敦宁府事、吏曹参判兼守弘文馆大提学、艺文馆大提学、知成均馆事。由工曹参判转都承旨兼、世孙右副宾客。特升资宪，判刑曹。出为江华留守，入为礼曹判书。拜京畿观察使。历工曹判书、知敦宁府事兼知春秋馆义禁府事、世孙右宾客。因御制监印加正宪。

今上嗣服，拜议政府右参赞兼知经筵事、都信管、备边司提调，拜吏曹判书，又改左参赞兼同知成均馆事。撰进《元陵哀册文》，升崇政。奎章阁成，首拜提学兼判义禁府事，复拜大提学。辞不就。改修《景庙实录》，加崇禄，判敦宁府事。撰进《景慕宫竹册文》，加辅国兼世子左宾客、判中枢府事。

明年丁未三月三日，为公司马回甲之期。上宣赐柚杯及食物衣资。教曰："先寄一杯，用示不忘之意。"公遽以二月二十五日告终，寿八十。讣闻。上二日不视朝，震悼曰："重臣有甘盘旧谊，且其文章阐一世，设阁之后，首居是任，稽古之力，资益孔多。"命加给赙仪柩材，亲制文赐祭。四月庚戌，葬于长湍沃阴原先兆。

公为人祥顺平夷,与人言若无所违异。至有所守,莫之挠也。其在翰苑,宰相患争夺由于名宦,既罢吏曹郎荐,又欲令馆阁会圈史荐。公抗疏言:“宰相主其选而进退之,恐有奸臣窃国柄,掩其迹于千百代。”上召见,是其言,遂罢馆阁会圈。寻因持平李匡谊劾公去职,而圈选复行。尝与副提学尹汲、司谏俞彦述、持平安允行合启,论李光佐、赵泰亿罪状。其后言者相继抵罪。适英庙御金商门,鞫囚威甚,金霪、曹允济等以台官觇上旨,擅寝光亿事。公以应教充问事郎,趍上陛言曰:“一二人遽寝臣等所论,台阁之耻也。”英宗震怒曰:“予尝欲斩党人首久矣。”击案数四,声震帐中,群臣无不惴惴为公惧。而见公气貌温和,上意旋解,立罢霪、允济职。景庙时,太学生尹志述下狱论死,判金吾洪万朝无一言,有贵戚为万朝力主赠谥,公谓万朝杀士之罪,虽不能追削其官,奈何予谥。于是大臣入白,以尹光绍为副应教,乃议其谥。

公早岁治文业,用力于三礼,尤喜春秋之学,尊周攘夷,寤寐愤慨,若天性然也。在秘阁,见张廷玉《明史》。叹曰:弘光、隆武、永历三后,承十六帝之统。而廷玉列之《诸王》,是大义不明也。乃为《南明书》本纪、列传。又谓崇祯以来为陪臣者,不立天子之朝而死,其事比与史可法、瞿式耜之忠烈未有殊也,撰成《陪臣传》凡四十余编,纲罗遗失,铺张炜烨,扶皇纲而树民彝,足可以续一治之功矣。

公起自寒素,致位华显,时望咸属,主知亦隆,则世已多忌疾者。自赵曮以后,诋者益甚。公陈章乞骸骨,不得请,萧然屏居,烟火几绝,犹不废笔砚,日以著述为事,不知其身之笃老也。其为文醇雅疏亮有法度。晋庵李文简公语人曰:“大卿之文如玄圃奇花异草,诚可谓世外之珍也。”赵东溪龟命以为:“本朝之文盛矣,而步骤不类于古,独黄某所著之书,一反今人,虽进于中国,可无愧也。”

敏辅自少窃听议者之言，崔简易崛起肇倡，继而有溪谷张文忠公、农岩金文简公，号为国朝三大家，然亦未谓纯于古也。若其叙事纂言直接太史、欧阳之轨，则四百年惟公一人而已。呜呼伟哉！

夫人青松沈氏，青陵府院君钢之后，其父参奉澈，先公十年卒，祔公墓左。继配宁越辛氏，县监义立孙女。继子馨早殇无子，取族子骏显为馨后。庶子三人，称、稜、□。一女适朴基圣。

公从父弟侍郎升源属余铭公之碑，公余伯氏游也，念昔情谊，不忍屡辞，非敢自居以立言也。铭曰：

国朝文章，大家惟三。简易初作，其辞矫巉。溪醇农致，各极其至。希音古色，公实创始。钟吕协曲，球壁在序。一洗东陋，思湛蓄巨。函封幄奏，义晰华夷。慨昔虏乱，南汉其危。毅皇东顾，诏发援师。德音孔厚，报曷不勤。英王曰嘉，微尔孰闻。峩峩玉瓒，跻配于壝。蟒衣裸将，岁荐牲豆。一统南迁，史不以帝。天经地纪，荡无攸稽。旧笔成书，至永历讫。爰及陪臣，所树伟节。立传森列，光耀星日。寤言纠结，明室之思。大义寖晦，赖公章之。两朝契遇，功业在此。我铭非谀，永告来□。

博明："燕使挚友"与一代蒙儒

1. 蒙古族儒者博明其人其事

博明，清乾隆年间蒙古人，其事迹在《清史稿》《清史列传》等官纂史书均无记载，方志、诗文总集等文献中虽见其小传，但甚为简略。然而，这一于正史名不见经传的人物，在当代蒙古族的文学史叙述中，却被赋予了较高的地位。

以近人研究为例，荣苏赫、赵永铣主编的《蒙古族文学史(第二卷)》(内蒙古人民出版社 2000 年版)分生平和诗歌创作两部分，对博明生平进行了简单的阐述；赵相璧著《历代蒙古族著作家述略》(内蒙古人民出版社 1990 年版)、黄泽主编的《中国各民族英杰》(陕西人民教育出版社 1999 年版)和白·特木尔巴根著《古代蒙古作家汉文创作考》(内蒙古教育出版社 2002 年版)等书中，均辟出专门的章节介绍博明生平事迹及著述。①

蒙古族学者白·特木尔巴根对博明有这样一段评价文字："清代蒙古作家中，博明以其文史兼善、多才多艺引起人们的普遍关注。他出身贵胄，精通本民族的语言文字，于蒙古乃至北方民族的历史文化无不贯穿娴习。又谙熟汉语、藏语、满语，雅善琴棋书画，文学造诣尤深。其文学创作和史学杂著均得到同人的推

① 参见王荔：《清代蒙古族诗人博明研究述评》，载《文学界》2012 年第 6 期。

重，流布士林，嘉惠后学，影响极为广泛。"他甚至不吝以"一代硕儒"来界定博明的历史地位。[①]

对博明生平的考证，最早见于1985年赵相璧《清代蒙古族诗人博明》[②]一文，后又有若干学者陆续加以考证或补证[③]。以最新发表的关于博明研究的综述性论文为例，其中对博明生平的概述如下：

> 博明，原名贵明，字希哲，一字晰斋，又号西斋。博尔济吉特氏，世居乌叶尔白柴地方。其高祖天聪时入清，隶满洲镶蓝旗。祖父舒穆布在康熙朝曾任两江总督。博明雍正[④]末年出生于京师，乾隆十二年（1747）丁卯科乡试中举，十六年（1751）肄业官学，十七年（1752）壬申科会试中式，选庶常馆，散馆授翰林院编修。二十三年（1758）任起居注官，凡七年。二十八年（1763）以洗马出守广西庆远，三十七年（1772）任云南迤西道，后降职，入为兵部员外郎。四十二年（1777）春任凤凰城榷使。五十年（1785）在京，与千叟宴，作纪恩诗。其卒年虽未见明确记载，然仍可考。著有《西斋偶得》《凤城琐录》《西斋诗辑遗》《西斋诗草》等。[⑤]

---

① 参见白·特木尔巴根：《清代蒙古族作家博明生平事迹考略》，载《民族文学研究》2000年第1期。作者在文中写道："关于博明的生平问题，《清史稿》《清史列传》等官纂史书均无记载，方志、诗文总集所收小传甚为简略，致使一代硕儒的事迹几乎湮没。"

② 赵相璧：《清代蒙古族诗人博明》，载《内蒙古社会科学》1985年第3期。

③ 代表性的研究有：（1）前引白·特木尔巴根：《清代蒙古族作家博明生平事迹考略》；（2）方华玲：《博明生卒年份考辨》，《石家庄学院学报》2014年第1期。

④ 引文此处疑有误，当为康熙末年，或雍正初年。

⑤ 前引王荔：《清代蒙古族诗人博明研究述评》，第191页。

考证博明生平的研究论文,以白·特木尔巴根的《清代蒙古族作家博明生平事迹考略》最具代表性,除参考正史资料外,作者还从《八旗文经》《八旗满洲氏族通谱》《清代馆选分韵汇编》《皇朝词林典故》《清秘述闻》《晚清簃诗汇》《雪桥诗话》《春融堂集》《宫中履历片》等大量文献中寻找零星散落的记载,勾勒出博明的生平经历。[①]

目前,学界对博明的研究,除梳理清楚其生平经历外,通过对其存世著述的分析,论述其在文学(诗文)、经史、蒙古族历史语言学等学术思想方面的成就。[②] 此类研究所利用的资料,不外乎三种,即《西斋诗辑遗》《西斋偶得》和《凤城琐录》,其中第一种为诗集,后两种为学术笔记。

总的来说,博明这一人物,因其蒙古族的特殊身份,得到了特定研究领域研究者的关注。面对文献资料匮乏的事实,研究者们下了极大的资料检索功夫,将从地方志、诗文集、清宫档案等类型文献中找寻到的间接的、零散的资料进行整合,拼图式地完成了对博明生平经历的重现,实属不易。另一方面,博明虽有著述存世,但就篇幅和内容而言不算丰富,故可供阐释其学术思想成就的空间也有限。可以说,目前学界对于博明的研究,已经因为资

---

① 关于博明的生平,尚存在两大争议:一是博明生卒年,一种观点主张博明生于康熙五十七年(1718),卒于乾隆五十三年(1788);另一种观点则认为博明生于康熙六十年(1721),卒于乾隆五十四年(1789)。第二个争议是关于博明履历中任云南迤西道的时间,一种观点认为是乾隆三十三年(1768),另一种观点主张是乾隆三十七年(1772)。关于此争议的具体情况,可参考前引白·特木尔巴根《清代蒙古族作家博明生平事迹考略》、方华玲《博明生卒年份考辨》及朱则杰、卢高媛《清代八旗诗人丛考》,载《苏州大学学报》2013 年第 2 期。

② 相关研究有:(1) 前引赵相璧:《清代蒙古族诗人博明》。(2) 白凤岐:《略谈博明的〈凤城琐录〉》,载《满族研究》1988 年第 3 期。(3) 程作新:《浅析博明的哲学思想》,载《内蒙古社会科学》1989 年第 2 期。(4) 程作新:《蒙古族学者博明的唯物主义思想》,载《内蒙古师大学报(哲学社会科学版)》1992 年第 2 期。(5) 米彦青:《清代蒙古诗人博明与其〈义山诗话〉》,载《内蒙古大学学报》2009 年第 5 期。

料的穷尽而达到了瓶颈，难以进一步开展。

若干年前，我在阅读一本题为《随槎录》的韩国燕行文献时，看到博明的名字出现其中。《随槎录》乃乾隆四十五年(1780)跟随朝贡使团来到北京的朝鲜人卢以渐(1720—1788)所著日记。博明作为卢以渐在北京结识的友人被记录在其日记中。我于2013年发表的论文中，介绍了卢以渐与博明交往的经过，并略及二人笔谈的相关内容。[①]

从研究博明这一人物的生平事迹的角度而言，这样一种出现在外国人笔下的记载，应该可以被作为一种文献资料纳入研究的视野，尤其是对博明这样一个在中国文献中记载极为有限的人物进行研究时，此类域外史料的价值无疑更加凸显。事实上，当确立了一种向域外文献中寻找资料的意识之后，就博明这一人物的研究而言，可资利用的韩国文献绝不仅限于《随槎录》一种，而是可以发掘出更多的史料。

《随槎录》的记载，为我们提供了一条线索，即博明曾与来到中国的朝鲜人有过交往，而顺着这条线索找寻，可以发现，博明与卢以渐的交往，并不是偶然现象，也不是唯一个案。事实上，在博明一生中，曾多次与因朝贡来到中国的朝鲜人有过交游往来。我通过对韩国燕行文献以及韩国文人文集等资料的检索后，发现不少与博明有关的记载。本文将通过对这些材料的梳理和分析，对博明的生平事迹做一些补充。

事实上，博明与朝鲜使臣往来的情况，在中国方面的文献中就已经能够看到一些线索。乾隆四十二年(1777)春，博明外任凤凰城榷使，其所著《凤城琐录》一书记载任职期间见闻。博明于书

---

① 参见拙作《韩国汉文燕行文献〈随槎录〉的史料价值——兼谈朝鲜王朝的“小中华意识”》，载《复旦学报(社会科学版)》2013年第5期。

末"附朝鲜轶事"一篇中提到,自己曾先后遇到过朝鲜使臣李溵(1722—1781)、徐浩修(1736—1799)、吴大益(1729—?)、朴明源(1725—1790)、郑好仁(1728—?)、申思运(1721—1801)、郑尚淳(1723—1786)、宋载经(1718—1793)、姜忱(1732—?)、李垙(?)、李坪(1737—?)、李在学(1745—1806)等人。[①] 而由其自序及所作"附朝鲜轶事""附朝鲜世袭考"两篇文字[②]中详细记录大量与朝鲜历史文化有关内容可见,当时博明与所遇朝鲜使臣之间,是有过较为深入的交流的。[③]

此外,博明著《西斋偶得》中"朝鲜诗人"一篇提到:"朱竹垞(朱彝尊,笔者注)《明诗综》载朝鲜国人八十有二,其爵里、表德、文集缺而未载及所载有舛误者,邮致鲜国代为检核补之,其检而未获者仍阙焉",并罗列出了经过考补的四十八名朝鲜诗人的相关情况。[④] 由此材料可见,博明与朝鲜学人间还曾有过跨国书信往来。

此前虽也有研究者对上述两种材料进行过讨论,但其论断仅限于(一)"附朝鲜轶事"一篇对朝鲜历史和中朝关系史的研究具

---

① "丁酉(1777 年,笔者注)春,于边门遇朝鲜谢恩回国者正使领中枢府事李溵、副使礼曹判书徐浩修、书状官司宪府兼执义吴大益;其贺正旦回国者正使锦城都尉朴明源、副使吏曹判书郑好仁、书状官司宪府兼执义申思运;乾隆四十二年孝圣皇太后上宾,朝臣往颁遗诰,朝鲜国王算遣陪臣恭进陈慰表祭文……于五月十一日入边,正使吏曹判书郑尚淳、副使礼曹参判宋载经、书状官司宪府兼监察姜忱,于本年八月十六日蒇事出边回国。"见蒙古博明:《西斋杂著二种(西斋偶得/凤城琐录)》(国学文库第十六编),出版社不详,民国二十三年据嘉庆年刊本重印版,第 139 页。又,"乾隆四十二年十一月二十九日,朝鲜使臣员役三百三十八人为年贡谢恩诏并陈奏……正使兴禄大夫河恩君李垙、副使吏曹判书李坪、书状官兼司宪府执义李在学。"见前引博明《西斋杂著二种》,第 143—145 页。

② "附朝鲜轶事"及"附朝鲜世袭考"全文,参考前引博明《西斋杂著二种(西斋偶得/凤城琐录)》,第 133—151 页。

③ 博明在《凤城琐录》自序中提到:"朝鲜贡员亦时相过访,并问其国中典故,亦间有所得,集其语附焉",见前引博明《西斋杂著二种(西斋偶得/凤城琐录)》,第 115 页。

④ 见前引博明《西斋杂著二种(西斋偶得/凤城琐录)》,第 84—89 页。

有一定史料价值。（二）“朝鲜诗人”一篇的补证令《明诗综》“更臻完备”两点上。[①] 至今，未见研究者由此材料联系到博明与朝鲜使臣或朝鲜学人交往的问题。事实上，在人物研究中，人际交往的角度理应引起研究者们足够的重视，而相关研究未能展开，主要还是史料匮乏所致。然而，一旦拓宽史料的视野，问题或许就能迎刃而解。就“博明与朝鲜使臣的交往”这一题目而言，在中国文献中已经无法找到更多的史料，但是如果从韩国方面去找寻，情况就会完全不同。总的来说，利用韩国文献中浮现的相关资料，我们能够对博明与朝鲜使臣的交往过程有一个更全面、细致的把握。

2. 博明与朝鲜使臣的早期交往

博明与朝鲜使臣的交往始自何时？对于这个问题，我们无法给出准确答案。但可以回答的是，从目前所掌握的材料出发，能够找到的较早的交往记录分别出现在 1748 年、1749 年和 1752 年。

有关 1748 年交往的证据来自韩国国立中央博物馆所藏的一幅画作——《麻姑献寿图》（见图 1）[②]，该画曾于 2019 年 9 月在“紫霞申纬诞生 250 周年纪念绘画展”上公开展览，画上有博明题诗：

---

① 如学者白凤岐认为：“《凤城琐录》一书中有关朝鲜的记录，《朝鲜轶事》和《朝鲜世系考》两则附录，为研究中朝关系史及研究邻邦朝鲜古代史提供了珍贵资料。”见前引白凤岐：《略谈博明的〈凤城琐录〉》，第 34 页。又，学者白·特木尔巴根认为：“此著（《朝鲜轶事》，笔者注）所纪皆辽东及朝鲜故实，涉及该地区社会、经济、文化以及清廷与朝鲜关系等，具有重要的研究价值。”“朱彝尊在《明诗综》中收录朝鲜诗人若干名，博明在任职凤凰城榷使期间致函朝鲜，委托该国专家代为检核，增补四十八人，爵里、创作明晰无误，使《明诗综》更臻完备。”见前引白·特木尔巴根：《清代蒙古族作家博明生平事迹考略》，第 66—67 页。

② 韩国国立中央博物馆藏《麻姑献寿图》，馆藏号：구 10042。

雾髩风鬟鞾影斜,香车应过蔡经家。笑将一粒壶中药,化出蓬莱百种花。微步清尘已邈然,碧天风静白云间。使君旧是安期侣,为报筹添不计年。麻姑献寿图,恭祝永翁金老先生令辰,时戊辰季秋上浣也。蒙古博明。①

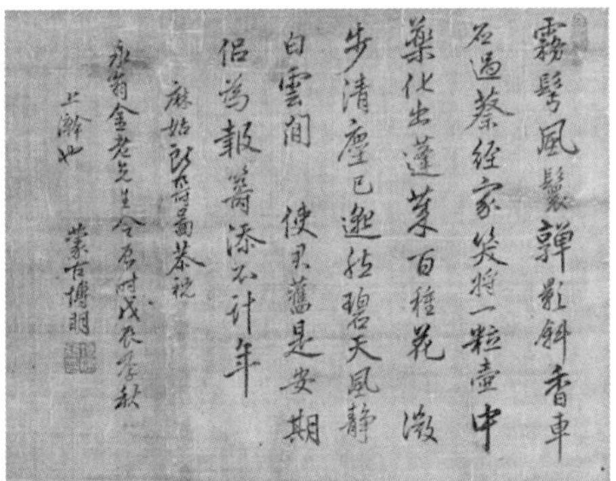

图 1　韩国国立中央博物馆藏《麻姑献寿图》及题诗部分细节图

① 转引自최다정(崔多情):《몽골족 博明과 조선 연행사의 교유 양상 연구》(蒙古族博明与朝鲜燕行使交流状况研究),载《藏書閣》第 45 期,韩国学中央研究院,2021 年 4 月,第 366—367 页。

由题诗内容可知，该画当为1748年（戊辰年）农历九月间博明赠予朝鲜使臣的礼物，虽然仅凭“永翁金老先生”几字无法考证受赠对象确切身份，但这件藏品至少足以反映在这一年博明已与朝鲜使臣有了交集。

而在一年之后（1749年），博明又与一个名叫俞彦述（1703—1773）的朝鲜使臣有了交往。1780年出使中国的朝鲜人卢以渐在其《随槎录》中提到，自己“曾见俞判书彦述为书状时日记，则盛称博明学术文章，心甚嘉之，来此后欲为结识”[①]。俞彦述担任朝贡使行书状官出使中国，仅乾隆十四年一次，由此可确定其与博明会面时间为1749年。卢以渐提到的俞彦述担任书状官时的日记，目前未能发现，故无从得知俞彦述与博明二人交往的详情。俞彦述有文集《松湖集》六卷存世，其中收录了其出使中国的见闻杂记——《燕京杂识》，但通篇并无与博明的相关记载，殊为可惜。[②]

1752年的交往记录，同样出自后人追记，朝鲜人严璹创作于1774年的《燕行录》中提到：1752年出使的冬至副使南泰齐曾与当时身为庶常馆庶吉士的博明有过往来。[③]

目前已知，博明于乾隆十二年（1747）乡试中举，十六年肄业官学，十七年入庶常馆，上述其赠予朝鲜人画作以及与朝鲜人俞彦述、南泰齐见面的经历，正是在此期间发生的。当时博明身份

---

① 见卢以渐：《随槎录》，收在复旦大学文史研究院与韩国成均馆大学东亚学术院合编：《韩国汉文燕行文献选编》，复旦大学出版社，2011年，第21册，第255—256页。

② 俞彦述：《松湖集》卷六《杂著·燕京杂识》，收在韩国古典翻译院编：《韩国文集丛刊》（续编），韩国古典翻译院，2009年，第78册，第413—429页。

③ “壬申，澹亭南丈与庶吉士博明相往来。”见［韩］林基中编：《燕行录全集》，韩国东国大学校出版部，2001年，第40册，第141页。亦见前引최다정：《蒙古族博明与朝鲜燕行使交流状况研究》，第366—367页。

并谈不上显要，只是一名就读官学的举人，之后初入官场，年纪不到三十岁。那么，这时的博明是因何与朝鲜使臣频繁产生交集的呢？关于这个问题，从韩国的文献记载中，可以找到比较明确的答案。

1765 年，随朝鲜使团来到中国的朝鲜人洪大容（1731—1783）在其文集中提到：

> 数十岁以前，使行入燕，凡公私买卖，惟有郑、黄两姓当之……黄商豪富，本不及郑商，然子孙犹世守其业，有婿曰博明，蒙古人，善书能文章。每使行访问秀才，译辈必以博明应之。其后登科为翰林编修。是行亦问之，方为南方知府云。①

按照洪大容的说法，朝鲜使节到北京以后，在做各种买卖时，主要通过黄、郑两姓商家代理，而博明是其中黄家的女婿。朝鲜使臣来到中国，颇想结交当地有识之士，往往让译员出面打听并引介。这些译员们平日都介入到朝鲜人的买卖过程中，与黄、郑等商户很是相熟，而博明作为黄家女婿，其身份又恰是举人，符合朝鲜人的要求，于是就成了译员们最容易推荐给朝鲜使臣的人选。这便是博明与朝鲜使臣产生最初交集的缘由。

从洪大容提及的"数十岁以前"及"其后登科为翰林编修"这两个时间概念来看，朝鲜人与博明的交往至少可以追溯到 1752 年（博明登科年份）之前，再加上洪大容说"每使行访问秀才，译辈

① 见洪大容：《湛轩书》外集卷七《燕记・铺商》，［韩］民族文化推进会编：《韩国文集丛刊》，民族文化推进会，2000 年，第 248 册，第 259 页。

必以博明应之”，不难想象到，在比较长的一段时间内，博明与朝鲜人的交往一直都在持续进行。而十余年之后（1765 年），洪大容自己来到北京，也想寻访博明这位朝鲜人的“老朋友”，只可惜因后者当时已“为南方知府”而不得见（博明于 1763 年任广西庆远府知府）。

无独有偶，1780 年来到中国的朝鲜人朴趾源（1737—1805）的记载也为博明与朝鲜使臣多有往来的情况提供了旁证。朴趾源的文集中提到：

> 岁价之入燕也，士大夫使象译求书堂额，则必博明之笔也。明方起居注日讲官，固善书堂额。其后多见明他书，则笔力大逊于堂额，吾心窃怪之。闻一译请书“四勿斋”，明掷纸而骂曰：东方何其多同号者，吾绿沉笔，尽秃于“四勿斋”。盖明乃朝鲜主顾黄氏之婿，故象译知博起居善书。而博之善书堂额，盖熟于“四勿”之号尔。①

朴趾源记述了博明与朝鲜使臣交往中的一件趣事：由于朝鲜使臣频繁向博明“求书堂额”，且求书内容每每雷同，尤以“四勿斋”为最，有一次博明终于忍不住抱怨：朝鲜人怎么都喜欢用“四勿斋”做堂号，我的笔都快因为写这三个字写秃了。这段材料，既从一个侧面反映出朝鲜使臣与博明经由“象译”（译员）介绍而频繁交往的情况，又同样提及博明是“朝鲜主顾黄氏之婿”，除此之外，还传递出另一个信息，即博明擅长书法，为当时朝鲜人所公

① 见朴趾源：《燕岩集》卷七《别集・钟北小选・记・翠眉楼记》，前引《韩国文集丛刊》，第 252 册，第 113 页。

认。朴趾源在《热河日记》的另外篇章中，也对博明有过"博识工书"的评价。[①]

关于博明的书法，在当时朝鲜人的笔下还可以找到其他一些记载。比如，李德懋（1741—1793）文集中提到曾于栅门（中朝边境地带）一店内见到博明所书王士祯诗《真州绝句》一事："江干多是钓人居，柳陌菱塘一带疏；好是日斜风定后，半江红树卖鲈鱼。此王渔洋《真州绝句》，余于栅门店壁见蒙古博明晳斋所书。"[②]李德懋出使中国的时间为乾隆四十三年（1778），博明1777年任凤凰城榷使，按李德懋所说该诗书于"店壁"，则或为博明于任上前往栅门接引朝鲜使团时所作。有趣的是，此处"题诗店壁"的情节，又恰能与中国文献中所记博明"醉辄题诗于僧舍酒楼"的洒脱做派相互印证。[③]

又如，金景善（1788—1853）道光十二年（1832）的使行录《燕辕直指》中有一篇"万柳塘记"，提到自己在游览北京万柳塘时[④]，看到建于其中的御书阁内有一柱联，上题："葭苍露白拟寒江，胜地登临近佛幢。天压澹云环堞角，山衔斜日入楼窗。怀残鼠璞何

---

① "博明，博识工书，余数十年来，多见其笔迹。"见朴趾源：《燕岩集》卷十三《别集·热河日记·黄教问答》，前引《韩国文集丛刊》，第252册，第234页。

② 见李德懋：《青庄馆全书》卷六十八《寒竹堂涉笔上·清人诗》，前引《韩国文集丛刊》，第259册，第240页。

③ 梁九图《十二石山斋诗话》载："博晰斋……老年颓放，布衫草笠，徙倚城东，醉辄题诗于僧舍酒楼。有叩其姓氏者，答云：八千里外曾观察，三十年前是翰林。又云：一十五科前进士，八千里外旧监司。性情可称洒脱。"见钱仲联主编：《清诗纪事》乾隆朝卷《博明》，凤凰出版社，2004年，第1377页。

④ "出至崇文门内。……又行出门外东南六七里许，至法藏寺，登白塔题名（别有《法藏寺白塔题名记》），转过太阳宫（别有《太阳宫记》），又迤东行半里许，至万柳塘（别有《万柳塘记》），又西北行一里许，至金台寺（别有《金台寺记》），又西南行半里许，至药王庙（别有《药王庙记》），少憩于东廊小炕，圣申往见天庆寺而归（别有《天庆寺记》），自此复路。"见金景善：《燕辕直指》"留馆录"，收入[韩]林基中编：《燕行录全集》，东国大学出版部，2001年，第71册，第336—337页。

容惜，难扰龙狂未肯降。莫负清秋好节序，倚栏且覆酒瓢双”，且“下书西斋博明草稿”。金氏评价“题诗笔法皆苍劲”[①]。

考之中国文献可知，博明曾于乾隆四十一年(1776)十二月九日(丙午日)，与友人同游万柳塘，且与行中诸人有唱和诗一首，该诗被收录在《西斋诗辑遗》中，题为《丙午九日登万柳塘限“江”字同乐槐亭赋》[②]，该诗文字与金景善所记柱联文字完全一致。可见，金氏所见柱联，与当年博明万柳塘题诗一事有直接关联。

中国文献中所见同时代人对博明的评价，最具代表性的当属其挚友翁方纲在《序西斋杂著》中所说：“西斋洗马……少承家世旧闻，加以博学多识，精思强记。其于经史、诗文、书画、艺术、马步射、翻译、国书源流，以及蒙古、唐古忒诸字母，无不贯串娴习”[③]，其中提到博明于书法有一定的造诣。而当代研究者囿于存世文献，仅能就博明诗文集、笔记等作品展开研究，故只在其诗文造诣、经史学术、语言能力等方面多有详论，而极少论及博明书法造诣，就这一点，韩国方面留存的文献记载乃至书画实物，可以说为我们提供了不少补证。

---

① “万柳塘记。自太阳宫东行半里许，至万柳塘，即都人游燕之所也。大明时，雪楼诸子无日不赏咏于此。故明人诗集中万柳塘题咏亦多矣。旧有万株柳树绕在塘堤，故名云。而塘今堙塞，岛屿亦颓夷，只有衰柳数百株而已。塘北有两檐高阁，扁曰御书阁。阁中所排凳桌齐整，纤尘不起。壁上挂柱联四五幅，题诗笔法皆苍劲。一曰：暖入金沟细浪添，津桥杨柳绿纤纤。卖花声动天衢远，几处春风揭绣帘。旁书礼亲王。又曰：葭苍露白拟寒江，胜地登临近佛幢。天压澹云环堞角，山衔斜日入楼窗。怀残鼠璞何容惜，难扰龙狂未肯降。莫负清秋好节序，倚栏且覆酒瓢双。下书西斋博明草藁。余不能尽记。”见金景善：《燕辕直指》“留馆录”，前引《燕行录全集》，第71册，第338—339页。

② 见博明：《西斋诗辑遗》，收入《清代诗文集汇编》编纂委员会编：《清代诗文集汇编》，上海古籍出版社2010年版，第351册，第517页。杨钟义《雪桥诗话》中提及博明于万柳塘所作诗并置评：“(博明，笔者注)尝以丙午九日游万柳塘，坐客有惜其衰孱而作不平之鸣者，西斋赋诗云云。其天机萧散，初不以世缘相缚也。”见钱仲联主编：《清诗纪事》乾隆朝卷《博明》，凤凰出版社，2004年，第1378页。

③ 见前引博明：《西斋杂著二种(西斋偶得/凤城琐录)》，第1页。

由前述可知,博明从三十岁左右开始,就在北京与前来中国的朝鲜使行人员多有接触,这种频繁交游往来的情况,一直持续了近十五年的时间,至其1763年离开北京前往广西赴任,方才中断。而在双方交往过程中,朝鲜人对博明的学问、诗文、书法等,均有极高的评价。此外,从博明早期与朝鲜人的交往中,我们还了解到一个关于其个人情况的细节,即博明是黄姓商人家的女婿,由此,在博明生平叙述中当可补入“妻(妾)黄氏”一条。此前,有关博明的婚配情况,从中国方面的文献中无从知晓,亦未有研究者提及。

3. 出任凤凰城榷使期间与朝鲜使臣的交往

乾隆二十八年(1763),博明调任广西庆远府知府,此后十余年间未与朝鲜使臣有过会面,而他再次与朝鲜使臣产生交集,有明确文献记载的是在乾隆四十二年(1777)春开始担任凤凰城榷使一职期间。

凤凰城(今凤城市)是清代中朝边境重镇。博明担任的榷使一职,是管理凤凰城辖内税收事务的官员,在朝鲜人笔下也称为“税官”。凤凰城的税收,有一部分是来自中朝边境贸易(中江互市),而平均每年两次朝鲜使团到来时,其携带入境的部分货物也涉及课税。因此可以说,凤凰城榷使是一个需要频繁与朝鲜人打交道的职务。

博明于乾隆三十二年(1767)三月以广西庆远知府的身份被征调前赴云南,参与出征缅甸的军事行动,后改任云南迤西道,次年(1769)因失察之罪被革职留任①,之后经历不详,只知其任凤凰

① 参见《清实录》,乾隆三十三年三月十二日、十二月二十九日及乾隆三十四年十一月十一日条。

城榷使之前的身份为兵部员外郎。自京选调员外郎一级的官员担任凤凰城榷使，有旧例可循，而鉴于博明早年与朝鲜使臣交往密切，这一任命在某种程度上也算得上是知人善用。

前已述及，据博明本人所记，他在凤凰城榷使任内，先后接触过的朝鲜使臣有李溵、徐浩修、吴大益、朴明源、郑好仁、申思运、郑尚淳、宋载经、姜忱、李垙、李坤、李在学等人。其中涉及朝鲜四次朝贡使行，分别是：1776 年的谢恩使行（正使李溵、副使徐浩修、书状官吴大益）和冬至使行（正使朴明源、副使郑好仁、书状官申思运）、1777 年的陈慰使行（正使郑尚淳、副使宋载经、书状官姜忱）和谢恩陈奏使行（正使李垙、副使李坤、书状官李在学）。

博明与 1776 年朝鲜谢恩使一行的相遇，发生在其上任凤凰城榷使之初（约为 1777 年的一、二月间），即李溵等一行回程途中经过凤凰城之时。关于博明与李溵的交往，韩国文献中可见这样一条材料：

> 博明书扇纸本。博明蒙古人，自称博王孙，书极精遒，知名中国。今此二扇，皆以泥金书之，李忠穆公溵奉使入燕时得来者也。余得以藏宝。为稚教豪夺，为可恨也。[①]

这条材料出自朝鲜人南公辙（1760—1840）的文集，他提到自己曾收藏两柄博明手书纸扇，并说纸扇是李溵出使中国时所得。大体可以推测，这两柄纸扇当为博明与李溵在凤凰城相遇时前者赠与后者的礼物。而南公辙评价博明"书极精遒，知名中国"，并

① 见南公辙：《金陵集》卷二十三《书画跋尾·博明书扇纸本》，前引《韩国文集丛刊》，第 272 册，第 451 页。引文中"稚教"指朝鲜人沈象奎（1766—1838）。沈象奎，字稚教，著有《斗室存稿》。

将纸扇奉若珍宝，亦可作为博明书法造诣颇高的另一佐证。

1776年朝鲜冬至使朴明源一行的行程，与谢恩使李溵等人几乎一致，因此博明与其相遇的时间和地点，应当也是1777年一、二月间在凤凰城。在韩国文献中，留下了博明与使行中一个朝鲜人罗杰的交往记录：

> 近世罗杰入燕京，见博明问碽妃事。明曰：即故元元妃，见明《太常志》云。明，蒙古人，元世祖之后也。官主事，博学，多著辑，工书。有曰故元元妃者，亦有所据。①

罗杰是该次冬至使书状官申思运的随员②，他与博明见面并向其请教了"碽妃事"。所谓"碽妃事"，关联的是明成祖朱棣生母问题的争议。朱棣生母并非马皇后而是碽妃的说法，最早见于明代《南京太常寺志》，其后有人认为其荒诞，亦有人认同，直至近代，傅斯年、吴晗等学者还曾撰文表示认同，掀起一轮学术论争。"碽妃事"的另一个关键问题——碽妃是何许人？历来也众说纷纭，其中一说认为碽妃之"碽"字与"贡"相近，故碽妃当为高丽贡女。

对于这一段历史公案，当时的朝鲜人显然也相当在意。罗杰见到博明，专门向其请教"碽妃事"，就是想听听博明作为一个谙熟元史、又号称元室后裔③的蒙古人对碽妃身份的解读。而博明

---

① 见李德懋：《青庄馆全书》卷六十《盎叶记·碽妃》，前引《韩国文集丛刊》，第259册，第62页。

② "余友人罗杰仲兴……岁丙申仲冬，随申书状思运入燕"，见朴趾源：《燕岩集》卷十三《别集·热河日记·避暑录》，前引《韩国文集丛刊》，第252册，第287页。

③〔清〕沈涛《交翠轩笔记》中有："蒙古博古斋洗马明为元代后裔，有《西斋偶得》一书，中论辽金元掌故，颇足以资考证"的记载。转引自白·特木尔巴根：《清代蒙古族作家博明生平事迹考略》，第64页。

对此问题的回答是：碽妃"即故元元妃"。这事实上是表明了他对碽妃身份以及朱棣生母问题的个人倾向性意见。

作为罗杰请教博明"碽妃事"一事的记录者，李德懋认为，以博明的身份和学术造诣而言，他的"碽妃为故元元妃"一说，应该是可信的。而此说显然为当时朝鲜人本来就有的"碽妃先以高丽贡女身份成为元帝（或其他皇室成员）妃子，元亡后又被明太祖朱元璋纳为妃子，之后生下朱棣"的认知增加了砝码。[①] 此后，与罗杰"问答碽妃事"，便成为朝鲜人贴在博明这一人物身上的一张新标签。朝鲜学者朴齐家（1750—1805）曾写作系列人物诗"戏仿王渔洋岁暮怀人六十首"，其中之一就以"博明"为题，诗曰："中江榷使著书才，石室名山泛览回。又被高丽罗硕士，终朝问答碽妃来。"[②]

在朝鲜人柳得恭编撰的《中州十一家诗选》中，也提到了博明与1777年一、二月间返回朝鲜的这两批使臣交往的有关情况。《中州十一家诗选》收录柳得恭择取的11名清代诗人的127首作品[③]，且对各人均作小传，博明正是这"十一家"之一，其小传云：

> 中江榷使博明。明字广夫，一字晰斋，蒙古人。图章称蒙古王孙，可知其为元之裔孙也。举进士，由翰林四任，授知府，晋云南兵备副使，因前署浔州府时失察历

① 李德懋文集中收录的"碽妃"一文，从元代高丽贡女问题入手，详细探讨了碽妃与高丽及朝鲜的关系，可供参考。前引《韩国文集丛刊》，第259册，第60—62页。

② 见朴齐家：《贞蕤阁初集》"诗·戏仿王渔洋岁暮怀人六十首并小序·博明"，前引《韩国文集丛刊》，第261册，第473页。

③ 包括：陆飞51首，严诚16首，潘庭筠4首，李调元37首，李鼎元1首，祝德麟1首，博明2首，周厚辕1首，郭执桓10首，李美2首，孙有义2首。见柳得恭编：《中州十一家诗选》，韩国首尔大学奎章阁藏本，藏书号：가람古895.1108-Y9j，第003a页。亦见前引최다정：《蒙古族博明与朝鲜燕行使交流状况研究》，第377页。

年添银事,部议革任,奉旨以部员用,寻除中江榷使,久居栅门。朝鲜使客多过谒者,明颇为之疲。[①]

这部分提及的有博明字号、蒙古族属、为官履历,以及朝鲜人频繁拜访博明的情况。其中提到博明“字广夫”、用“蒙古王孙”印章等信息,在中国方面资料中未见。

接着,柳得恭提到了博明与自己的叔父柳琴(1741—1788)的一段交往情形:

丁酉春,家叔父自燕回。访之,发已星星矣,与之笔谈国家典故、郡邑因革,问无不答,确有所据。且喜焚香啜茶,赏鉴古董。家叔父素娴星历,举西法中难解者叩之,亦皆剖析。自詑读书二万余卷,多识轶事,喜辨证,年来劳于驰逐,平生著作都未收拾,将老矣,记性大不如前,急笔之于书,以为不朽之举云。家叔父堂号“几何室”,明以八分书赠,颇遒峻。又示其咏物诗十首录归,不甚佳。后得译官李瀷扇头诗二首入选。大抵明期下之一巨擘也。[②]

柳琴应该是参与了 1776 年的朝鲜谢恩使或冬至使行之一,具体属于哪一支队伍无法确知,但可以确定的是他在这期间与博明见了面,并且还进行了笔谈。二人笔谈内容涉及国家典故、郡邑因革、天文历法,对于这些方面的交流,博明都能娴熟应对。特别值得注意的是,柳琴还向博明讨教了西方历法的问题,而博明

① 前引柳得恭编:《中州十一家诗选》,第 032a 页。

② 前引柳得恭编:《中州十一家诗选》,第 032a 页。

也能详细解答。目前国内学界对博明的研究，未见提及博明西学素养的问题，此处材料可以说是提供了一个新的线索。

在笔谈中，博明还向柳琴讲述自己晚年致力于整理生平著述的情况。此外，博明一如既往地乐于展现书法技艺，为柳琴书赠堂号“几何室”。最后，博明向柳琴出示了自己写作的十首咏物诗，后者抄录而归。有意思的是，柳得恭并没有选取这十首咏物诗入《诗选》，原因是认为“不甚佳”，最后他选取的是同样得自于该次使行的另外两首博明的诗作——赠给朝鲜译官李瀷的扇头诗：

题李瀷扇

溟阳尘界仙源谱，谢氏庭中看玉树。哲昆缟绨二十年，君更联情继芳圃。

边城三月喜春阴，林外幽禽弄好音。愿将一段丝桐意，结作高山流水心。[①]

不难发现，赠送手书纸扇或者说题写扇头诗，也是博明与朝鲜使臣交流中频繁出现的情节，关于这一点，还有这样一个事例：博明曾经为自己结识的一位刚刚丧妻的朝鲜友人题写扇头诗，以悼其亡者、慰其生者。他写作了一篇《客有悼亡者题扇慰之》：“闲愁旅思暮春天，满目莺花倚黯然。痛绝人琴今已矣，余生从此竟摧弦。”后来这首扇头诗也被收录进了朝鲜人编撰的诗集《并世集》中。[②]

博明在凤凰城榷使期间接触的第三批朝鲜使臣是1777年朝

① 前引柳得恭编：《中州十一家诗选》，第032b页。

② 前引최다정：《蒙古族博明与朝鲜燕行使交流状况研究》，第377页。

鲜陈慰使郑尚淳一行,他们于五月十一日入境,八月十六日出境,博明与其相遇当在此出入之时,但具体情况于韩国文献中并无材料可考。

之后就是1777年朝鲜谢恩陈奏使李垙一行,这批使臣于十一月二十九日入境,在入境时曾与博明相遇。该次使行副使李坤著有使行录《燕行记事》,其中有部分涉及博明的记载。据李坤所记,使臣一行在入境之前几日,就已经派人与博明取得联系:“先此在湾(指龙湾,朝鲜使臣渡鸭绿江前驻留处,笔者注),驰送清译李彦奎,通于税官博明。”朝鲜使行于十一月十七日抵龙湾,提前十几天派人与博明取得联系,原因何在?由李坤的记载可见端倪:“博明曾经翰林学士,而贬迁税官,方在栅门,素以文雅负望,可托斡旋使事。张译濂曾与亲熟,使之往议,以观低仰。”由此可知,朝鲜使臣联系博明的目的,乃是“托斡旋使事”[①]。

李垙等人此行的任务,是向清廷陈奏本国新近结案的“洪麟汉谋逆案”[②]之始末,并请求清廷于两国边境协助缉拿涉案逃匿者。但是,由于在该案处理过程中,新即位的朝鲜正祖李算赐死了其弟李禶,此事非同小可,朝鲜方面对清廷可能做出的反应有所担心,故出使之初,便确定了不惜重金上下打点,务必稳妥处理的方针。而向博明“托斡旋使事”,便是在此背景下发生。

博明向朝鲜使臣详细询问了案件的来龙去脉,并将自己了解

---

① 参见李坤:《燕行记事》,前引《燕行录全集》,2001年,第52册,第336页。

② “洪麟汉谋逆案”,是朝鲜正祖李算即位前后发生的内部政治斗争的缩影,洪麟汉、郑厚谦等人为首的政治集团,在李算为世孙时就致力阻止其即位,在李算即位后仍继续密谋废立,欲拥戴李算之弟李禶为王。李算即位为正祖后,对洪麟汉集团展开清算,过程中又爆发了针对李算的巫蛊事件和入宫行刺事件。最后,该案以族诛洪氏并赐死李禶而告结。详见《朝鲜王朝实录》,正祖一年十月二十六日条,[韩]国史编纂委员会编:《朝鲜王朝实录》(影印本),国史编纂委员会,1968年,第44册,第699页。

到的情况记录在了《凤城琐录》中。[①] 博明接受了朝鲜使臣的请求，写了一封书信给自己的好友——时任礼部侍郎的阿肃，委托其在北京斡旋此事。朝鲜使臣一到北京，就派遣译官“袖博明书往见阿肃”，而阿肃见信后回复：“有博友勤托，敢不力图也。”[②]

经过多方斡旋，朝鲜使臣总算是不辱使命，十二月二十九日，自内阁颁布了答复朝鲜陈奏事的圣旨：

> 览王奏该国有不幸之事，而该国王所办极为允协，朕心嘉慰。至折内陈词有不合式之处，该部咨王知之。其所请内地边境为该国王诘缉余党一节，已谕盛京将军、山东巡抚实力妥办矣。钦此。[③]

乾隆帝对朝鲜处理“洪麟汉谋逆案”的评价是“该国王所办极为允协，朕心嘉慰”，且朝鲜提出的协助缉拿余党的要求也得到了应允，清廷于同日下达了要求盛京、山东两处与朝鲜海陆接界地

---

① “乾隆四十二年十一月二十九日，朝鲜使臣员役三百三十八人为年贡谢恩诏并陈奏流谪参判洪述海之妻金氏及其子相格遣力士逾垣入宫行刺事。原表文封缄不可见，询其陪臣，语言文字皆不足以尽其详具，其始事之故，言人人殊，似有所讳隐。第即其言附略于后。洪启禧，臣姓也，官判书，故生三子趾海官判书、次即述海、次缵海亦官参判。趾海子相简官承旨，庄顺王时与江城都尉之子郑厚谦甚相昵。王算为世孙时，二人蓄意摇动之，郑复萌觊觎非分念，相简亦欲拥戴。庄顺王薨，王算二十七日谅阴毕，言官发其前谋，即诛郑而逮相简。相简更詈言庄顺兄终弟及之际亦多不正之谋，因并诛相简，而流谪趾海兄弟。金氏等怨望造逆，谋连党羽，先阴结宫妾为巫蛊，今岁孟秋复以二千金购二力士，携椎佩刃，入宫行刺，因踏坠屋瓦为王觉，遁。王戒心，因潜移室。八月十二日，再入及寝未入室，为司门卫士所获。穷鞫得情，且言推戴王季弟恩全君禶。因族诛洪氏，株连死者百余人。赐禶死，年十七。而人言洪相简之死率多互异之词。算遵雍正六年鲜国逆民称兵，王昑定国乱入告故事，具表上闻。”见前引博明：《西斋杂著二种（西斋偶得/凤城琐录）》，第 143—145 页。

② 见前引李押：《燕行记事》，第 434—435 页。

③ 见前引李押：《燕行记事》，第 436 页。

方官员协办追逃事宜的上谕。[1] 至此,该次朝鲜陈奏使的使命圆满完成。值得一提的是,李埛在回国面见国王复命时,还专门提到了博明居间斡旋一事。[2]

博明于凤凰城榷使任内前后四次与朝鲜使臣的交往,是其在时隔十余年后与朝鲜使臣的再次相遇,而其早年与朝鲜使臣频繁往来的经历,亦成为此时与朝鲜使臣展开交流的重要基础。对朝鲜使臣来说,博明可算是一位素未谋面的老友,就算未曾亲见过,也曾从他人口中听说,抑或由他人笔下相识。正因为如此,此时朝鲜使臣与博明的交往仍是比较深入的。从另一个角度来看,出任凤凰城榷使的经历,促使博明完成了生平重要著述之一——《凤城琐录》,而该书中之所以会记录下大量有关朝鲜的信息,就是得益于博明与朝鲜使臣的深入交流和探讨。

不难看到,经由对韩国文献材料的发掘,许多关于这一时期博明与朝鲜使臣交往的细节被一一呈现出来,比如赠李溵纸扇、与柳琴笔谈、赠李瀷纸扇、与罗杰问答碩妃事以及参与斡旋朝鲜陈奏使事等,通过还原这些原本不为人知的事件,无疑可以丰富我们对博明这一历史人物更多面相的认知。

---

① "辛酉。谕:据朝鲜国王奏,该国有逆臣洪麟汉等结党谋逆一案,罪人业经伏法,恐其支党实繁,或有逃匿漏网者,恳敕关口官员查拿等因一折。该国臣服多年,素称恭顺,今该国王既恐有余党潜逸之事,自应代为查诘,不容窜入内地。着谕盛京将军弘晌、山东巡抚国泰,于盛京、山东地方与朝鲜接界边隘海口,严饬所属,留心察诘,如有语言形迹可疑,查系朝鲜人民,即行盘获奏闻,发交该国自行究治。该将军、巡抚务实力妥办,毋得视为具文。"见《清实录》,乾隆四十二年十二月二十九日条。亦见前引李埛:《燕行记事》,第436—437页。

② "博明素有文学,负望于渠辈者,而适贬为栅门税官,与张濂素所相亲。故臣等入栅之日,即送张濂,亦使相议,则果有顾念之意,即为书托于礼部侍郎阿肃矣。臣等还归时,博明已递税官,入留沈阳。"见前引李埛:《燕行记事》,第575—576页。

4. 晚年在北京与朝鲜使臣的交往

就目前所见博明生平的考证研究来看，关于其 1777 年任凤凰城榷使之后的经历，所能掌握的情况只有一条——“1785 年参与千叟宴”，也就是说，对 1778 年至 1785 年间博明经历的了解仍处于空白状态。当然，这一状况主要是因为此前研究者所掌握的文献匮乏所致。我以为，如若能够对既有文献再细加考证，并参之以韩国文献资料，对此期间博明的经历，还是可以做出一定的补充的。

首先，关于博明担任凤凰城榷使一职的任期，此前研究者均未论及，而事实上这是可以进行考证的。博明在《凤城琐录》中有一段介绍清代凤凰城榷使一职设置的文字，其中提到：“雍正五年十月十七日，奉上谕，凤凰城中江税，著盛京五部堂官于五部司员内拣选，奏闻，派出管理，一年更换”，又提到：“乾隆十一年八月，奉旨派出试收之内务府佐领恩特，二年期满。”[①]可见，凤凰城榷使一职的任期，有为期一年、两年之例，故博明任期当不会超过两年，甚至可能就是一年。

而推测博明实际任期为一年还有两条依据：一是博明《凤城琐录》中只记录了 1777 年所见朝鲜使行情况，《凤城琐录》是基于任职经历的总结性作品，如果博明任期为两年甚至更长，没有理由不记录任职第二年甚至以后接触的朝鲜使行情况。其二，据朝鲜使臣李押记载：“臣等还归时，博明已递税官，入留沈阳。”[②]李押等于乾隆四十三年(1778)年二月离开北京，以此时间来算，正好

---

① 见前引博明：《西斋杂著二种(西斋偶得/凤城琐录)》，第 117—118 页。

② 见前引李押：《燕行记事》，第 576 页。

是博明任职一年期满之时,因此这条记载亦可作为博明任职一年的旁证。

另有一条材料也能佐证1778年博明“入留沈阳”,韩国文献《缟纻集》中记载了朴齐家1778年在沈阳见到博明的情形:

> 以校书来往沈阳,先君谓金笠菴科豫曰:“曾闻他是博学聪明善书云,可得夤缘相见否?今天下一统无有所嫌,我欲寻他,但他是官人,殊音异服,恐烦人眼。”已而博明乘车来到,先君云:“曾因柳琴如雷听闻,我曾仿渔洋岁暮怀人作七绝,呈公,可因此为士相见礼耶?”博云:“好,可取来。”先君书示之,博云:“二十八字颇有清新之致。”是时一行围立,不能细话,其貌肥皙,性沉静,可知文人也。①

这是朴齐家的儿子朴长馣回忆父亲与博明交往的一段文字,朴齐家1778年跟随蔡济恭出使,在沈阳见到博明,他向博明出示自己写作的《戏仿王渔洋岁暮怀人六十首》中关于博明的一首(前已述及),得到了博明的肯定。虽然朴齐家和博明没有能够展开深入的交流,但这条材料至少已经佐证了1778年博明从凤凰城返回沈阳的行动轨迹,而其中对博明“貌肥皙,性沉静”的人物形象描述,对我们了解博明亦有一定帮助。

总之,博明以兵部员外郎的身份被选调凤凰城任职,在完成了一年任期的收税任务之后,应当是经由沈阳回京复命,并恢复兵部员外郎的职务。因此,如果此后没有其他任用的话,1778年以后,博明应该一直都是以兵部员外郎的身份在北京生活。而通

① 转引自前引최다정:《蒙古族博明与朝鲜燕行使交流状况研究》,第378—379页。

过韩国文献的记载我们发现，在1780年就又有朝鲜使臣在北京与博明交往的事实。

(1) 博明与卢以渐的交往

乾隆四十五年（1780）八月，一支朝鲜使团因进贺乾隆七十寿辰的使命来到北京，使团中的卢以渐、朴趾源二人与博明有过深入的交往，且两人都留下了相关记录。其中，卢以渐《随槎录》有如下记载：

> 八月初十日。朝雨洒即止，出衙门外间舍，与兵部员外郎博明，酬以笔谈。余曾见俞判书彦述为书状时日记，则盛称博明学术文章，心甚嘉之，来此后欲为邂逅，而其道未由矣。余访此处文学之士于首译及赵主簿明会，明会为人杰骜，素为此中人所称，而与博明善，博明方收集我东诗文，而亦访之于明会，赵以余对之。今日，明早来要见，余出而见之，明下堂而揖，余答揖，遂分榻而坐，要与酬酢。[1]

由这条材料可见，卢以渐记载当时博明的身份是兵部员外郎，而其依据是博明的自我介绍[2]，由此可以佐证前文对博明卸任凤凰城榷使后回京复职的推测。同时，卢以渐提到，当时博明正致力于收集朝鲜诗文，并因此与使团中的另一朝鲜人赵明会有过交往。博明在诗文方面的成就和贡献，此前研究者早有详细论述，而他曾补证《明诗综》中朝鲜诗人记载的事迹也曾被研究者提

① 见前引卢以渐：《随槎录》，第255—256页。

② “余又书曰：曾闻大人居内翰，今居何官耶？明书曰：兵部员外郎。余书曰：员外郎唐时称台阁，今则何如耶？明书曰：所谓武库郎官也。”见前引卢以渐：《随槎录》，第256页。

及,但此处所见博明晚年致力于收集朝鲜诗文一事,却未见中国文献记载,也未有研究者述及。

卢以渐经由赵明会的引荐,于八月初十日与博明首次见面,并进行了长时间的笔谈,笔谈内容皆录于《随槎录》中。[①] 据卢以渐所记,当天与博明进行交流的朝鲜人很多,他还特别提到博明与一个叫卞季涵的朝鲜人就中国传统医学文献展开了交流问答,可见博明于医学也有所涉猎。[②] 第一次见面后,卢以渐根据自己对博明的了解,于日记中记道:

> 昨见博明,闻其论卞,真可谓博学多闻者。其容貌不扬,而眼彩射外,此其所以异于人者耶?明即蒙人,其曾祖为清之驸马云。[③]

又:

> 博明以文学名于一世,中国之人,少有及之者,以十年翰林,多被乾隆之宠渥矣。适出守于广南,讨苗蛮时,明当领军赴期,而中路阻水,为迒其期,罪当死,而乾隆曾所宠任,故不忍加诛,贬官十年,今始复用矣。盖其学甚博,至于天文地理医术音律,无所不通。[④]

可见,博明给卢以渐留下的最深刻印象还是在学识方面,卢

① 见前引卢以渐:《随槎录》,第255—261页。

② “同时我人之来见者甚多,而与卞季涵亦有医经问答。”见前引卢以渐:《随槎录》,第260页。

③ 见前引卢以渐:《随槎录》,第261页。

④ 见前引卢以渐:《随槎录》,第263页。

以渐称其“博学多闻”“至于天文地理医术音律，无所不通”。此处提到博明通音律也值得关注，因为中国方面的材料似乎并没有向我们提示过这一点。同时，卢以渐对博明的外貌做了粗略的描写，称其“容貌不扬，而眼彩射外”。至于他提到博明“曾祖为清之驸马”，中国文献并无记载，或为一种误传。[①] 此外，卢以渐还提到了博明被贬官一事的缘由。但博明被贬一事，于《清实录》已有明确记载，起因是失察“驿马疲缺，致送兵稽迟”，本议处“降二级调用”，后以“一时失察，情有可原”为由，“从宽改为革职留任”[②]。而卢以渐所记“领军赴期，而中路阻水，为迩其期”“罪当死，而乾隆曾所宠任，故不忍加诛”等情节，则多半是由市井传言的失真或夸大所致。

八月十四日，卢以渐致书博明，附赠律诗四首。八月二十二日，博明回访卢以渐，两人再次展开笔谈，朴趾源后至，也加入了笔谈，之后先行离开，最后卢以渐与博明二人笔谈至“日暮罢归”，临别之时两人相约“必图后晤”。卢以渐将当日笔谈内容亦详录于《随槎录》中。[③] 九月初一日，卢以渐再次致书博明，并赠一律。此时，卢以渐得知博明“适以考官入试所，动费一月，然后罢出”，而朝鲜使团不久即将启程回国，想到二人“图后之约”无

---

① 关于博明家族与清朝皇室的血缘联系，有一条材料是关于其祖父邵穆布“一女嫁和硕恒温亲王允祺曾孙宗室绵藩”，见《爱新觉罗宗谱》，学苑出版社，1998 年影印本，第二册，第 679 页。

② “己丑。吏部议奏：云南驿盐道法明等、失察驿站马匹疲瘦，应照例降调。得旨：吏部议处滇省永平等县驿马疲缺，致送兵稽迟，失察道府法明等均降二级调用，不准抵销一本，虽属该管官咎所应得。但此案在专派承办之州县官，以军行要务并不实心经理，漠视公事，议以革职，罪所难辞。至该道府等均系上司董率不严，究与专派人员有间，且经管军需事务尚多，一时失察，情稍可原。所有道员法明、博明、知府贺长庚、张应田，均着从宽改为革职留任。”见《清实录》，乾隆三十四年十一月十一日条。

③ 参见前引卢以渐：《随槎录》，第 268—277 页。

法达成,卢以渐深感遗憾。[①] 而卢以渐的这一条记录,又为我们提供了博明曾于1780年八、九月间担任科举考官这一此前未见的信息。

卢以渐和博明见面时,二人都已经是六十多岁的老者,两人年龄相仿,博明长卢以渐两岁。他们志趣相投,学术思想也比较一致。两人相识、笔谈之后,愈发彼此钦慕。我们可以想象:两位白头老者在小酒馆中相对而坐,案上谈纸成堆,不时发出阵阵会心长笑,那是何等融洽的场面!在《随槎录》的最后,卢以渐附上自己撰写的《与博詹事书》,行文中毫不吝惜赞美之辞,称誉这一位在万里他国结识的挚友。两人之间建立起的跨国友情,足以成为中朝士人交流的一段佳话。

前述卢以渐与博明两次笔谈的记录,计6 000余字,皆录于《随槎录》中,而卢以渐致博明的两封书信[②],亦皆全文照录于《随槎录》中。这些资料,一方面有助于我们详细了解博明与卢以渐的交往,另一方面也为研究博明学术思想提供了极有价值的补充。

(2) 博明与朴趾源的交往

前已述及,朴趾源也参与了卢以渐与博明的第二次笔谈,但是,朴趾源并没有留下关于该次笔谈的详细记录。在朴趾源的使行录《热河日记》中,零星散落着一些关于博明的记载,而其中只有一条反映的是其与博明的直接交流,见于《热河日记》"山庄杂记"篇"万国进贡记"一文。文中,朴趾源提到自己看到各国进贡品有一种奇怪的动物,似人形,毛如猿,被打扮成人的样子,穿着

① 参见前引卢以渐:《随槎录》,第289页。

② 八月十四日致信,见前引卢以渐:《随槎录》,第336—338页;九月一日致信,见前引卢以渐:《随槎录》,第289页。

妇人的衣服，甚至还化了妆，他听人说这种动物产于南方，能解人意，名为“山都”[①]。与博明会面时，朴趾源便向他请教这到底是一种什么样的动物，而博明则向他讲述了一件自己亲身经历的事情：

> 余与蒙古人博明问此何兽。博明言：昔从将军丰公升额出玉门关。距敦煌四千里，宿山谷间。朝起，失帐里木匣、皮箱。当时同游幕侣，取次见失。军中有言此野婆盗之也。发卒围之。野婆皆乘木，捷如飞猱，势穷哀号，不肯就执，皆自经树梢而死。尽得所失箱箧，封锁如旧，开视之，器物亦卒无所遗毁。而箱内悉藏朱粉，多首饰奁装。得佳镜，亦有针线刀尺。盖兽而效妇人都冶自喜者也。[②]

博明谈及自己此前西行经敦煌、出玉门关的一段经历。一日，他们在山中宿营，第二天起来时，不止一人发现随身木匣、皮箱失窃，当时军中有人说这是被“野婆”盗走了，于是发兵围捕，而所谓“野婆”就是一种似人如猿的动物，最后他们找回了被盗走的东西，还发现“野婆”收藏的其他一些物品，其中竟有朱粉、首饰、镜子、针线等，可见“野婆”有像人类妇女一样喜欢装扮自己的习

① “道见一妇人乘太平车而行，面施粉白，衣锦绣。车旁一人跣足拂鞭，驱车甚疾，发短覆肩，而端皆卷曲如羊毛，以金环箍额，面赤而肥，眼圆如猫。随车行观者杂沓，缁尘涨空。初驱车者形殊不类，故未及察车上妇人，更熟视之，非妇人，乃人形而兽类也，手毛如猿，所持物若折扇，瞥视则貌似绝艳，然视之审，如老妪而妖厉，长才数尺余，车褰幨帷，左右顾眄，目如蜻蜓。大抵南方产，能解人意云，或曰此山都也。”见朴趾源：《燕岩集》卷十三《别集·热河日记·山庄杂记·万国进贡记》，前引《韩国文集丛刊》，第252册，第275页。

② 见朴趾源：《燕岩集》卷十三《别集·热河日记·山庄杂记·万国进贡记》，前引《韩国文集丛刊》，第252册，第275页。

性。博明提到这件往事，觉得自己见过的"野婆"，与朴趾源所见"山都"类似。

在这段记载中，更值得注意的是博明所说的"昔从将军丰公升额出玉门关""同游幕侣""军中"这样一些关键词。考之清代史料，能够将丰升额、"出玉门关"、军事行动等诸多要素并联起来的事件，或许是乾隆二十三年至二十五年间，丰升额之父阿里衮（时任兵部尚书）曾出征新疆平定大小和卓叛乱，而其间丰升额或曾随军前往。[①] 结合中韩两方的材料线索，我们也许可以做一个大胆的推测，即博明早年与阿里衮、丰升额一系之间，或存在一种主幕关系，而他作为幕僚身份曾随军出征。当然，目前这只能停留在推测层面，要确证博明曾有参与平定大小和卓之役的经历，还需要更多的材料佐证。

(3) 博明与姜世晃、李徽之的交往

继 1780 年的卢以渐、朴趾源之后，博明与朝鲜使臣在北京的交往，见于韩国文献记载的还有一次，即 1785 年与姜世晃（1713—1791）和李徽之（1715—1785）的会面。乾隆五十年（1785），朝鲜进贺谢恩兼冬至正使李徽之、副使姜世晃、书状官李泰永（1744—?）来到北京，因此行最重要的任务是参加乾隆举办的"千叟宴"，故朝鲜选派正、副使"皆以耆臣"[②]。

博明也参加了"千叟宴"，其《西斋诗辑遗》中收录了《千叟宴纪恩诗恭和御制元韵》七律四首，其中第二首中就提到了李、姜两位朝鲜使臣：

---

① 参见〔清〕赵尔巽等撰，中华书局编辑部点校：《清史稿》卷三百十三《列传一百・阿里衮》，中华书局 1977 年版，第 10677 页。

② "以李徽之为进贺谢恩兼冬至正使，姜世晃为副使，李泰永为书状官。正、副使皆以耆臣，为参千叟宴也。"见《朝鲜王朝实录》，正祖八年十月九日条，前引《朝鲜王朝实录》，第 45 册，第 473 页。

暖日晴风节序妍，珠栏玉戺设芳筵。瑞逢虞帝呈图世，典重周王宴镐年。摛藻辉煌千载丽，湛恩汪濊万方延。须知薄海原同庆，属国耆臣坐并肩。（注：朝鲜陪臣前议政李徽之年七十一，礼曹判书姜世晃年七十三，皆入宴）①

当时，参加“千叟宴”的姜世晃也作了一首《和进千叟宴诗》：

胜日金宫敞御筵，熙朝欢庆入新年。七旬遐寿人稀有，五纪光临史罕传。宇内群生争蹈舞，樽前千叟与周旋。小邦贱价躬亲睹，还报吾君共祝天。②

除共同参加“千叟宴”外，博明与姜世晃、李徽之二人还有过诗文唱和的交流，这一点从姜世晃文集中的两首诗可见一斑，一首是《次博西斋明见赠韵》：

高风雅韵迥超俦，翰墨场中早出游。杰句知非当世有，遐陬久望盛名流。乍逢愚劣偏倾倒，未接容华遽唱酬。拟向西斋伸宿愿，终朝倘许款谭否。③

在这首诗中，姜世晃先是高度评价了博明的生平成就，然后表达了自己虽与博明素未谋面但仰慕已久之情。当我们了解博明过去与朝鲜人频繁交往的经历后再来看这首诗，就应该知道，

① 见前引博明：《西斋诗辑遗》，第518页。
② 见姜世晃：《豹庵稿》卷二《诗》，前引《韩国文集丛刊》（续编），第80册，第350页。
③ 见姜世晃：《豹庵稿》卷二《诗》，前引《韩国文集丛刊》（续编），第80册，第350页。

这些诗句绝非只是场面上的客套之词,其背后都是有明确所指的。“拟向西斋伸宿愿,终朝倘许款谭否”,可以说道出了先后往来中国的朝鲜士人共同的心声。

另一首是《次上使韵赠博西斋》:

> 雅仪欣始接,华誉惯曾知。款曲携壶远,纵横落笔奇。壮心怜濩落,朽质愧衰迟。大字将归揭,天涯慰梦思。①

从这一首诗题中“次上使韵”我们首先可以知道,作为上使(正使)的李徽之与博明之间,应当也是有诗文唱和的。其次,从“大字将归揭”一句,则可以知道当时姜世晃和博明二人之间应当还有其他书法作品馈赠的行为。而这一点从韩国目前留存的一件实物资料上也得到了进一步的证实。在韩国庆南大学博物馆中,收藏有一件姜世晃制作的书帖作品《金台弄翰帖》,其中就有博明所书跋文:

> 岁序惊兰,严云压户,伊人过访,宝墨辉筵。着以海崎耆英,襄礼而沾湛露。景林则名邦隽士,奉琛而切胆云。使馆窗闲,日弄柔翰,墨花耀灿,格比簪花,笔阵纵横,力堪抉石。慕山中之雅尚,怡我性情,慨尘世之交驰,知君阅历。王右丞天机精妙,亶其然乎?庾开府诗思情新,于斯信矣。仆也,交愧龙门,文惭熊馆,天涯声誉四十年,身在江湖,日下逢迎,一旦躬承冠盖,慕人伦于东国。拟接尊前,录丽句于西斋,爰成书后。乾隆

---

① 见姜世晃:《豹庵稿》卷二《诗》,前引《韩国文集丛刊》(续编),第80册,第350页。

四十九年嘉平月小除日，西斋老人博明，书于测蠡轩之南窗。[①]

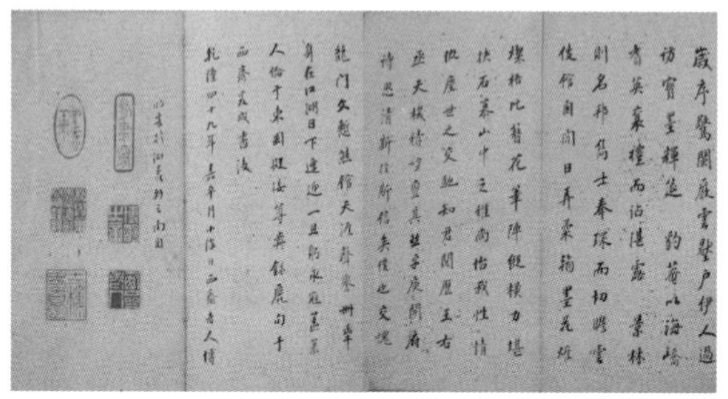

图 2　韩国庆南大学博物馆藏《金台弄翰帖》[②]

《金台弄翰帖》这一件书帖作品，曾在朝鲜半岛日据时期流落日本，后由日本寺内文库回赠给韩国庆南大学博物馆。从这一件辗转流传的文物中，我们有幸了解到博明与朝鲜使臣姜世晃之间诗文和书法交流的更丰富的内容。

此外，在朝鲜人郑元容（1783—1873）所撰姜世晃谥状中有“辽东巡抚博明曰：诗宗放翁，字有晋人风骨”[③]一句，它记述了博明对姜世晃诗文、书法造诣的品评，亦可视为两人这一段交往的旁证。只不过，其中称博明为辽东巡抚，属于后人记录时的谬误。

博明与李徽之的交往，从韩国留存的另一件书帖作品——《唯能为也帖》中可见一斑。《唯能为也帖》同样也是产生于 1785

① 转引自정은주(郑恩主)：《중국사행에서 姜世晃의 詩畵 창작과 인적 교유》(出使中国期间姜世晃的诗画创作与人际交往)，收入한국미술사학회 편(韩国美术史学会编)：《표암 강세황： 조선후기 문인화가의 표상》(豹菴姜世晃：朝鲜后期文人画家的代表)，경인문화사(景仁文化社)，2013 年，第 358 页。

② 图片由韩国学中央研究院郑恩主教授提供，在此深表感谢。

③ 见郑元容：《经山集》卷十九《谥状》，前引《韩国文集丛刊》，第 300 册，第 424 页。

年姜、李使行过程中的书帖作品,其中收录了与其交流的若干中方文士的诗文书法作品,所涉人物有德保、博明、颜应炜、刘人直。其中收录博明诗文两篇,一首是前已述及的《千叟宴纪恩诗恭和御制元韵》,另一首则是《奉和老浦师相元韵》①:

> 人生千万里,所贵在心知。文字缘非浅,逢迎遇更奇。古松幽壑老,秋惠涧芳迟。翘首东来气,佳文慰鄙思。矻矻穷年老,天涯契所知。芳春逢令日,妙语喜探奇。萧寺云来晚,残阳西下迟。无穷幽赏意,抽笔摅新思。乙巳新正三日西斋博明书。②

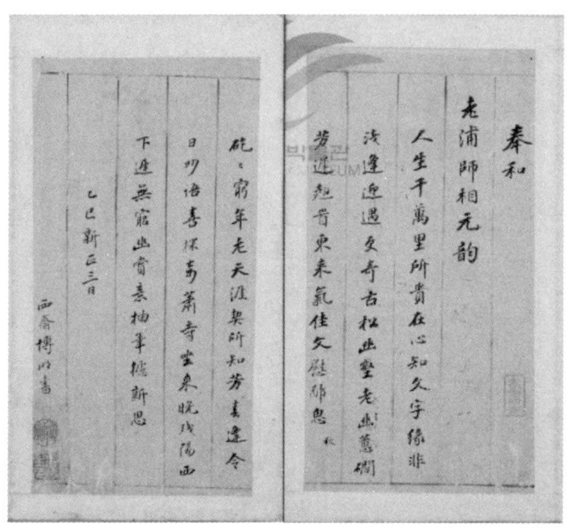
奉和
老浦師相元韵
人生千萬里所貴在心知文字緣非
淺逢迎遇更奇古松幽壑老幽蕙澗
芳遲翹首東來氣佳文慰鄙思
矻矻窮年老天涯契所知芳春逢令
日妙語喜探奇蕭寺雲來晚殘陽西
下遲無窮幽賞意抽筆攄新思
乙巳新正三日
西斋博明書

图 3　韩国翰林大学博物馆藏《唯能为也帖》③

① 参见前引郑恩主:《出使中国期间姜世晃的诗画创作与人际交往》,第 356 页。

② 转引自최다정:《몽골족 博明과 조선 연행사의 교유 양상 연구》(蒙古族博明与朝鲜燕行使交流状况研究),载《藏書閣》第 45 期,韩国学中央研究院,2021 年 4 月,第 376 页。

③ 图片由韩国学中央研究院郑恩主教授提供,在此深表感谢。

老浦是李徽之的号，由此可知这首诗是博明赠答李徽之的作品，这首诗在博明存世诗集中并未收录，该诗文作品与前文提及的《金台弄翰帖》跋文一起，以实物史料的形态，为我们呈现出博明晚年与朝鲜使臣交往的鲜活场景，同时也为我们提供了本国文献中不存的有关博明诗文和书法创作的珍贵资料。

5. 清代中朝士人往来的再认知

上溯至1748年的《麻姑献寿图》，下及1785年的姜世晃和李徽之，博明一生之中，与朝鲜使臣的交往可谓多矣，而就韩国文献文物资料中可以考出大量与博明相关的记载这一点来看，博明在当时朝鲜文人的心目中，至少可以算是一个比较熟知的中国人物。

凡事有始必有终，1791年出使中国的朝鲜人金正中在其《燕行录》中记录了这样一条：

> 博明，蒙人，善文章，官翰林。庚戌秋卒于燕京云。[①]

在那个通信不发达的年代，金正中的这条记录，就相当于向朝鲜人传达了博明的讣告，让此后再去中国的朝鲜人知道：中国已无博西斋。

关于博明卒年，在中国文献中并无明确的记载，而目前研究者推定博明卒年，主要是基于翁方纲为《西斋杂著》所作序文中的一句话："西斋之卒，予适出使江西"[②]，由此便产生出两种观点：

---

① 见金正中：《燕行录》，前引《燕行录全集》，第75册，第309页。

② 见前引博明：《西斋杂著二种(西斋偶得/凤城琐录)》，第1页。

其一,考翁氏生平,知其在江西任职至1788年,而博明有一首诗写作时间可以明确为1788年夏,两相叠加,推出博明卒于1788年。[①] 其二,根据台湾学者陈鸿森考证,翁方纲是在1789年九月二十六日自南昌启程北归,故认为博明卒日可推至不晚于1789年九月二十六日。[②] 由是,便有了博明卒年为1788年或1789年两种说法。

而从朝鲜人金正中的记录中,我们又看到博明"庚戌秋卒于燕京云"的说法,庚戌年为1790年,而如果说博明卒于1790年秋,就显然与翁方纲"西斋之卒,予适出使江西"的说法相矛盾,《清实录》载翁方纲于1789年十二月被升为内阁学士兼礼部侍郎,那么1790年秋他就应该已经在北京,若博明卒于当时,翁氏不可能为前述序文中语。由此,基本可以断定朝鲜人金正中的记载有误。

博明与朝鲜使臣的交往,是以往博明人物研究中未曾被关注的方面。借助韩国文献资料,可以还原出大量博明与朝鲜使臣交往的事实。这些与朝鲜使臣频繁而深入的交往,可被看作博明一生中可圈可点的事迹之一。与此同时,经由与朝鲜使臣交往的这一线索,我们可从韩国文献中发现不少足以补证博明生平经历的新资料,进而丰富我们对博明这一历史人物的了解。当然,由博明的例子我们再次感受到,域外文献记录可以成为研究中国历史和人物的重要补充,但也难免存在讹误之处,须与中国文献互证,以确定其正误。

博明的蒙古族身份是一个特别值得关注的角度。其一,以往我们所关注的中韩士人交往的个案几乎都集中于朝鲜士人与汉

① 参见前引白·特木尔巴根:《清代蒙古族作家博明生平事迹考略》,第65页。

② 参见前引方华玲:《博明生卒年份考辨》,第11页。

族知识分子的交往，而博明的案例恰好能够提示我们应该突破这样一种局限，更多地去关注朝鲜人与中国非汉族群人士之间的交游往来，尤其是有清一代这方面的情况。民族融合是清代中国一个重大的政治成就，朝鲜人来到清代中国，会越来越多地结识满、蒙、回、藏等民族人士，这于他们而言无疑是一种新变化和新情况，需要去接受和适应。于当下的我们而言，这又何尝不是一个亟待去关注和研究的历史现象呢？尽管现在这方面的研究还稍显薄弱，但远景可期。

其二，博明的案例事实上也为我们提供了一个从人物交往看清代中朝两国关系发展变化的切入点。就政治和外交角度而言，朝鲜王朝在清朝入关前就已成为其附属国，可以说是最早加入清朝朝贡体系的周边国家。但是，受到朝鲜士人强烈的“华夷观”和“尊周思明”情绪的影响，明清鼎革之后，朝鲜王朝在情感上和心态上一度与清朝十分疏离。这种状况随着时间的推移才缓慢得以改观。经历了康乾盛世的清朝，在国家硬实力和文化软实力两方面都令朝鲜人钦服，后者不得不转而以“北学”为更优选择。[①]博明的案例，在某种程度上恰恰反映了这一变化的结果，清代早期，朝鲜士人基于华夷之辨，对中国满、蒙、回、藏等非汉族人士普遍持一种鄙夷态度，更遑论主动与其展开交往。而我们看到，在面对博明时，朝鲜人的态度已经有了明显的改变，族属性质已经不再成为影响其对博明评价的关键因素。这种态度改变的背后，根本上来说是由于两国关系状况在经历时间洗礼之后的变化，带来了两国人与人之间相互观感的变化。

---

① 关于朝鲜人对清代中国认知和态度转变的问题，孙卫国教授在其新著《从“尊明”到“奉清”：朝鲜王朝对清意识之嬗变（1627—1910）》一书中有颇为精到的论述。具体可参见孙卫国：《从“尊明”到“奉清”：朝鲜王朝对清意识之嬗变（1627—1910）》，台大出版中心，2018 年。

随着学界有关韩国燕行录文献研究的深入开展,以中韩士人交往为切入点讨论中韩思想文化交流的成果不断涌现,而在中韩士人交往的个案研究中,以往更多呈现出来的是个别性、单次性的"著名"交往事例。博明作为一个长期地、持续地与朝鲜人保持交往关系的人物,反倒显示出一定的特殊性。而这恰恰提示我们思考一个问题,以人物交往为中心的跨文化交流的历史研究,如果仅是以个别、单次的事例叠加而形成一种总体式认知,是否失之偏颇?对一种长期持续的人物交往关系的考察,是否也同样或者更应该进入我们的关注视野,成为我们的研究取向?试想,如果可以发掘出更多"博明式"的人物,那么我们对中韩两国人员互动、文化交流历史的理解,对中韩两国关系发展历史的认知,也许还会有一些新的突破。

附录:

《凤城琐录》附朝鲜轶事附朝鲜世系考

〔清〕博明

(摘自博明《西斋杂著二种(西斋偶得/凤城琐录)》)

凤凰城僻在东南,边门在凤凰城东南,其地形山水,即沈城人多不之知,况都中乎?官其地者率无笔载,居人亦鲜读书好事者,轶事恐久而胥湮也。予于强圉作噩之春仲抵任,即询访故迹,惜无知之者。求十一于千百,浸录成帙,半皆琐细,用备考核。朝鲜贡员亦时相过访,并问其国中典故,亦间有所得,集其语附焉。其大政令,边裔微官固不能知,且有所讳避而戒不言也。时为岁之仲秋朔日。

凤凰城边栅,在盛京城巽隅南一度六十分,东一度。自盛京一十里至浑河堡，十里白塔铺，八里火石桥，二里斩将堡，五里鲍家洼子，五里沙河铺，十里长兴店，五里板桥铺，五里十里河，入辽阳州界，五里五里台，五里山药铺，五里烟台，五里万宝桥，五里烂泥铺，五里三道坝，五里张家台，五里接官亭，十里迎水寺，十里辽阳州城，三里额房，十五里高里葱，十二里望宝台，八里大石门岭，七里小石门岭，五里柳河子，七里通官站，八里马蹄岭，五里浪子山，五里二道河，十里货浪沟，十里牛头崖，十里样子岭，十里塔湾，五里金家嘴子，五里大高岭，二十里崔家店，三里底塔，十里连山关，五里刘家岭，五里高家岭，五里分水岭，入凤凰城城守尉管界，十五里草河口，十里和尚庄子，十五里通远堡，十里二道房身，十五里林家台，十里金家河，五里刘家河，十里雪里站，二十里四台子，十里二台子，十里凤凰城，三里山嘴子，五里旧边，十四里长岭子，八里边门，总四百五十八里。其驿驲者，八十里河，迎水寺，浪子山，甜水站，连山关，通远堡，雪里站，凤凰城。予仲春莅任，值大雨，春冰乍泮，行殊难，载纪行中。

边门在凤凰城东南三十里，凤凰山之麓，植木栅为缭，垣屋三椽，中为门施管钥焉。边门章京司之，是为通朝鲜之孔道。康熙二十八年初设领催一名，兵九名，雍正五年添领催一名，兵十九名，乾隆六年添兵二十名，十一年于兵额内改领催二名，不设台丁。

榷使，国初不可考。康熙三十九年七月初九日，户部题，据盛京户部侍郎海帕题，称盛京各税俱交城守尉管取，此亦交凤凰城城守尉，并先派京员试收，钦依行。雍正五年十月十七日，奉上谕，凤凰城中江税，着盛京五部堂官于五部司员内拣选，奏闻派出，管理一年更换，钦此。遂于是年拣选具题，旋经户部议，令嗣后俱送部引见。

税额初定二千两，见康熙三十八年侍郎海帕题疏。康熙四十一年,经自京拣派员外郎邓德试收,增至四千两。雍正七年,郎中伊尔们增火耗八百两。乾隆九年三月,侍郎双喜因每岁阙额,奏请派京官试收。乾隆十一年八月,奉旨派出试收之内务府佐领恩特,二年期满具报,经户部酌中议定,以三千二百九十四两作为定额,以岁春冬之季征之。

盖朝鲜贺正旦使以三月出边领时宪书,员役以十二月初旬出边也。雍正十一年十二月,户部议定饭银,领册档十六两,季报各十六两,考核三十二两。国家嘉惠远人,凡鲜人之物,毫无收取,所抽乃边门商民之互市者。马市之兵丁、台站、门栅人等,所易牛马农器亦纳税焉。其有非时之谢恩、称庆诸典礼往来者,则别为造报。

马市设于中江,岁春秋仲月望后,朝鲜员役以牛货济陈于江干,驻防兵丁台驿夫,以布七千五百十四段,易牛二百、盐二百九十九包、海菜万五千八百斤、海参二千二百斤、大小纸十万八千张、绵麻布四百九十九段、铁犁二百具,以京畿、平壤、黄海三道商各一人承办。义州知府率员役领之,所具糗饵薧鱼称之曰"宴",其官商曰"别将"。

榷使无衙署,僦民廛以居,无胥役,惟城尉拨有兵丁三人供使令。岁支公用银二百两,蔀屋柴门,终日静坐,是以家沈城者,率以榷事小毕,即促装归,岁数往返焉。其京员试收者,给费用银四百两旋停。其贡物自边门城尉雇车至沈,将军衙门派员雇车解礼部交纳,携带之货物则揽头代为雇车运京。

凤凰城边栅,北自石人子与叆阳接界,南至海滨,亘百六十里有奇,出栅至与朝鲜分界之中江,北远而南近,其地皆弃同瓯脱者,盖恐边民扰害属国,乃朝廷柔远之仁,设官置汛,立法綦严。

边外亦产参,近边之旗民及登莱流寓,每私往觅之,然生者甚少,且不如叆阳以北者之坚硕也。故察边外之私参,非凤凰城之要政云。奉天南滨大海，金、复、盖（奉天有金州、复州、盖州）与登莱对岸，故各属皆为山东人所据。凤凰城乃极边，而山之陬、水之涯，草屋数间，荒田数亩，问之无非齐人所葺所垦者。齐人性贪而狠，辽人性愚而戆，不为愚弄，即成嚣讼。予在沈时，与司农署郎会鞠，尝观广志绎谓滇省皆为豫章人所占，吾于辽之有山东人也亦云。

边门地多沙碱，生植殊薄，所种惟黍豆数种而已。麦间有之，稻则绝不生，岁半仰给。辽阳之粟，大约喜旱而恶涝，其恶春涝为尤甚，四节之序，雨旸少愆，即告歉焉。其势又与沈城不同，所居旗民，自耕牧外，惟事捕猎，故善鸟碛者多。虽兵丁，皆疏于骑射，以边山多林莽，不可以驰逐，且三时皆在田，而练习之日少也。

疾病无医人，虽亦知服药，而无从得有携至者，不问温凉补泻而饵之矣，往往致毙，非然则委之于巫，巫者备极作态，以索谢焉。余馆之右有延致之者，终夜喧豗撮弄，病者欣欣，俯而待命，殊不耐观。

石上镵“五龙潭”三字，西廊三楹为庖湢之所，有数故碑，皆剥落，闻昔有审视之者为明人立云。逍遥寺南，有径通旧边门。边门小山，一为凤凰山之支，北平衍，南颇峭，下临边栅，多橡槲，秋深红紫万状，带水绕其前，白云丹叶，不减徐熙图画。山南有关帝庙、九圣祠、龙王殿，为边众报赛之所。

边门一小河，源发自西沟山中，至边不过五六里，北受凤凰山南麓之水，西北受山内水，夏秋积霖，即暴涨，入室侵田，村人皆预为防之，然以源之近，不转晷即归壑也。

边外皆万山，北界叆阳，南抵海东，邻鲜境，连冈接岭，材木之所出，麋鹿之所游也。但久无人居，其故迹多不可考耳。自栅门抵叆河，道中越小河者凡三，然皆一水数为涉也。

鸭绿江，古马訾水，源出长白山，与佟家江合流，南入海，至朝鲜义州府城北,分二流南行,二十里复合焉,西支在东支及叆河之中,故称中江。

叆河发源叆阳、凤凰城分界山中东南,在义州城北十里入江,复有支流南行约十里入江。今城北入江之口,渐淤浅水率,南行支流遂成巨浸,志称叆河出高丽,盖误。

栅外三十里有故城曰"汤山城",荆榛夹境,猛兽藏焉,不详所始,朝鲜呼"汤站城"。

东五里有古墓在山麓,传为金家坟,盖鲜人之冢,山半断碑华表犹存,东有温泉呼为"汤池"。叆河西三里山下,有废城九相联,《志》称为"镇江城"。

凤凰山麓有故石城,一周十余里,设二门,依山设险,石堞具存,相传为旧凤凰城,朝鲜人呼之曰"安市城"。考《新唐书》,贞观十九年四月,绩济辽水,高丽皆婴城守,帝大享士帐幽州之南,命长孙无忌誓师,乃引而东。绩攻拔盖牟城,即其地建盖州。程名振攻沙卑城,游兵鸭绿江上,遂围辽东城,城溃,即其地建辽州。进攻白崖城,高丽将孙伐音降,即其地建岩州。进次安市,攻未能下,帝怒敕诸将攻之,三日不克,乃班师。按:盖牟今盖州,辽州今辽阳,沙卑今海城。且延寿、惠真欲取乌骨,度鸭绿,迫其腹心。长孙无忌谓"安市十万户在吾后,不如先破"云云。今此城最险,计其地势,无不吻合当日兵机,其为安市城无疑。至《明一统志》谓在盖州城北,其情势则是转战而北矣,殆误。白岩,《通鉴纲目》质实云未详,《通志》今之辽阳境,考城内故屋址甚多,有哨台二,但无水,不可以居,岂故有井而久废耶?又闻朝鲜人云当日守城之将名杨万春,可补史缺。

边门所产草木鸟兽虫鱼,大略与沈城相同,今撮其种之涉异足备考证者于左:

人参,一作人参,生于山石岩下,或山顶,或沟涧阴处椴及茶条树下，春生，叶如拳，渐放如野芹，中挺一箭而未茁，其根大者叶亦大，土人谓为“青草”。至夏则中箭直上箭端，生小蕚一丛，作白花，花落，蕚初圆，寻作长形，色始青，浸变为红。入伏时，蕚结子，小者如莱菔子，大者如豆形，若肾色沃丹矣，土人谓为“红草”。至秋，子落，蕚犹红，叶深碧，土人谓为“黑草”。秋深，始黄，土人谓为“黄草”。其新产而未多，历年岁者，止一椏五叶斜生梃傍，盖中一叶，傍分二叶，下复有二小叶，皆平列而不结蕚，俗呼“一披”，又曰“爬掌”。若二椏，则对列，生箭始结蕚矣，俗呼“二披”，又曰“二夹”。二椏围生，而箭在中，俗呼“灯台”。四椏、五椏皆然。亦有一根生二梃，各作三四椏者。大约根在土，逾二三年始添一椏，椏多则根始充实。采得之后，刷剔土泥于饭釜，施秫箔加油纸蒸之，曝炙干焉。油纸所余之水，积而煎膏，可点服，可贴疡毒，较叶膏胜。按：《本草》载参之产多不详，故备询土人而录其说。

山家春夏交多劚药苗为蔬，所呼则其俗名，著录可详者，歪脖菜、杏叶菜，沙参苗也；枪头菜，苍术苗也；明叶菜，桔梗苗也；笔管菜，黄精苗也；小笔管菜，葳蕤苗也；又有呼为关东菜者，视其根则是贯仲，殆音近而讹呼之者。其蒲公英、萱草、山丹，则徧在田陇间也。

莨菪，毒草也，丛茂于陂泽，作白花结小罂，似莲蓬，含子如黍，土人烧烟熏齿痛颇效。予馆舍篱边皆是。按：莨菪为《本草》所收，而《通志》未载，爰《志》以补之。

蕨生边外者，较内地更肥美，四月采其嫩梃，漉以沸汤，曝者色黑，阴干者色绿。

季春，村人皆撷小根菜为食，形如蒜而小，按：小根，薤也，南人呼为“浇头”，生熟皆可食，用糖醋渍之，可久贮。无二种，《通志》分载之，非是。

河白菜，生水畔沮洳，中叶如玉簪而窄，柔滑可食，为村人春季夏初之常菹。干之则色白。

边门止油松、沙松二种，皆无松子。果松则产叆阳边外。按：松之种类甚繁，五鬣、三鬣、松身、柏身，古人止约略其梗概。予宦游多方，所见地各异种，且皆有土呼名目，即松、桧、栝之分类，亦不能确辨其是非。凤凰山所产沙松，叶与枝犹是松状，但其本少直，非若滇蜀之杉松，其叶扁如杉，即东北边外之果松，乃松之结子者，亦非都门所见皮青粉白之栝也。其木则果松坚而韧，油松坚而多脂，沙松则殊轻脆也。木之实曰橡，边门树之有橡者三种，一名"坚柞"，一名"青刚柳"，一名"胡薄罗"，按：坚柞、青刚柳，当是一种，巨细之分耳，即《诗》之"柞"也。其"胡薄罗"，叶大，秋深极红，木坚而脆，不可为器，薪而为炭，佳槲也，一名栎，又名栩，亦有不结实者。《通志》谓不结实者为棫，按《尔雅》："棫曰桵，"《郭注》："桵小木，丛生，有刺，实如耳珰，紫赤，可食。"是《志》言亦未确。

东瓜木，状如柳，皮青，内赤色，《志》称："坚而可为研，甚发墨。"

山楂出边外者佳，充贡榛，亦较内地硕大。

榆肉，生老榆窟中，色黄紫，柔肥，作蔬极美，性固肾气，盖木之精气所结，如桃胶之类。

高江村《说府》载："夜光木，生绝塞山间，积岁而朽，夜有黑光，遇雨益甚，通体皆明白如萤火，迫之可以烛物。"岁之夏月，余偶忆及，询之馆舍炊爨之役，答言甚多，逾户即携数段以来，盖篱栅间皆有之。木腐处为光，故色白，与腐草为萤之理同，旦日以水沃之，入夜弥灿，夏秋雨后有之，春则木干而熄矣，是以不可远携，土人曰"亮木"。

山中朽木，可以承爇戛石之火，俗谓之"火绒"。复有草，如艾之状，揉治之，亦佳殆，亦野艾之类，俗名"猪耳朵草"。忆滇寻甸州亦生野草，其背有白毳毛，以手擘之，即成白线状，不假揉治，干之即可爇，亦异物也。

灌莽中生小果，如椹，下有叶承之，仲夏色正红，微酸，季夏则深红，味甚甘，名“依尔哈木克”，国语也，又曰“普盘果”。复有生小果如豆而光润，味酸，名“山定子”，殆亦棠杜之类，蜜渍之以充贡。

软枣，藤本生小果，状如枣之中者，内多细仁如麻，色青，味甘，蜜渍亦美，非《本草》所载牛奶柿，一名“君迁子”也。

凤凰城所产鹿、獐、狍、□之属，皆逊东北边外之肥腯，然多有之。夏至后亦多采鹿茸者。鹿茸有二种，辽沈一带者胜，俗呼为“麋鹿”，木兰所产者逊之，俗呼为“马鹿”，究竟鹿麋之辨，《本草》所载既未详确，诸方人各异其说也。入药则用麋鹿，马鹿茸则远贩于边门，售之朝鲜人，盖利其质之硕、直之廉，而莫分良楛也。

惟闻三四岁前，卒然熊大至，遍村墟。忆昔人云熊为羆，询之亦不然，盖山居不与城同，而说部所传，亦未可尽信。

今人呼蛙之背紫腹有凝脂者为“哈什吗”，非是。“哈什吗”，水中之介虫也，虾头，六足，形与田中之蝼蛄相似，而大首有二螯，亦有膏如蟹，土人以其状与蝼蛄相似，则以“拉蛄”呼之，“拉蛄”，国语蝼蛄之名也。其紫背之蛙名“楊普额尔赫”，《清文鉴》之注文甚悉。其“哈什吗”，春月肥，土人榨其浆，煎如腐，色微红，而味鲜美。

沈阳夏日已较关以西为凉爽，边门依山临水，尤不甚酷暑，惟昼多蝇虻，夜多蚊耳。蝇则满室，白壁素笺往往点污。虻有大至盈寸者，牲畜遭之，立流血。蚊不甚大，而喙倍利，闻今已稍减，昔年为尤甚云。

鼐，产山中大木窟中，土人往采之，有积之数斗者，生则如凝脂，熟则色赤。

边内水族,鳞则鲫,介则蟹,皆多而美。鳝有青鳝。鳗鲡也较内地者状微细而长。土人有呼为“虫虫鱼”者,似鲫而狭,唇倍厚,盖重唇也,即《诗》之“鲨”,能吹沙行,味亦佳。

附朝鲜轶事。

朝鲜寓内分为八道,其近中江为驿使大路者,曰“平安道”;稍东南,曰“黄海道”;黄海道之东,曰“京畿道”,国王都焉;近王京而邪界西南,曰“忠清道”;忠清道之东南直王京正南,曰“全罗道”;全罗道之东,曰“庆尚道”;庆尚道之北在王京东南,曰“江源道”;江源之北,东亘海西,绕王京之北,皆大山,不通行人,山外东抵海,西接平安道,其地形邪而长,曰“咸镜道”,必由平安道始可。大抵平安、黄海、忠清、全罗、庆尚、咸镜皆滨海,惟京畿、江源二道在中。自王京南至海东至海皆约二千里,北至海数百里,西至边门一千里。八道所属皆有府,府属有县,县隶于府,而府自为治,如内地之直隶州然。

朝鲜东西南皆滨海,其西北平安道与盛京接者,以鸭绿江为界,其东北咸镜道与宁古塔接者,以土们江为界,所谓“会宁”是也,岁亦有马市。其正北之界则直至长白之麓,树栅为界。长白山之东支最高峻,鲜人呼为“白头山”。

其自边门赴王京之路,一百里至义州府,三十里至所串站,五十里至龙川府,三十里至铁山县,五十里至宣州府,四十里至郭山县,三十里至定州府,六十里至嘉山县,五十里至安州府,六十里至肃州府,六十里至顺安县,六十里至平壤府,五十里至中和县,四十里至黄州府,五十里至凤山县,三十里至钩水,四十里至瑞兴府,五十里至葱秀站,三十里至平山府,七十里至金川县,四十里至开城府,四十里至长湍县,四十里至碧蹄馆,四十里至红州院,十里至王京,自义州城西十里江岸交界至王京计一千二百里。

其每岁称贺及谢恩之陪臣，正使以王族之封君者、仪宾之封都尉者或政判书、府官充之；副使为判书、参判；书状官司宪府员；下则皆鸿胪官也。若通官，其阶级亦不同，大通官三员，一谓之“首堂”，其二谓之“上判事”。其官制，正（秩三品）、佥（秩四品）、判官（秩五品）、主簿（秩六品）以上谓之“参下”。馆有都提调一，以阁臣领之，提调二，以吏曹判书已行者参之。

其学译文者，隶同文馆。有清、汉、蒙、日四学。清文则《捷解清语》一书，蒙文、日文亦各有《捷解》。汉文则初试以背四书成诵，次即学《老乞大汉语》一册（盖元人所遗）、《五伦全备》四册、明人所撰之《南曲传奇》《朴通事语》一册（彼国人所集之汉语，以习俚语）。习则试以论、序、记、呈文、咨文中式，然后命官焉。

汉学设教诲二十三人，兼充赍咨官。上判事十人，兼充副使及书状官之大通官，均谓之“作厅”，犹堂上官之意也。其上判事系由众员内考授，教诲由上判事内考授，教诲复考授首堂，而司一切使命事，充正使之大通官。若积有劳绩，则锡以一二三品散官，以网巾系绳之圈为别，三品用玉，二品用金，一品则用圆玉。

朝鲜人重门阀，朝官分两班。“东班”，文官及要官也，非世阀不能居；其寒贱只得充武官、杂官，谓之“西班”。尤重嫡庶，贵臣庶子亦只充西班官。

乾隆四十一年三月初五日，朝鲜国王李昑薨，遣陪臣报讣，予谥“庄顺”。世孙袭位，年二十五。赍诏使臣为副都统万福内阁学士嵩贵。庄顺王薨时年已八十四，暮年衰疾，国事皆相臣洪凤汉掌握，颇专擅，其弟麟汉为次相，更怙势纳贿。传言庄顺未薨前二年，有内禅意，诸臣皆受命，麟汉独不行，是以嗣王请封后，即正麟汉、罪凤汉，因系母之父且无贿款，幽禁而贷其死焉。

庄顺王次婿，江城尉，郑姓，早卒无嗣，有养子厚谦，凭其母之势干预政事，蓄逆谋，嗣王诛之，厚谦年二十八。

庄顺王二子,长悖,封世子,早卒,乾隆十年册次子愃为世子,于乾隆二十七年殂,以愃子继悖后,重嫡统也,请封册为世孙。(传言愃嗜酒狂易幽死,故朝鲜之酒禁甚严。)袭位乃请贻赠愃为王,谥“思悼”。

箕子之后有箕氏、韩氏、鲜于氏,高句骊之后高氏、高丽之后王氏,今朝鲜皆有其人。至新罗之后为金氏,百济之后为朴氏,其人最多,今称巨族也。相传高丽有安、李、崔、朴、金、郑六大姓。

丁酉春,于边门遇朝鲜谢恩回国者,正使领中枢府事李淀、副使礼曹判书徐浩修、书状官司宪府兼执义吴大益;其贺正旦回国者,正使锦城都尉朴明源、副使吏曹判书郑好仁、书状官司宪府兼执义申思运。

乾隆四十二年,孝圣皇太后上宾,朝臣往颁遗诰,朝鲜国王倧遣陪臣恭进陈慰表、祭文、贡沉束香三两、芙蓉香二十枝、花龙烛一对、银香盒一、铜烛台二、代牲银三百两、柿饼十则、柏子、黄栗、银杏、大枣各十斗、蜜十五斗及白面纸、小纸、白苎布、白绵绸,于五月十一日入边。正使吏曹判书郑尚淳、副使礼曹参判宋载经、书状官司宪府兼监察姜忱,于本年八月十六日蒇事出边回国。

其朝鲜国取士之制有大、小二科,小科初试诗、赋,次试经义、四书疑,复会试焉,入格然后谓进士中。大科者为及第,试表、策、论、赋,复会试则科其一。又有明经科,则暗诵三经四书,有遗亡舛误者不入格。

其试帖曰行诗七言十八句,似古体叶平仄,题命以经(癸未年小科题“孑孑干旌”四句),赋限三十句成篇。

朝鲜字母凡十四类,类十一阶,音尾九,余字四,盖二合、三合、四合以成音。

南汉山城,在王京东四十里,乃崇德间大兵破王京,国王李倧率其妻孥退而自保之地。

浿水在平壤城西南五十里。

日本，在朝鲜庆尚道南海中。其君称天皇，姓徐，子与女皆可承继，而不与闻国政。秉国权者关白，称王，姓源。对马岛岛长，姓平，盖平秀吉族属之后人。其国人通文教，善击剑，尤精于火器。迩年颇贫困，近朝鲜者皆仰朝鲜之粟布以给。按：朱竹垞《诗话》，天皇之子娶于其族，夫死妻立，兄死妹立，子死母立，盖昔已然。日本一切考试文案，俱用汉文，其人颇知向学，惟其诗文，墨守明人王、李之集，自二家之外，概不入目。竹垞《诗话》载朝鲜女子许景樊，谓其篇章句法宛然嘉靖七子之体，疑为赝鼎。日人今尚如是，朝鲜又何为不然哉？

闻明神宗时日覆朝鲜，有伎女忿恨欲刺日酋，为所杀，女名玉梅，家在平安道，往来人题咏甚多，此亦可与《见闻录》所载之琼枝、曼仙比烈矣。

朝鲜亦有叶子戏，割楮为签，墨书其上，凡八十，为八部，曰人、马、星、獐、兔、鱼、鸟、山鸡，各自一至九，而以皇乘、极虎、鹫龙、风鹰为魁领之，列坐匀分，迭出而捉灭之，较桌数为胜负焉。其捉例：人、鸟、鱼、山鸡以九捉八，其四以一捉二。

朝鲜官员入觐，至义州，代商民携贸易之镪而抽什一，以供行李之费，曰“八包”，盖沿明季使员各携商参“八包”之名，今制人不得逾三千两。

箕子故都平壤，今有故井。新罗都今庆尚道庆州。百济初都平壤，后迁今忠清道扶余县。高句丽都平壤。相传麒麟岩乃朱蒙升仙处。高丽今开城府，因建都之时，一夜城外青松环生，遂名其城曰“松都”，其主山曰“松岳”，亦作“嵩”。玄菟、真番、乐浪、临屯，汉所置四郡也，属今江源、咸镜二道。

朝鲜国尺，如中国工部尺之尺，有五寸。

其国以白麻布为白布。以绵布为白木盖，谓“木绵”也。以布之有直理垄起者,俗名"搭喇布",为交木,谓纬绵相交也。以黑豆为"马太",乃其国语。呼烟为"南草"。

乾隆四十二年十一月二十九日,朝鲜使臣员役三百三十八人为年贡,谢恩诏,并陈奏流谪参判洪述海之妻金氏及其子相格遣力士逾垣入宫行刺事。原表文封缄不可见,询其陪臣,语言文字皆不足以尽其详,具其始事之故言,人人殊似有所讳隐,第即其言附略于后:

洪启禧,臣姓也,官判书,故生三子,趾海官判书,次即述海,次缵海,亦官参判,趾海子相简,官承旨,庄顺王时与江城都尉之子郑厚谦甚相昵,王为世孙时,二人蓄意摇动之,郑复萌觊觎非分念,相简亦欲拥戴。庄顺王薨,王二十七日谅阴毕,言官发其前谋,即诛郑而逮相简,相简更詈言庄顺兄终弟及之际,亦多不正之谋,因并诛相简而流谪趾海兄弟。金氏等怨望造逆,谋连党羽,先阴结宫妾为巫蛊,今岁孟秋复以二十千金购二力士,携椎佩刃入宫行刺,因踏坠屋瓦为王觉,遁,王戒心,因潜移室。八月十二日,再入及寝,未入室,为司门卫士所获,穷鞫得情,且言推戴王季弟恩全君禶。因族诛洪氏,株连死者百余人。赐禶死,年十七。而人言洪相简之死,率多互异之词,遵雍正六年鲜国逆民称兵,王戡定国乱入告故事,具表上闻。

岁币二百八十六包,内纸二百二十二包,布五十包,绸三包,苎二包,皮物六包,席子二包,腰刀一包。方物一百四十四包,内纸一百二十二包,绸三包,苎三包,皮物一包,笔墨一包,厚油纸一包。贡米六十八包。

正使兴禄大夫河恩君李垙,副使吏曹判书李坤,书状官兼司宪府执义李在学,并咨送贩米豆闽人曾金合等二十八名在黄海道风损舟樯还中国。

案:朝鲜乃东裔大国,久列藩服,自汉以来虽攘代几更而历年皆久远，至本朝荷再造之殊恩，输贡百年，《志》称“东裔恭顺，乃其天性，殆有然也”。其设官取士，大约皆沿唐宋制，惟是地不过中原一省，而民贫赋重，所产自纸、布、牛、马外，绝无珍异。迩年生□日烦，故亦多告馁。士子虽知读书，学无师承，皆墨守训诂，一二聪颖之俦，又往往好高骛远，而无所别择。其诗体亦清婉，而不知气格。凡朝觐之陪臣使者，例不接见，余从员皆不甚读书之人，有所叩问，率不能酬答，姑就其所能知者，书之于右。

附朝鲜世系考。

康献王旦，初名成桂，元至元元年乙亥生，明洪武二十五年壬申开国，三十一年戊寅，传子恭定王，永乐六年戊子薨，年七十四，庙号太祖。

恭定王芳远，康献王子，元至正十七年丁酉生，明洪武戊寅年嗣位，庚辰传子禔，永乐十七年己亥薨，年六十三，庙号定宗。

世子禔，恭定王子，元至正二十七年丁未生，明建文二年庚辰以世子摄位，四年壬子奏改祹为世子，永乐二十年壬寅薨，年五十六，追号太宗。

庄宪王祹，恭定王子，洪武三十年丁丑生，永乐十六年戊戌嗣位，景泰元年庚午薨，年五十四，庙号世宗。

恭顺王珦，庄宪王子，永乐十二年甲午生，景泰元年庚午嗣位，三年壬申薨，年三十九，庙号文宗。

世子钧（按《明史》作宏時），恭顺王子，正统六年辛酉生，景秦元年摄位，八年癸亥传叔，庄惠王天顺元年丁丑薨，年十七庙，号端宗。

庄惠王瑈，庄宪王子，永乐十五年丁酉生，景泰六年乙亥嗣位，成化四年戊子薨，年五十二，庙号世祖。

怀简王暲，庄惠王子，正统三年戊午生，天顺元年丁丑薨，年二十,成化十一年,追封号德宗。

襄悼王晄,庄惠王子,景泰元年庚午生,成化四年戊子嗣位,五年己丑薨,年二十,庙号睿宗。

康靖王娎,怀简王子,天顺元年丁丑生,成化五年己丑嗣位,弘治七年甲寅薨,年三十八,庙号成宗。

燕山君隆,康靖王子,□□□□□□□,弘治七年甲寅嗣位,正德元年丙寅传位弟怿。

恭僖王怿,康靖王子,弘治元年戊申生,正德元年丙寅嗣位,嘉靖二十三年薨,年五十七,庙号中宗。

荣靖王皓,恭僖王子,正统十年乙亥生,嘉靖二十三年甲辰嗣位,二十四年乙巳薨,年三十一,庙号仁宗。

恭宪王峘,恭僖王子,嘉靖十三年甲午生,二十四年乙巳嗣位,隆庆元年丁卯薨,年三十四,庙号明宗。

昭敬王昖,荣靖王子,德兴大院君岹第三子,嘉靖三十一年壬子生,隆庆元年丁卯嗣位,万历三十六年戊申薨,年五十七,庙号宣祖。

光海君珲,昭敬王子,万历三十六年戊申权国事,天启三年癸亥为国人所废。

追封王琈,昭敬王子,万历六年庚辰生四十七年己未薨,崇祯六年癸酉,追封号元宗。

庄穆王倧,元宗子,万历二十三年乙未生,天启三年癸亥为国人所立,崇德元年丙子受本朝封,顺治六年己丑薨,年五十五,国中自号仁宗。

僖顺王焞,庄恪王子,顺治十八年辛丑生,康熙十三年甲寅嗣位,五十九年庚子薨,年六十,国中自号肃宗。

恪恭王昀,僖顺王子,康熙二十七年戊辰生,五十九年庚子嗣位,雍正二年甲辰薨,年三十七,国中自号景宗。

庄顺王昑，僖顺王子，康熙三十三年甲戌生，雍正二年甲辰嗣位，乾隆四十一年丙申薨，年八十三，国中自号英宗。

恪愍王愃，庄顺王子，乾隆四十一年丙申追封号真宗。

今继王算，恪愍王子，乾隆四十一年嗣位。

凤城琐录终。

卢以渐:“白头之交”与儒者笔谈

1. 卢以渐及其燕行日记《随槎录》

卢以渐(1720—1788),字士鸿,号楸山,本贯万顷。[①] 万顷卢氏一族历史上,曾出现卢应皖、卢应晫、卢应晧三兄弟于“壬辰倭乱”中组织义兵追随名将赵宪英勇抗倭,并最终和赵宪在金山之役中共同赴义的事迹,时称“三义士”。[②] 但其家族辉煌史也仅此而已,整个朝鲜时代,万顷卢氏一族中科举及第者仅有七人,怎么看也算不上是两班望族。卢以渐的父亲卢彦骏是以武科出身仕官,所以他并没有深厚的家学基底,学习道路走得也比较艰难,直到37岁才通过司马试取得进士身份。[③] 在仕途上,卢以渐也没有

---

① 今韩国全罗北道金堤市万顷邑一带。

② 今韩国忠清北道报恩郡水汗面有纪念赵宪的后栗祠,祠中有一碑文提及卢氏三义士事迹:“万顷卢氏。以高丽平章事万顷君克清为鼻祖,入我朝,讳革,文科牧使。生讳自羽,生讳竹鸣,俱参奉。生讳一仝,生讳世得,俱奉事,赠参议、参判。参判公娶咸安赵氏泽之女,生三男,长曰应皖、次曰应晫、季曰应晧,世所称三义士者也。长公字明远,号守庵,自幼颖悟,长而重,以孝友文学世其家,师事重峰赵文烈先生。当壬辰倭乱,与二弟倡率义旅从先生矢死讨贼,享怀仁后栗祠。”又,今韩国忠清南道公州市牛城面贵山里有万顷卢氏三义士生家址(出生地故居),内设三义祠,并立有三义士殉义碑。

③ 朝鲜时代科举分小科与大科,小科考试又称司马试(朝鲜根据《礼记·王制》将生员进士称为司马),是生员取得进士身份的考试,只有通过小科考试,才有资格参加大科考试。大科分为文科、武科、杂科,通过初试、复试后就算合格,最后参加殿试,然后可以被授予官职。也就是说,司马试是大科的资格考试,而大科考试才是决定能否入仕为官的考试。

太大的成就，仅担任过长陵参奉和汉城府西部奉事等比较低微的官职。

然而，家族史上的“三义士”事迹，对其思想成长产生了深远影响，特别是当在“壬辰倭乱”中给予朝鲜援手的明朝被清朝取代后，其因追崇先祖而形成了极其鲜明的“尊明排清”的思想，这一点在其唯一存世的著作《随槎录》中多有体现。而根据《万顷卢氏世谱》记载，卢以渐有遗稿二十一卷，算是不少。另据记载，他与当时以诗文闻名的申光河（1729—1793）素有往来，由此推测他在文章、诗文方面当有一定造诣，而这一点从《随槎录》中留存的诗文材料也可得到印证。1780 年，卢以渐已经 61 岁，如此高龄尚被指派前往中国，最主要的原因就是他对中国历史文化有很深的了解，可以在使行途中起到类似顾问的作用，这从《随槎录》中他对一些中国历史地理问题的考据性文字中亦可见一斑。[①]

目前已出版的《随槎录》有两种，其一是林基中所编《燕行录全集》第 41 册收录，其二为复旦大学文史研究院与韩国成均馆大学东亚学术院合编《韩国汉文燕行文献选编》第 21 册收录，而其原本藏在韩国庆北大学中央图书馆，为笔写本，不分卷，一册，总共有 169 页，图书编号为：古 811.5 노 69 ㅅ。[②]

① 关于卢以渐其人情况，参见前引《韩国汉文燕行文献选编》中《随槎录》解题，见该书第 21 册，第 167 页；权延雄：《卢以渐的〈随槎录〉：解题和原文标点》，第 142—143 页；金东锡：《有关卢以渐〈随槎录〉的研究》，第 262—264 页；韩国系谱研究院编：《韩国人族谱》，日新阁，1977 年，第 363—364 页，“万顷卢氏”条。

② 原本所藏处信息，在《韩国汉文燕行文献选编》中提到，而《燕行录全集》未提及。但后者收录的《随槎录》版本，从字迹、版面布局以及纸张底纹细节等方面看，基本上可以断定也是庆北大学中央图书馆的藏本，但是《全集》收录的这个版本，页数却只有 165 页，较之《选编》少了 4 页。经查系《全集》本存在缺页问题，所缺为原本第 39、124、156、157 页，也即《选编》本的第 211、296、328、329 页。鉴于此，本文的引注都以《选编》本为准。

从文献的内容来看，卢以渐的《随槎录》是将该次使行前后约五个月的出使过程按照时间顺序，以日记形式加以记载，这也是最常见的燕行文献记录形式。从中我们看到，使团的行程大致是：五月二十五日从汉城（今首尔）出发，八月初一抵达北京，因乾隆在热河的行宫"避暑山庄"接见宴请各国使节，使团部分人员于八月初五日前往热河（卢以渐未随行），又于八月二十日返抵北京，九月十七日离京返回，十月二十七日返抵汉城。具体来看，该文献前三分之一记载的是从汉城出发到北京城的路途经历，其中包含对路线里程、沿途山川风貌、名胜古迹、风俗民情等的记载。之后便是抵达北京之后的记录，最后是返程记录。

我们可以将《随槎录》与产生于同一次使行活动的朴趾源的《热河日记》做一比较，从体例上来看，《随槎录》采用燕行文献最常见的日记体，而众所周知《热河日记》的体例在燕行文献中是属于比较另类的，它并非严格按日记事，而是采用一种主题式的记载，仅在部分主题下以日记事。在历史上，《热河日记》曾一度因为所谓的"文体不纯正"而受到过指责，不过今天我们更关注的是文献内容而不是体例，所以以文献所包含的信息量和资料价值来说，无疑《热河日记》更胜一筹。

从具体内容上看，《随槎录》虽然篇幅有限，但其所记内容还是有其一定的史料价值，大致可以从两个方面来理解。其一，《随槎录》的记载可以与《热河日记》形成一定的史料互补性。《随槎录》按日期记录了出使的全部过程，即从五月二十五日出发到十月二十七日返抵，而《热河日记》的记载中并没有从汉城到义州、从北京回汉城的行程记录，从这一点上说，《随槎录》能够帮助我们更好地勾勒这次使行的全貌。其二，通过对比两种文献所体现的作者的不同观念，可以启发我们思考一些深层次的问题。《随槎录》处处充斥着卢以渐"尊明排清"的思想，或者说"尊周思明"

思想。[①] 而朴趾源《热河日记》更多的是体现一种对新事物的兴趣和对新知识的渴求，代表了他所抱持的向清朝学习先进文化的态度，也即所谓的"北学"思想。

本书前已述及，在卢以渐的《随槎录》中，有一部分是完整记述卢以渐与博明笔谈的文字，计6 000余字，此外还有卢以渐致博明的两封书信[②]，亦皆全文照录于《随槎录》中。这些资料，一方面有助于我们详细了解博明与卢以渐的交往，另一方面也为研究卢以渐及博明二人的学术思想提供了极有价值的补充。本文主要将对这部分材料做进一步展开和分析。

2. 卢以渐与博明的第一次笔谈

博明与卢以渐的第一次笔谈，发生在1780年农历八月初十日。博明应邀来到朝鲜使臣下榻的馆舍，双方互相作揖行礼之后，便坐下开始笔谈酬酢[③]：

> 余先书于明之纸曰："夙慕声望，而生在偏邦，尚稽承候，今奉謦咳，曷胜感幸！而不通华音，无异聋瞽，殊庸郁沓。"
>
> 明书于纸面第二行曰："衰朽学人，所植荒陋，令承惠顾（惠顾书于上行），不胜欣慰！"
>
> 余又书曰："曾闻大人有欧苏之文章，得程朱之余

---

① 关于朝鲜王朝的"尊周思明"问题，可参考孙卫国：《大明旗号与小中华意识——朝鲜王朝尊周思明问题研究（1637—1800）》，商务印书馆，2007年。

② 八月十四日致信，见前引卢以渐：《随槎录》，第336—338页；九月一日致信，见前引卢以渐：《随槎录》，第289页。

③ 本文自此以下之笔谈引文，见前引卢以渐：《随槎录》，第255—289页，不再一一出注。

绪,此平生所欲承诲者也。”

明又书于他行曰:“程朱欧苏夫何敢言,少时蜚有虚声耳!”

余又书曰:“曾闻大人居内翰,今居何官耶?”

明书曰:“兵部员外郎。”

余书曰:“员外郎唐时称台阁,今则何如耶?”

明书曰:“所谓武库郎官也!”

余书曰:“海外谀学,欲闻大道,末由逢大方家,愿大人幸教之!”

明书曰:“本无淹贯,倘有所叩,无不答也。”

笔谈一开始,卢以渐表示自己对博明仰慕已久,因为听闻此前与博明有过交往的朝鲜士人评价其“有欧苏之文章,得程朱之余绪”,在文学和理学方面都有精深的造诣,所以一直想向博明请教,如今终于得偿所愿。博明则表达了承蒙谬赞,如有所问,知无不言之意。于是,卢以渐提出了第一个问题:

余曰:“曾闻中华道学分而为二,朱、陆并行,今则抑或归一耶?”

明曰:“道学至北宋而大,明朱子承周、程、张四子之后集其大成,自为嫡派,同时象山翁崛起于江右,其学以尊德行为主,遂与朱子异,然所异无甚大也。明阳明王氏,一以陆为法,主致良知,致良知本出孟子,非异说也,但其冥心求道,不觉流入禅家矣。其初显与朱异,后复为晚年定论之学,将欲援朱而入陆,则不可也。阳明其忠孝大节、文学武功,震于一时,学人为其所笼,遂入王矣。然道学究以程、朱为正。”

余曰："朱陆之学所异者，只在于尊德性道问学之间，而朱子云：'子静好处难掩，而终有葱岭带来气味。'至阳明翁则扶抑悬殊，考其文可知也。当今之学者，以陆王为正耶？以程朱为正耶？"

明加圈于"程朱为正"之傍矣。

余书曰："敬承诲音，如披云雾，何感如之！今之学者，有能得程朱之嫡传者耶？"

明曰："天下大矣，岩穴自修之士何患无人！"

这个问题是关于中国儒学的发展流变和现状。卢以渐提到中国儒学经历了"分而为二，朱、陆并行"，即程朱理学与陆王心学并行的发展阶段，向博明请教对这个问题的看法，并询问当今中国儒学发展的状况。

关于朱、陆并行的问题，博明的回答是：儒学至北宋有了大发展，而程朱理学是集大成者，同时出现的陆九渊的学说与朱熹虽有不同，但差异不大，到了明朝，王阳明在陆九渊学说基础上发展的心学，才开始与朱子理学有较大的差异，其更接近于佛家禅宗的思想，而因为王阳明在当时学界和政界的双重影响，致使不少学者追随他的学说。但是，在博明看来，"道学究以程、朱为正"，即儒学的正统还是程朱理学。

听了博明的回答，卢以渐就其认为陆九渊与朱熹学说差异不大这一点针对性地提出自己的看法，他认为，朱熹对陆九渊的评价"子静好处难掩，而终有葱岭带来气味"，实际上已经指出陆九渊的学说受到佛家思想的影响，而不仅仅像博明所说的，到了王阳明那里心学才"流入禅家"。然后，他又继续追问，"当今之学者，以陆王为正耶？以程朱为正耶？"博明在"程朱为正"四字旁画了个圈作为回答。接着卢以渐又问，当今中国的学者，有没有谁能称得上是“得程朱嫡传者”? 对此博明没有正面回答,只是说:“天下大矣,岩穴自修之士何患无人!”

卢以渐看到博明对这个问题的回答,内心应该是感到满意的,因为在朝鲜士人心目中,朱子学永远是唯一的正统。在明代阳明心学兴起之时,朝鲜士人曾旗帜鲜明地批判其为异端邪说。可想而知,当他们听到一个清朝学者口中说出“道学究以程、朱为正”这样的话时,至少是颇感欣慰的。然而,博明的回答只能代表他个人的意见,他表述的那些观点,在多大程度上体现清代学术界的真实状态,是值得商榷的。

结束了关于儒学流变的问答后,卢以渐提出了一个关于文学的问题。

> 余曰:“文章之士,则唐之韩、柳,宋之欧、苏、王、曾,明之方、王、李、汪俱为大家,今则推谁为大家也?”
>
> 曰:“文章自汉人以后,昌黎韩氏直接古人,七家续兴,此真大家也! 元明以来及本朝,以文章著者多矣,若以之配八家则不能,非人不能,文运不能也,亦如唐人之不可为汉人耳!”又曰:“本朝之侯歌(朝)宗、韩菼、汪琬、朱彝尊、查慎行、方苞皆古文名家,各有全集,观之可见。”

卢以渐向博明请教:在中国的文学史上,有“唐宋八大家”,明朝也有如方孝孺、王世贞、李攀龙、汪道昆等可称为大家,那么现在清朝所推崇的当世学问大家,都有哪些人呢? 博明回答,在他看来,“唐宋八大家”是真正的大家,其后历代出现的文学家,都无法与之相比,倒不是因为个人能力不够,而是因为“文运不能”,就好比唐人无法写出汉人一样的文章。博明的这一观点,反映出清代文坛一种追求“复古”的倾向。对于“当世大家”的问题，博明给出了侯方域、韩菼、汪琬、朱彝尊、查慎行、方苞等人的名字，称他们都是“古文名家”，并建议卢以渐找他们的全集来看。

卢以渐接着问了一系列关于科举考试的问题，博明一一作答。

> 余曰：“方今科举文字，用何体耶？闻有八股体，其体何如？”
>
> 曰：“经义也。”
>
> 余曰：“全尚经义，而更无他文耶？诗赋俪策等文，不用于时耶？”
>
> 明曰：“初场四艺三、性理论一，遵程书之学也，二场经艺二、诗一首，三场策问五。”
>
> 余曰：“诗用古体耶？用排律耶？”
>
> 明曰：“五言八韵排律，唐制也。”

卢以渐还向博明请教了关于清朝的宗教状况方面的问题：

> 余曰：“三代所尚各有损益，盖大朝所尚三教之中，谁为最崇耶？”
>
> 明曰：“无三教之名，儒之外有二氏也。”
>
> 余曰：“崇儒之教钦仰钦仰。”
>
> 明曰：“儒，人理也，二氏自为异说，以行其志，今二氏之后衰矣，不过借其教以养生，古之所谓大养济院，诚是也。（自注曰：养济院养贫氏之所。）韩子辟佛，同时僧人皆大学问□行，足以与儒敌。韩子若生于今日，见无赖僧人，必不辟佛。”

卢以渐提出这个问题的预设是当时清朝存在儒、释、道三教并行的情况，并希望了解哪一种宗教最受尊崇。对此，博明的回答是中国并无所谓三教并行的情况，儒学或者说儒教是凌驾于佛、道两者之上的存在。不仅如此，博明还认为，当时的佛教和道教都在走下坡路，其影响力根本不足以与儒学思想相匹敌，因而当世的儒学者也没有必要像当年韩愈辟佛那样，把它们当成是对儒学权威的一种挑战，更没有必要对它们采取更多的限制措施。对于清代儒、释、道三教状况问题，不同研究者有不同认识，但是这一段材料至少向我们展示了博明个人的一种具体想法，有一定参考价值。

事实上，认为儒学是超越于佛道两教之上的存在这样一种观点，在当时清朝的士人群体中似乎比较普遍，从其他一些材料也可以得到旁证，比如朝鲜人朴趾源遇到的一位任职讲官的蒙古人破老回回图，就也曾表示过这样的看法，他认为把儒看成一种宗教就是自退于九流之列，儒学是一种更高层次的精神存在，是天下之道，不可以与佛教、道教等宗教等同。[①] 总的来说，博明对三教问题的认知态度，和当时朝鲜士人的普遍观点比较相近。朴趾源就曾经表达过佛教"不待辞避而其教自绝"的观点，和博明如出一辙。[②]

---

① 此事详见前引《热河日记》"黄教问答"，第 172—174 页。朴趾源在酒楼偶遇此人，对谈中得知他叫破老回回图，蒙古人，字孚斋，号华亭，现任讲官，后来又了解到，此人还是康熙皇帝的外孙。《热河日记》"倾盖录"中，有其小传："破老回回图，蒙古人也，字孚斋，号华亭，见任讲官，年四十七，康熙皇帝外孙。身长八尺，长髯郁然，面瘦黄骨立。学问渊博。余遇之酒楼中，为人颇长者，所带僮仆三十余人，衣帽鞍马豪侈，似是兼兵官也，貌亦类将帅。"见前引《热河日记》，第 163 页。

② 朴趾源和清朝学者谈到本国的宗教问题时曾说："至敝邦立国四百年，士族虽愚者，但知诵习孔子。方内名山，虽有前代所创精蓝名刹，而皆已荒颓，所居缁流，皆下贱无赖，维业纸屦，名虽为僧，目不识经，不待辞辟而其教自绝。国中元无道教，故亦无道观，所谓异端之教，不期禁绝，而自不得立于国中。"见前引《热河日记・黄教问答》，第 168 页。

其后，卢以渐向博明了解有关清朝人才培养机制和官员晋升路径的情况，博明则介绍：国家设立各级教育机构以培养人才，京师设有不下数十处大学和官学，地方府州县也都设有学校；读书人考中进士之后步入仕途的路径，则是延续明朝的制度安排：

> 余曰："大学即首善之地，贤士之所关也。当今培养之规，果何如耶？"
>
> 明曰："天下之读书人何啻亿兆，各有学馆。京师则有大学及各官学，不下数十处，皆饩廪。"
>
> 余曰："《戴记》自进士通仕籍，当今之制亦然否？"
>
> 明曰："同明制。"
>
> 余曰："当今天下州县，毋论大小，皆有学校耶？"
>
> 明曰："府州县皆有学。"

接着，卢以渐向博明打听当世程朱后人的情况。

> 余曰："程朱之孙，有闻显人耶？"
>
> 明曰："近日薨之太学士程讳景伊者，程子之后也。"
>
> 余曰："本朝从享朱子，子孙袭封为侯，果然耶？是或齐东之言耶？"
>
> 明曰："袭五经博士矣！朱侯者，明朝之后人也，三恪之义。"

卢以渐问，程朱的子孙，现在是否还有声名显著之人？博明说有一个太学士叫程景伊的，是"程子之后"。卢以渐又问，听说清朝"从享朱子"，还让朱子的子孙世袭封侯，是否确有其事？博明说，朱子后人世袭的是翰林院五经博士的职位，但并不封侯，世袭封侯的是明朝皇室的朱氏后人。

之后,博明问及卢以渐的年纪、任职的情况,卢以渐据实以答。博明又问卢以渐当年考进士时的相关情况:初试和复试的题目是什么?有没有考写诗?考的是几韵诗?卢以渐一一作答。

> 明曰:“尊经何官,而年几何?”
>
> 余曰:“鄙人年六十一,三十七忝升国庠后,以荫补西部奉事,即古所谓洛阳令也。外邦之人,一欲观风于上国,而其道末由。今兹跟大行人,以记室名入来,故例着戎服,而非业武矣。”
>
> 明问进士初试题。
>
> 答曰:“梦至京师见城阙遣使朝宋。”
>
> 明问:“是何人之梦耶?”
>
> 曰:“高丽明宗事。”
>
> 曰:“此事见《三国史》,抑系高丽事?”
>
> 明又曰:“诗题否?”
>
> 曰:“然矣。”
>
> 明曰:“几韵耶?”
>
> 曰:“七言古诗十八韵。”
>
> 明又问复试题。
>
> 答曰:“上书讼灌仲孺骂坐事。”

接着,卢以渐向博明请教了一些中国历史地理方面的问题。包括:(1)燕昭王招贤的黄金台遗址在何处?(2)《禹贡》提到的“碣石”在哪里?(3)乐毅的封地昌国是现在的什么县?(4)韩愈的出生地到底是河阳还是抚宁?

余又问曰："燕昭王黄金台遗址，在何处耶？"

明曰："战国至今年久远，今有朝阳门外一土埠，相传谓黄金台，想非真也。"

余曰："《禹贡》曰'太行恒山，至于碣石'，皇都后龙，似是太行，而碣石在何处耶？"

明曰："在东海中。"

余曰："乐毅封昌国君，是何县耶？"

明曰："昌国今昌平州，在京师北八十里。"

余曰："或云抚宁县乃昌黎韩子所生之地，然否？韩子本河阳人，恐传之者误矣！"

明曰："韩子生于孟县，昌黎乃韩氏之望郡也，若以为韩子生于京东，其时京东非唐地，韩子何由生耶？今昌黎地乃唐卢龙地之北，与契丹接壤处。"

博明回答：(1) 北京朝阳门外有个土堆，相传为黄金台所在，但想来应该不是真的。(2) 碣石在东海中。(3) 昌国是今昌平州，在京师北八十里。(4) 韩愈出生地是孟县(河阳)，他自号昌黎是因为昌黎是他的望郡(祖籍)，并非他的出生地。

二人的第一次笔谈，到这里告一段落，卢以渐说由于当时想来见博明讨教的朝鲜人越来越多，博明有些不堪其扰，于是起身离去了。十四日，卢以渐送了一封书信给博明，同时附上了四首律诗，博明收到后，于二十二日专程回访卢以渐，于是两人展开了第二次笔谈。

3. 卢以渐与博明的第二次笔谈

笔谈开始，博明先对卢以渐投书赠诗表达谢意，并高度评价了卢以渐的诗文水平,还说有机会自己一定会和诗回赠。卢以渐表示,您过奖了,我今天还是想继续请教一些问题,还请不吝赐教。博明欣然接受。

博曰:“愧荷佳咏,气格苍老,韵调流丽,足征素养,但承过誉,实愧于中,愿步佳韵,另日上渎。”

余书曰:“向日之仰尘者,只出于仰慕之心,而荷此过奖,不胜歉叹!”

仍曰:“平生粗读圣贤书,而疑碍者多,今奉邃学,仰质如何?”

博曰:“谨当如戒。”

接下来的笔谈中,卢以渐先后围绕着《大学》《中庸》《论语》《孟子》《尚书》《诗经》《春秋》《礼记》八部儒家经典著述,各向博明提出了一个问题。博明则予以详略不一的回答。

《大学》:

余曰:“《大学》首章《明德》指性而言耶?指心而言耶?”

博曰:“宋儒所说,性即理也,盖性善之性,非知觉运动之性,若离理言性,则是佛书之明心见性,道书之性命双修,而非吾儒之性也。心之当然,即理之本然。”

余曰:“谓之性,则只言理,谓之心,则兼理气而言耶?”

博曰:“有觉谓之心,心之本曰性,性之本则理。”

余曰:“格物之‘格’字,象山翁谓之捍也,未知何如耶?”

博曰："以朱注为正。"

《中庸》：

余曰："《中庸》则载道之书也，首章天命之性，朱子释之以各正性命。人物之性各自不同，然虽有偏全之殊，而一原则同。禽兽草木皆有仁义礼智之性耶？"

博曰："《中庸》之书，辟异端之书也。（此调未谓古人言过）盖子思子之时，正异端大行之时，子思作《中庸》以明道，故谓各正者，人之皆正也。至能尽物之性，则兼物而言，盖人具五性之全，禽兽则间有具一二性者，草木之性，则顺天地以为性，而不可与人比也。"

《论语》：

余曰："《论语》云：性相近也，性岂有相近耶？"

博曰："性有刚柔健顺之不同，大段不同，然其为善之理则一如。柔者，吝于改过，而仁慈则为善。刚者，逞憎暴，而敏于改过则善，揆其本原，则不相远，故日近。入习气则南辕北辙矣。"

余曰："愚之所问者，以为天赋之性，则舜、跖无异，而孔子谓相近，故疑之也。指气质之性而言之耶？"

博曰："相近二字，极为圆融，圣人之言也。孟子断为善，即相近处而言耳，若舜、跖则下文之上智下愚耳。"

《孟子》：

余曰:“《孟子》之书,多言‘仁义’二字,且言‘气’字,孔子所不曾兼言者也。圣贤之言,有偏言仁者,有兼言仁义与气者,何也?”

博曰:“《孟子》之言‘仁义’,孟子之正也,老氏言道德,而不言仁义,读《原道篇》可见。气字,性之大用也。”

《尚书》:

余曰:“《书经》道政事者也,而大道之首载者,即‘钦’之一字,为万世心学之本也。其文灏灵而盘诘,不类于前,不类于后,抑或后人之所述耶?何其佶倔聱牙之甚也?”

博曰:“钦字为千古主敬之本,佶倔聱牙,当时训诰之体,如今之俗语耳!”

《诗经》:

余曰:“《诗经》之义,奥而难知,《朱注》与《程注》大异,中华则尚何注耶?”

博曰:“诗义数百种,皆有所发明,通志堂所录,皆注疏程朱之外者也。”

《春秋》:

余曰:“《春秋》,夫子为治之书也,传之者有四家,未知何说最长耶?”

博曰:“春秋四传,皆不能得圣人之义,自宋人已有去传言经之学，今有《御制春秋直解》一书，盍求观之。”

《礼记》：

> 余曰：“《礼记》经秦火后，多汉儒所傅会，其真本无由观矣，既是汉儒傅会，则不可谓之经耶？”
>
> 博曰：“《礼记》之中，醇者无多，亦皆仪礼之义疏，余皆醇疵相半，岂得谓经耶！”

请教完四书五经的问题，卢以渐再次提到了佛教。他引用了朱熹对佛教的评价“弥近理而大乱真”，即表面看来似乎很合情理，实际上却违背事实真相。他认为佛教的“治心”之说，虽表面上与儒学有一定的相通之处，但它完全抛弃“五伦”观念，与儒学在根本上背道而驰。尽管如此，在早期，还是有不少儒者都对佛教产生兴趣。他请教博明怎么看待这个问题。博明认为，佛教的“治心”和儒家的“治心”完全不同，它有自己一套复杂的理论体系，作为儒者，他对佛教的东西不关心，也不会去学习。

> 余曰：“先儒谓：‘异端之中，佛氏弥近理而大乱真。’佛氏之治心，虽与吾儒略有相似，而遗弃五伦，头脑误矣。贤者初头，无不中毒，何也？”
>
> 博曰：“佛氏治心，全不与吾儒同，其教亦自广大精微，吾辈不学耳！”

接下来，卢以渐提到了宋儒周敦颐，他说陆九渊评价周敦颐的《太极图说》，称其与道家学说相近，请教博明的看法。博明回答，周敦颐被尊为宋儒的开山之祖，他在学术方面最重要的成就，主要体现在《通书》这部著述中,至于《太极图说》的内容,确实引入了很多道家的观念。

> 余曰:“濂溪《太极图说》,为后学之指南,‘太极’二字,虽见于《易·系》,而可谓发前圣之所未发。象山以‘无极’二字,谓近于庄说,未知如何?”
>
> 博曰:“濂溪宋儒之首出者也,其大处密处,全在《通书》。《太极图》陈图南之学近,且‘无极之真’之‘真’字,‘二五之精’之‘精’字,皆出道书,六经无‘真’字。”

卢以渐接着说道,周敦颐确实有开创理学的功劳,后来的二程、朱子,都在其基础上发展而来。他又问博明,听说朱熹因为“嘉惠后学之功最多于前儒”,在清朝的孔庙从祀序列中,从位列两庑被提升到与十哲并列,是否属实?博明回答确有其事,这是在康熙年间做出的调整。

> 余曰:“两程夫子得濂溪之道而大之,定性之书、性即理也之说、敬为主宰等说,可谓发前圣之所未发,而朱夫子又集其大成矣。似闻以朱子嘉惠后学之功最多于前儒,圣庙从享位次,列于十哲,果然耶?其或传者之误耶?”
>
> 博曰:“康熙年间,跻考亭于十哲,所以尊朱注也。”

其后,卢以渐又提到了一些宋元儒者,包括张载、邵雍、真德秀、许衡,并询问博明有关其后人的情况。博明一一予以解答。

> 余曰:“张子之学,一变至道,其言气质之性,即先儒

所未说得者也，子孙有闻人耶？”

博曰：“横渠崛起关中，初学二氏游而归，道造贤域，其言气质者极明，今后人二有博士。”

余曰：“邵子之学，虽出于希夷，而其人温温君子也。程子居邻数十年，虽不言一数字，而岂可以此而少之耶？其子孙有闻人耶？”

博曰：“邵子见道处甚多，独其《皇极经世》，将万物俱分作四段，不能解也。亦有博士观《缙绅全书》俱载之，圣门之有后嗣，皆有东野周公后人，颜曾孟颛孙端木诸冉氏，皆然。”

余曰：“圣贤之后，虽未博通五经，皆例袭博士耶？”

博曰：“荫生。”

余曰：“真西山亦大儒也，虽以济王事，有所雌黄，而不可易得之人也。《心经》之要切，无异于《近思录》，有切于后学多矣，子孙有闻人耶？”

博曰：“真氏子孙，亦多读书人，今在福建。”

余曰：“许鲁斋仕于元朝，有事业耶？其子孙有闻人耶？”

博曰：“许亦大族，子孙甚多。”

卢以渐又问博明：当世人对于明代的儒者，都推崇哪些人？薛瑄、王阳明之外，还有哪些人值得称道？博明回答，明代理学的代表人物是薛瑄、蔡清及清诸君子（黄宗羲、顾炎武、王夫之等），除此之外，有名的就都是阳明学者，理学到了明代逐渐式微：

余曰：“明时学者，推何人耶？薛文清正而未高，王阳明高而未正。此外，更有真正嫡派耶？”

博曰:“明理学,薛文清、蔡虚斋、清诸君子外,则皆阳明学者也。理学至明暂矣。”

卢以渐又追问:清朝的理学家,何人算得上是大儒?是否得到程朱的嫡传?博明说,本朝的学者太多了,我不方便评价,你还是自己找他们的文集来看,自行评价吧:

余曰:“大朝理学,则谁为大儒,而得程朱之嫡传耶?当今之事,漠然不知,谚所谓灯下不明者也。愿历言之。”

博曰:“本朝学者甚多,当觅观其集,此不可臧否者也。”

这时,卢以渐想到之前博明曾提到的程氏后孙,便追问他是二程之中哪位的后人。博明回答说,那位是程颐的后人,程颢的后人很少。

余曰:“近薨程太学士,明道之孙耶?伊川之孙耶?”

博加圈于“伊川之孙”,又曰:“明道后人甚少。”

把历代儒学大家后人的情况问了一遍之后,卢以渐最后问了孔、孟后人的情况。博明回答,在孔子和孟子的老家曲阜和邹城,有大量孔、孟后人生活在那里。

余曰:“阙里去京师几许里,而尚有弦颂之风耶?”

博曰:“去京师千余里,城中皆孔颜二氏子孙,无别姓,亦多二氏之庙祠。”

余曰："邹去京师几许里？而多孟子之子孙耶？"

博曰："一千七百里，而皆孟氏子孙。"

笔谈至此，博明略感疲乏，他命人备上茶酒果品，邀请卢以渐共饮，卢以渐推辞，称自己"平生不能饮"，并表示自己更希望能抓紧时间向博明请教更多的问题。博明边继续劝酒，边说：尽管问来。卢以渐还是坚决不喝酒，博明只得以茶相敬。

博使其隶人备茶酒梨子葡萄等物进之。

余谢曰："未副勤意，感愧交并。曾读诸家文，而未得其糟粕，今逢大方家，乌得无一言之评品乎？幸乞毋惜齿牙间余论，开发蒙蔀。如何？"

博曰："请问之。"又进酒而劝之。

余又辞谢曰："盛眷难孤，而初无东坡五合之量，奈何奈何！惭愧惭愧！"

更以好茶进之，余受而饮之。

之后二人的笔谈开始进入到人物品评的阶段：

（余）又曰："秦汉之文尚矣，无容更评，此则置之于马肝辞，而韩子之文，可谓起八代之衰矣。愚尝以为《原道》一篇，即孟子后始有文字也。第论治平，而阙却格致一段工夫，朱子之斥以无头，宜矣。未知为何如耶？"

博曰："唐时儒学，不能如宋时之明，朱子之论昌黎，亦责备贤者之意。"

余曰："愚则以为，昌黎非不知格致工夫，而《原道》之书，为辟异端而作，故就释教之有体无用而言之，不可论于治国,故单提治国,而不及格致,未知如何耶?”

博曰:“此唐人未入贤域之说也。”

卢以渐首先谈到的是韩愈,他高度评价韩愈的成就,称其为秦汉之后“起八代之衰”的学者,特别是他的《原道》一篇,是“孟子之后始有文字”。但是,因为《原道》中没有提到格致的内容,被朱熹批评为有所缺憾。他请教博明对此的看法。博明认为,就儒学的发展而言,唐代不如明代,但朱熹批评韩愈,有些过于苛责的意味。卢以渐补充说,他认为韩愈并非不知道格致的内容,只是《原道》一文有它特殊的写作意图,主要论述佛教的学说对于治国没有实质性的帮助,所以也就没有必要在其中提格致的问题。

接着,卢以渐提到了柳宗元,认为柳宗元的文章可与韩愈并称,其《晋问》与《封建论》两篇,都是不可多得的好文章。博明则认为,柳宗元远远不及韩愈,他是在被贬永州之后,才开始写出一些好文章:

余曰:“河东之文,简而精、博而雅,其浑然天成,虽逊于昌黎,而人巧极处可夺天工,可以并称,而第《晋问》之奇,韩文亦未见。《封建论》亦天地间不可无之文字,未知何如耶?”

博曰:“河东远不逮韩子,永州以后,文始佳耳!”

随后二人又品评了欧阳修、三苏、曾巩、王安石等人:

余曰:“欧阳之文,似韩子而又有风神,第其骨格,逊于昌黎。第鹿门论文章,以子长之文比秦中,昌黎之文比剑阁,欧阳子之文比金陵,可谓格论,未知如何?”

博曰："欧阳之文，学《史记》传赞者也。抑扬唱叹，低徊不尽，其骨力逊昌黎。昌黎古文也，庐陵宋之时文也。鹿门之论，秦中大国也，百二山河，为天下之险。昌黎比剑阁，翠屏千仞，合丹嶂五分，关城之险，昌黎之险以之。欧阳南远山色，似金陵，亦甚(此下字未详)。"

余曰："三苏之文，同入于大家，而以愚见之，子由雄浑不如其爷，俊爽不如子瞻，而有委备小骨之意，何为以同入于大家耶？"

博曰："文定逊于父兄，古人评之久矣。"

余曰："南丰之文，出《诗经》，博而且雅，《学舍记》之见识，非欧苏所可及，而其他诸篇风采，似逊于二家，未知如何？"

博曰："南丰学刘子政者，行余为妍，其气格优近汉，特离学耳。八家之文，首辟者为韩子，才大者大苏，南丰则法汉人峭刻，刚为半山，以(此下字未详)法论，则昌黎与半山为最。"

余曰"半山之文虽精核，而风神似逊于欧苏，未知如何？"

博曰："文人薄行，自相如也然矣！"

聊完唐宋名家，卢以渐问博明，元代文章名家，有没有能继承欧阳修、苏轼的？博明说，唐宋的古文传统到了元代就衰落了，就好比宋人写不出唐诗的风韵，宋诗再好，终不及唐诗：

余曰："元时文章.有能继欧苏者耶？"

博曰："古文至元衰矣，如宋人之不能为唐诗，宋诗虽佳，终逊三唐。"

卢以渐又向博明请教,对于明代的学者和论著,如何评价?他自己的看法是,方孝孺和王若明(王阳明?)大概可比欧、苏,其余如唐顺之、李梦阳、王慎中、王世贞等,也都可称得上是“为一家之言”。博明说,明代的文坛,经历过不少的变化:明初一度流行“台阁体”,一味追求书写格式的齐整和书法的精妙。王世贞、李攀龙发起复古运动,主张恢复两汉古文,但不过是刻意模仿而已。归有光、艾南英等也提出复古,主张要向唐宋学习。但这些主张复古的学者,都无法与真正的唐宋八家相提并论:

> 余曰:“明时之文,如方逊志、王若明,似无愧于欧苏矣。其余荆川、崆峒、晋江、凤洲诸人,虽体格各异,而不害为一家言也。当以何家为最耶?愚意则无出于逊志,未知如何?”
>
> 博曰:“相传:明文三变,而入明初,务为台阁。王、李不为汉以下言,赝矣,所谓优孟衣冠也。震川学欧者也。艾千子以八家之文,兴于西江,诸子以东汉之文,鸣于松江。若以八家之真比之,亦未必非赝者也。”

之后,卢以渐又想再次询问清朝文坛大家的情况,博明仍以“不品题本朝”为由推辞,不过这次他提了一句“有《望溪集》甚妙”,推荐给卢以渐。《望溪集》是方苞的文集,在前一次笔谈中,博明也提及方苞是清代的古文名家之一,可见其对方苞的推崇。

> 余曰:“大朝之文,当推谁人为大家耶?”
>
> 博曰:“不品题本朝,有《望溪集》甚妙,当觅读之。”

聊完历代学问名家,二人又有一番关于诗文的交流。

余曰："诗之亡久矣，苏、李始为五言，而《古诗十九首》甚高，无名氏，未知何人所作耶？"

博曰："汉之碑铭诗章，多无名，古人之雅也，大约东京人。"

余曰："后之言诗者，必以老杜为最甚，诗律果无敌于今古耶？"

博曰："古今诗人，老杜衰时，自觉千古（此下似忘未书）。"

余曰："宋诗多尚古实，诚如明人之论，而明人之诗，专尚虚声，亦非唐人之浑然也。风气升降，恶得不然。当今之诗，未知何如耶？"

博曰："本朝诗人甚多，然逊于明。"

卢以渐向博明请教，《文选》收录的五言诗《古诗十九首》水平甚高，作者均为无名氏，后世是否有考证出无名氏是何人？博明说，后人选编的汉代诗文，不少都是从碑刻铭文上辑录而来，这些诗往往不书作者姓名，故而无法考证，《古诗十九首》的作者，大约应是洛阳诗人。卢以渐还向博明请教清代诗人和诗文创作的情况，博明回答说诗人很多，但都不如明代。

此时，二人笔谈接近尾声，博明询问了卢以渐的字和号，卢以渐一一答复。因为时间已经很晚，二人虽有不舍，也只得就此打住。博明还表示，日后一定再找机会见面。卢以渐向博明表示感谢。二人依依惜别：

博书卓子上曰："字某耶？"

余答之。

复问号某耶？

又答之。

时日已暮矣,将罢归。余曰:“终日承诲,益闻所不闻,感幸多矣,而继此奉后,实无其期,不觉怅黯。”

博曰:“必图后晤。”

余曰:“伏承更诲之教,感幸万万。日已暮矣,恐致尊体劳倦,敢此辞退矣。”

临门,博遂下堂握手,有怅惘之意。

4. 卢以渐致书博明与依依惜别

九月初一日,卢以渐再次致书博明,并赠一律。书曰:

恭候再叨倾盖,辱赐勤挚,划削边幅,披露肝腑,咳唾笑嬉,闵非琳琅,感折之心,何异虹寒门而濯清风。第言语聋哑,犹有不尽意之叹,深庸闵菀。然窃以为聋于言者,未必聋于心,以小人之腹度君子之不以是弃之已,向以荒陋之辞,唐突仰渎者,直出不外之意,而讫靳琼惠,岂下俚之音,非白雪之可和而然也耶!方且愧恧之不暇,而犹有望于高明者,感高明之不鄙夷我也。愚溪蛮徼中一涓涔,而得子厚一字之赐,至今显于世;海隅愚生,虽甚颛蒙,岂蛮溪之不若耶?大家珠什,不啻子厚之戏语尔!秋序将莫,客思益寥落,怀仰清范,未尝不发于梦寐。而外国之人,踪地龃龉,不敢为趋走门屏计,一味伈伈。而然其倾泻之意,不如是之缓也。偶得一联,更兹冒渎,只资覆瓿耳。某顿首。[1]

---

① 参见前引卢以渐:《随槎录》,第 289 页。

此后，卢以渐得知博明"适以考官入试所，动费一月，然后罢出"，而朝鲜使团不久即将启程回国，想到二人"图后之约"无法达成，卢以渐深感遗憾。在《随槎录》的最后，附有卢以渐所撰写《与博詹事书》，行文中毫不吝惜赞美之辞，称誉这一位在万里他国结识的挚友。两人之间建立起的跨国友情，足以成为一段佳话：

与博詹事书

某白：士之生于偏邦，一见中华，愿也。然唯夬心于山川之雄奇，邑里繁华，京都之壮丽，而曰获我愿也，亦末矣。何异于游蓝田之山者，只见其山之胜，而不知其采玉也耶。中华固士君子之蓝田，而京师又蓝田之最种玉处也。敭而为荐绅大夫，韬而混街廛市号者，殆不可以更仆数矣。

孟子曰：士尚友天下之士而为不足，又尚友古之人。夫生于千百载之下，而欲尚友于千百载之上，亦已难矣。其人面目之莫接，声音之莫闻，而犹且求之于精神气味，依稀仿佛之间，而况生乎一世，声闻相通者，为何如耶？某荜圭贱夫也，僻在海隅，见闻荒陋，才又浅短，学识卤莽，不足以窥士君子之藩篱。而第念天之所以与我者，初无丰啬之殊，则我何为芒芒然弃之耶？夙夜只栗，唯裦天是惧，未尝不留心于圣贤之书，旁搜于百家之言，昉于髫龀，讫于白纷，而一味冥墒，罔寻其绪，则恐此目之不瞑于地下，遂有奋发之志，一欲就质于中华之君子，而山川间之，道涂辽焉。

今兹之行，衣菱纡之服，涉汤火之水，跟行人之使，而又值淫潦浃月，平陆成海，冲泥而遭没膝之灾，济川而罹灭顶之患，甚至于临不测而屡号神明，褰裳裈而毛骨俱竦。

滨死者数矣。而犹不以为悔者,其意岂浅浅也哉?

伏惟阁下学问宏邃,文章精丽,雅望著于大朝,华闻彰乎海外,虽牛走闺媪,皆知阁下之为天下士也,何其盛也。某之今来也,所见者亦不少矣,宦野之广敞,海关之控隘,巫闾之岳势,蓟门之烟景,不可谓不大,而犹未足以壮吾心目,惬吾素愿,只欲一见阁下之高明,得闻博雅之论,观感于咳唾笑傲之末,而其道无由,乃者倾盖之日,滥叨下榻之礼,德音温和,酬酢如响,首尾数十言,皆可以开发蓬蔀,挥廓云雾。俾此朦瞽得见白日之余辉,愿此眇眇,何以得此于阁下耶。譬如羸疾将死之人,忽逢良医之过门,投之以神丹妙剂,而遄臻于回醒,私心感佩奚百朋客也。西来之愿于是乎谐矣。

然外国之人,踪踪觥尫,继此承诲,罔卜其期,下怀悒悒,盖觉怅怅,唯阁下矜其愚庸,谅其忱诚,更赐末光,俾得拾其苞篱边弃物,以卒启迪之惠,如何如何?所献四律,辞未畅意,调不入格,终落于下劣,魔徒玷高眼,不胜涂丹,而第寓乔斗,仰慕之衷,另日怀想之意,或可频恕之耶。固知折柳拊缶之音,不足混于匀天云韶之响,而倘蒙腆眷,惠以琼琚,则庸者佩橐筐,作传家之资。西蜀丹青,不足以为珍,荆扬三品,不足以为宝,江南文锦,不足以为美,感戢曷既,唯阁下垂察焉。某拜。[1]

5. 卢、博二人笔谈的史料价值

从博明与卢以渐二人前后笔谈的内容看,大致谈论了如下一

① 参见前引卢以渐:《随槎录》,第336—338页。

些主题：儒学、科举、学人、经籍、诗文、史地等。二人的两次笔谈，第一次浅尝辄止，第二次则在第一次的基础上进行了更深入的探讨。从中我们大体可以感受到：博明与卢以渐，虽然一个是蒙古人，一个是朝鲜人，但二人都对儒学和汉文学有着精深的造诣和理解，因而也有着不少的共同语言。卢以渐对中国学界的现状表现出很强的求知欲，而博明也知无不言，尽己所能地回答卢以渐提出的问题，二人的交流非常融洽。

卢以渐和博明见面时，二人都已经是六十多岁的老者，两人年龄相仿，博明长卢以渐两岁。他们志趣相投，学术思想也比较一致。两人相识、笔谈之后，愈发彼此钦慕。两位白头老者在酒馆中相对而坐，案上谈纸成堆，不时发出阵阵会心长笑，如今我即便只是在脑海中浮想，也不免艳羡此种"白头之交"。俗话说的"白头如新，倾盖如故"，在他们二人身上竟又得到了升华，他们的交往，不仅完美诠释了"倾盖如故"，更是让我们看到"白头之交，亦可倾盖如故"。

无独有偶，与卢以渐生活在同一时代的朝鲜文人洪良浩（1724—1802）也有过类似的"白头之交"的经历，在他的《答宋德文书》中有言："古语云：'白头如新，倾盖如故。'盖言友之云乎，不在面而在于心耳。仆与足下俱白头矣，始于今夏相见于他席，则所谓白头而倾盖者也。人有玄首而识面，白头而不知心者。今吾辈识面于白头，而许交于倾盖，新而如故，又非昔人之比也。"[①]可见，洪良浩自己也认为，"白头而倾盖如故"是一种更高层次的相交之谊。

诚然，我们在燕行文献中可以看到很多朝鲜士人与中国士人

① 洪良浩：《耳溪集》卷十五，收在韩国古典翻译院编：《韩国文集丛刊》，韩国古典翻译院，2000 年，第 241 册，第 260 页。

的笔谈记录,但内容详实完整且对谈双方学术水平相当的笔谈实际上并不算太多,洪大容的《乾净衕笔谈》大概可以算是一种,朴趾源《热河日记》虽然也有大篇幅的笔谈记录,但其笔谈对象的学术水平相对较低,内容涉及学术的部分并不多。卢以渐的《随槎录》这部文献,以往受关注程度不高,它的篇幅不长,但我认为,其中所记与博明笔谈的部分,是我们探讨清代中韩知识分子间学术交流问题时,较具参考价值的资料。

主要参考文献

基本史料：

《明实录》《清实录》（数据库版）。

［韩］民族文化推进会编：《朝鲜王朝实录》（全四十九册），首尔：探求堂，1968 年。

〔清〕张廷玉等编：《明史》，中华书局，1974 年。

〔清〕赵尔巽等：《清史稿》，中华书局，1977 年。

《承政院日记》，韩国首尔大学奎章阁，藏书号：奎 26694。

《平壤志》（上、下），韩国首尔大学奎章阁，藏书号：古 4790 - 2 - v. 1 - 2。

〔朝鲜王朝〕柳得恭编：《中州十一家诗选》，韩国首尔大学奎章阁藏本，藏书号：가람古 895. 1108 - Y9j。

〔朝鲜王朝〕尹斗寿编：《箕子志》，韩国学中央研究院藏书阁，藏书号：K2 - 174。

〔朝鲜王朝〕金憙编：《林忠愍公实纪》，韩国学中央研究院藏书阁，藏书号：K2 - 809。

［韩］民族文化推进会编：《大东野乘》，民族文化推进会，1989 年。

申炅：《再造番邦志》，收入《大东野乘》卷九。

赵庆男：《乱中杂录》，收入《大东野乘》卷六。
朴东亮：《寄斋史草》，收入《大东野乘》卷十三。

［韩］国史编纂委员会编：《韩国文集丛刊》及《韩国文集丛刊（续编）》，首尔：景仁文化社，1990—2015年。
金诚一：《鹤峰先生文集》，《韩国文集丛刊》，第48册。
申钦：《象村稿》，《韩国文集丛刊》，第72册。
郑忠信：《晚云集》，《韩国文集丛刊》，第83册。
李选：《芝湖集》，《韩国文集丛刊》，第143册。
南有容：《雷渊集》，《韩国文集丛刊》，第217册。
黄景源：《江汉集》，《韩国文集丛刊》，第225册。
李敏辅：《丰墅集》，《韩国文集丛刊》，第232册。
李种徽：《修山集》，《韩国文集丛刊》，第247册。
洪大容：《湛轩书》，《韩国文集丛刊》，第248册。
朴趾源：《燕岩集》，《韩国文集丛刊》，第252册。
李德懋：《青庄馆全书》，《韩国文集丛刊》，第259册。
朴齐家：《贞蕤阁初集》，《韩国文集丛刊》，第261册。
朝鲜正祖：《弘斋全书》，《韩国文集丛刊》，第262册。
南公辙：《金陵集》，《韩国文集丛刊》，第272册。
成海应：《经研斋全集》，《韩国文集丛刊》，第277册。
郭钟锡：《俛宇集》，《韩国文集丛刊》，第344册。
俞彦述：《松湖集》，《韩国文集丛刊》（续编），第78册。
姜世晃：《豹庵稿》，《韩国文集丛刊》（续编），第80册。
洪良浩：《耳溪集》，《韩国文集丛刊》（续编），第241册。
郑元容：《经山集》，《韩国文集丛刊》（续编），第300册。

［韩］林基中编：《燕行录全集》，东国大学出版部，2001年。

李押：《燕行记事》，《燕行录全集》，第 52 册。

金景善：《燕辕直指》，《燕行录全集》，第 71 册。

金正中：《燕行录》，《燕行录全集》，第 75 册。

[韩] 林基中编：《燕行录全集续编》，韩国尚书院，2008 年。

任百渊：《镜浯游燕日录》，《燕行录全集续编》，第 134 册。

复旦大学文史研究院与韩国成均馆大学东亚学术院大东文化研究院合编：《韩国汉文燕行文献选编》，复旦大学出版社，2011 年。

许篈：《荷谷先生朝天记》，《韩国汉文燕行文献选编》，第 3 册。

李商凤：《北辕录》，《韩国汉文燕行文献选编》，第 7 册。

金昌业：《老稼斋燕行日记》，《韩国汉文燕行文献选编》，第 10 册。

郑斗源：《朝天记地图》，《韩国汉文燕行文献选编》，第 10 册。

卢以渐：《随槎录》，《韩国汉文燕行文献选编》，第 21 册。

李海应：《蓟山纪程》，《韩国汉文燕行文献选编》，第 26 册。

朴思浩：《燕蓟纪程》，《韩国汉文燕行文献选编》，第 27 册。

复旦大学文史研究院编：《朝鲜通信使文献选编》，复旦大学出版社，2015 年。

姜弘重：《东槎录》，《朝鲜通信使文献选编》，第二册。

〔清〕博明：《西斋杂著二种（西斋偶得/凤城琐录）》，《国学文库》第十六编，出版社不详，民国二十三年（1934 年）据嘉庆年刊本重印版。

〔清〕王葆心：《蕲黄四十八砦（寨）纪事》，台湾中华书局，

1972年。

〔朝鲜王朝〕李圭景:《五洲衍文长笺散稿》,首尔:明文堂,1977年。

〔朝鲜王朝〕徐居正编:《东文选》,朝鲜古书刊行会,1980年。

〔明〕董越:《朝鲜赋》,收入《文渊阁四库全书》,上海古籍出版社,1987年,第594册。

〔朝鲜王朝〕李颐命:《疏斋集》,收入杜宏刚等编:《韩国文集中的清代史料》(第4辑),广西师范大学出版社,2008年。

〔清〕博明:《西斋诗辑遗》,《清代诗文集汇编》编纂委员会编:《清代诗文集汇编》,上海古籍出版社,2010年。

〔朝鲜王朝〕赵彻永:《续明史》,收入《域外汉籍珍本文库》(史部二辑二册),西南师范大学出版社、人民出版社,2011年。

[韩]韩国系谱研究院编:《韩国人族谱》,首尔:日新阁,1977年。

[韩]忠愍公林庆业将军纪念事业会编:《忠愍公林将军要览》,首尔:忠愍公林庆业将军纪念事业会,1977年。

[韩]日新阁编:《歷史의人物》,首尔:日新阁,1979年。

[韩]信和出版社编:《历代人物韩国史》,首尔:信和出版社,1979年。

[韩]韩国精神文化研究院编:《韩国民族文化大百科事典》,韩国精神文化研究院,1991年。

[日]田中健夫编:「新訂続善隣国宝記」,集英社,1995年。

[法]荣振华著,耿昇译:《在华耶稣会士列传及书目补编》,中华书局,1995年。

钱仲联主编:《清诗纪事》,凤凰出版社,2004年。

[意]利玛窦、(法)金尼阁著,何高济、王遵仲、李申译,何兆

武校：《利玛窦中国札记》，中华书局，2010 年。

专著：

戴季陶：《日本论》，民智书局，1928 年。

金毓黻：《东北通史》，五十年代出版社，1943 年。

［日］中村荣孝：『日鮮関係史の研究』，吉川弘文馆，1965 年。

［日］今西龙：『朝鮮王朝古史の研究』，东京：国书刊行会，1970 年。

［韩］全海宗：《韩中关系史研究》，首尔：一潮阁部，1981 年。

刘家驹：《清朝初期的中韩关系》，台北：文史哲出版社，1986 年。

张博泉：《箕子与朝鲜论集》，吉林文史出版社，1994 年。

［韩］全海宗：《中韩关系史论》，中国社会科学出版社，1997 年。

［韩］李元淳著，王玉洁、朴英姬、洪军译，邹振环校订：《朝鲜西学史研究》，中国社会科学出版社，2001 年。

［韩］한문종，『조선전기 향화 · 수직 왜인 연구』，국학자료원，2005。

孙卫国：《大明旗号与小中华意识——朝鲜王朝尊周思明问题研究（1637—1800）》，商务印书馆，2007 年。

［日］松浦章著，郑洁西等译：《明清时代东亚海域的文化交流》，江苏人民出版社，2009 年。

［日］夫马进著，伍跃译：《朝鲜燕行使和通信使》，上海古籍出版社，2010 年。

葛兆光：《宅兹中国——重建有关中国的历史论述》，中华书局，2011 年。

朱莉丽：《行观中国——日本使节眼中的明代社会》，复旦大学出版社，2013 年。

葛兆光：《想象异域——读李朝朝鲜汉文燕行文献札记》，中华书局，2014 年。

谢国桢：《增订晚明史籍考》（上、下册），北京出版社，2014 年。

［日］上田信著，高莹莹译：《海与帝国：明清时代》，广西师范大学出版社，2014 年。

［日］赖山阳：《重订日本外史》，北京大学出版社，2015 年。

王鑫磊：《同文书史：从韩国汉文文献看近世中国》，复旦大学出版社，2015 年。

刘小珊、陈曦子、陈访泽：《明中后期中日葡外交使者陆若汉研究》，商务印书馆，2015 年。

钱海岳：《南明史》（全十四册），中华书局，2016 年。

［美］司徒琳著，李荣庆等译：《南明史（1644—1662）》，上海人民出版社，2017 年。

董少新：《葡萄牙耶稣会士何大化在中国》，社会科学文献出版社，2017 年。

孙卫国：《从"尊明"到"奉清"：朝鲜王朝对清意识之嬗变（1627—1910）》，台大出版中心，2018 年。

苗威：《箕氏朝鲜史》，中国社会科学出版社，2019 年。

葛兆光：《亚洲史的研究方法：以近世东部亚洲海域为中心》，商务印书馆，2022 年。

论文：

中文

赵相璧：《清代蒙古族诗人博明》，《内蒙古社会科学》1985 年第 3 期，第 67—71 页。

白凤岐：《略谈博明的〈凤城琐录〉》，《满族研究》1988 年第 3 期，第 31—34 页。

程作新：《浅析博明的哲学思想》，载《内蒙古社会科学》1989 年第 2 期，第 20—24 页。

程作新：《蒙古族学者博明的唯物主义思想》，《内蒙古师大学报（哲学社会科学版）》1992 年第 2 期，第 23—28 页。

赵建民：《〈日本外史〉的编撰、翻刻及在中国的流传》，《复旦学报（社会科学版）》1996 年第 1 期，第 91—97 页。

李光涛：《毛文龙釀乱东江本末》，《明清档案论文集》，台北：联经事业出版公司，1996 年，第 163—254 页。

陈尚胜：《17—19 世纪朝鲜王朝的清朝观演变》，《韩国学报》2000 年第 16 期，第 89—102 页。

白・特木尔巴根：《清代蒙古族作家博明生平事迹考略》，《民族文学研究》2000 年第 1 期，第 64 页。

刁书仁：《论清朝与朝鲜宗藩关系的形成与确立》，《扬州大学学报（人文社会科学版）》2003 年第 1 期，第 73—79 页。

魏志江：《清鲜“丁卯胡乱”和“丙子之役”考略》，金健人编：《韩国研究（第七辑）》，学苑出版社，2004 年，第 247—264 页。

汤开建、黄春艳：《明清之际西洋钟表在中国的传播》，《暨南史学（第四辑）》，2005 年，第 305—309 页。

刘为：《试论摄政王多尔衮的朝鲜政策》，《中国边疆史地研究》2005 年第 3 期，第 91—149 页。

葛兆光：《从“朝天”到“燕行”——17 世纪中叶后东亚文化共同体的解体》，《中华文史论丛》2006 年第 1 期，第 29—58 页。

葛兆光：《预流、立场与方法——追寻文史研究的新视野》，《复旦学报（社会科学版）》2007 年第 2 期，第 1—14 页。

杨雨蕾：《18 世纪朝鲜北学思想探源》，《浙江大学学报（人文社会科学版)》2007 年第 4 期,第 85—93 页。

葛兆光:《揽镜自鉴——关于朝鲜、日本文献中的近世中国史料及其他》,载《复旦学报(社会科学版)》2008 年第 2 期,第 2—9 页。

孙卫国:《传说、历史与认同:檀君朝鲜与箕子朝鲜历史之塑造与演变》,《复旦学报(社会科学版)》2008 年第 5 期,第 19—32 页。

石少颖:《仁祖时代朝鲜对后金(清)交涉史研究(1623—1649)》,山东大学历史文化学院博士学位论文,2008 年。

董少新、黄一农:《崇祯年间招募葡兵新考》,《历史研究》2009 年第 5 期,第 65—86 页。

吴文亮:《朝鲜朝末期国文小说中的满洲族形象研究——以〈朴氏夫人传〉与〈林庆业传〉为中心》,延边大学朝鲜—韩国学学院硕士学位论文,2009 年。

米彦青:《清代蒙古诗人博明与其〈义山诗话〉》,《内蒙古大学学报》2009 年第 5 期,第 88—91 页。

葛兆光:《从"西域"到"东海"——一个新历史世界的形成、方法及问题》,《文史哲》2010 年第 1 期,第 18—25 页。

吴航:《百年来清代南明史撰述与研究的回顾》,《中国史研究动态》2011 年第 1 期,第 34—42 页。

王荔:《清代蒙古族诗人博明研究述评》,《文学界》2012 年第 6 期,第 191 页。

王鑫磊:《韩国汉文文献〈随槎录〉的史料价值——兼谈朝鲜王朝的"小中华意识"》,《复旦学报(社会科学版)》2013 年第 5 期,第 27—29 页。

朱则杰、卢高媛:《清代八旗诗人丛考》,《苏州大学学报》2013 年第 2 期,第 125—128 页。

葛兆光：《文化间的比赛：朝鲜赴日通信使文献的意义》,《中华文史论丛》2014 年第 2 期,第 1—62 页。

张金奎：《明初倭寇海上三角“贸易”略论》,《求是学刊》2014 年第 1 期,第 152—156 页。

方华玲：《博明生卒年份考辨》,《石家庄学院学报》2014 年第 1 期,第 9—11 页转 18 页。

曾磊：《朝鲜〈续明史〉史学思想研究》,《南昌教育学院学报》2014 年第 6 期,第 25—29 页。

赵维国：《朝鲜汉文小说〈林将军传〉成书、版本考述》,《中华文史论丛》2016 年第 2 期,第 277—305 页。

吴大昕：《朝鲜己亥东征与明朝望海埚之役——15 世纪初东亚秩序形成期的“明朝征日”因素》,《外国问题研究》2017 年第 1 期,第 46、48 页。

陈开来：《“自鸣钟”与近代中国社会的变迁》,《文化遗产》2018 年第 2 期,第 145 页。

王鑫磊：《朝鲜王朝初期“向化倭人”平道全研究》,《韩国研究论丛》2018 年第 2 辑(总第三十六辑),第 109—125 页。

王鑫磊：《朝鲜尊周学者黄景源及其〈南明书〉撰著》,《南开史学》2020 年第 1 期,第 64—80 页。

王鑫磊：《朝鲜燕行使的蒙古族友人博明》,《复旦学报(社会科学版)》2023 年第 1 期,第 102—112 页。

王鑫磊：《自鸣钟初传朝鲜半岛及其反响》,《国家航海》第 33 辑,2024 年,第 86—97 页。

王鑫磊：《箕子墓与朝鲜王朝箕子文化建构》,《海洋史研究》第 22 辑,2024 年,第 484—506 页。

韩文

张德顺：《丙子胡乱을 前后한 战争小说》,《人文科学》1959

年第 5 辑，第 29—50 页。

李鉉淙：《朝鲜初期向化倭人考》，歷史教育研究会編：『歷史教育』（第 4 輯），1959 年，第 20—48 页。

尹荣玉：《林庆业传研究》，《国语国文学研究》1973 年第 15 辑，第 25—42 页。

徐大锡：《林庆业传研究》，《韩国学论丛》之《霞城李瑄根博士古稀纪念论文集》，1974 年，第 368—371 页。

李章熙：《丁卯丙子胡乱义兵考》，《建大史学》1974 年第 4 辑，第 15—36 页。

崔韶子：《胡乱与朝鲜对明清关系的变迁——以事大交邻问题为中心》，《梨大史苑》1975 年第 12 辑，第 29—55 页。

金钟圆：《丁卯胡乱时后金出兵动机》，《东洋史学研究》1978 年第 12—13 辑，第 55—70 页。

李庆善：《林庆业의 人物・遗迹・传说의 调查研究》，《汉阳大学校论文集》1979 年第 13 辑，第 13—35 页。

边炳善：《壬・丙两乱과 历史小说-壬辰录・林庆业传・朴氏传을 中心으로 한 历史小说의 类型分析과 그 小说史的意义》，高丽大学校国语国文学课硕士学位论文，1983 年。

朴珠：《17 세기 旌表政策에 대한 研究》，《国史馆论丛》1989 年第 4 辑，第 125—162 页。

车文燮：《朝鲜后期兵马防御营设置考》，《国史馆论丛》1990 年第 17 辑，第 105—132 页。

朴珠：《18 세기의 旌表政策》，《国史馆论丛》1991 年第 22 辑，第 261—297 页。

金粉淑：《韩・日英雄像의比较-林庆业과源义仲을中心으로-》，东亚大学校附设石堂传统文化研究院：《石堂论丛》1991 年第 17 辑，第 231—246 页。

金光重：《韩末爱国启蒙运动期의尚武教育에 대하여》，《国史馆论丛》1991年第23辑，第77—106页。

임유경(任侑炅)：《英祖朝四家의文學論研究：李天輔、吳瑗、南有容、黃景源》，梨花女子大学硕士学位论文，1991年。

赵炳鲁：《交通发达에 관한研究》(朝鲜后期交通发达研究)，《国史馆论丛》1994年第57辑，第115—158页。

송재웅，《朝鮮初期向化倭人研究》，韓國中央大學歷史學碩士學位論文，1996年。

임유경(任侑炅)：《황경원의〈명배신전〉연구》，《한국고전연구》第8卷，2002年，第7—30页。

백진우(白晋宇)：《江漢黃景源의고문인식과창작의실제양상》，《동양한문학연구》第21卷，2005年，第107—132页。

金钟博：《明清交替期中韩关系之变化与小中华论》，《中国学论丛》，2006年第22辑，第329—340页。

한문종(韩文钟)，《조선초기의向化倭人과李藝》，《韓日關係史研究》(第28輯)，韓日關係史學會，2007年，第89—116页。

朴文烈：《충주 忠烈祠의 소장 유물에 관한 연구》，《书志学研究》47，韩国书志学会，2010年，第93—127页。

정은주(郑恩主)：《중국사행에서姜世晃의 詩畵 창작과 인적 교유》，한국미술사학회 편：《표암 강세황：조선후기 문인화가의 표상》，경인문화사，2013年，第110—136页。

김동준(金东俊)：《黃景源漢詩를통해본신념과감성，의리와시의상관성에대하여》，《민족문화》第42卷，2013年，第97—141页。

이은영(李恩英)：《黃景源의시에나타난對明義理의양상과성격》，《동양한문학연구》第36卷，2013年，第215—238页。

안순태(安淳台)：《영조조동촌파의교유양상과교유시-오

원,남유용,이천보,황경원을중심으로》,《한국한시연구》第 21 卷,2013 年,第 185—217 页。

우경섭(禹景燮):《조선후기지식인들의南明王朝인식》,《한국문화》第 61 卷,2013 年,第 133—155 页。

한문종(韩文钟),《조선초기向化倭人皮尙宜의대일교섭활동》,《韓日關係史研究》(第 51 輯),韓日關係史學會,2015 年,第 71—94 页。

한문종(韩文钟),《조선초기대마도의向化倭人平道全-대일교섭활동을중심으로-》,《軍史研究》(第 141 輯),陸軍軍史研究所,2016 年,第 7—25 页。

최다정(崔多情):《몽골족 博明과 조선 연행사의 교유 양상 연구》,载《藏書閣》第 45 期,韩国学中央研究院,2021 年,第 366—367 页。

日文

今西龙:「箕子朝鲜传说考」,『支那学』第二卷第 10、11 期,1922 年,第 44—90 页、第 27—50 页。

田村洋幸:「中世日朝貿易の問題点 - 特に平道全を中心として - 」,『経済経営論叢』(13 - 3),京都産業大學,1978 年,第 19—43 页。

苏在英:「壬辰丙子两乱を中心とした文学意识の变迁过程」,『朝鲜学报』94,朝鲜学会,1980 年,第 55—62 页。

有井智德:「李朝初期向化倭人考」,『村上四男博士和歌山大學退官記念朝鮮史論文集』,開明書院,1982 年,第 275—362 页。

関周一:「対馬・三浦の倭人と朝鮮」,『「地域」としての朝鮮—「境界」の視点から(朝鲜史研究会论文集・第 36 集)』,緑蔭書房,1988 年,第 89—115 页。

早坂功:「和時計の文化史: 時計のデザイン史(2)」,『デザイン学研究(第 78 号)』,日本デザイン学会,1990 年,第 30—31 页。

松尾弘毅:「朝鮮前期における向化倭人」,『史淵』(第百四十四輯),九州大学大学院人文科学研究院,2007 年,第 25—54 页。

后　记

在“倾盖如故”这样一个话题下，令我最有感触的是，在东亚各国的历史上，不同国家的人与人之间，曾经并不需要那么费劲和用力，就可以达到一种“倾盖如故”的状态，这着实令人羡慕和向往。但是，转换到当下的时空中，这样一种人与人交往时“倾盖如故”的可能性，似乎正变得越来越低。从某一时刻起，东亚各国之间的关系，开始进入了一个渐行渐远、分道扬镳的过程。但是，这样一个过程，难道就不可逆了吗？我相信其并非不可逆，并且愿意尽己所能地为扭转这种趋势而做出自己的努力，如果说这是我的学术理想，大体也不为过。

我期盼未来有这样的场景出现：

有一天，朝鲜或韩国网友和中国网友心平气和地谈论箕子的问题，“你知道吗？你们国家以前有个箕子墓，后来被推平了。”“我知道，箕子是你们中国来的嘛，过去我们很尊敬他，所以做了他的墓，不过那是假的，里面并没有箕子。”“你知道吗？现在平壤还有箕子庙哦。”“是吗？我和你一样想去看看！”

有一天，日本网友和韩国或朝鲜网友聊起平道全，“你们知道平道全吗？他是日本人，但是过去在朝鲜王朝做过官，还帮你们打过日本海盗。”“我知道，可是后来朝鲜王朝要打对马岛，他反对，结果被流放到平壤了。他还是对日本有感情吧。”

有一天，韩国或朝鲜网友和日本网友讨论丰臣秀吉国书的真假，"你知道你们历史书上写的秀吉国书，其实不是我们国王当年收到的那封吗？""我听说了，好像是当时对马岛的人为了不让你们的使节不高兴，就改了几个字吧。哈哈！"

有一天，中国网友可以和韩国或朝鲜网友这样调侃，"你们真有文化自信，当年自鸣钟那么好的东西传到你们国家，你们居然看不上，还贬低人家不如你自家滴漏时计。""也不全是自信，其实我们那个时候就是太穷了，用不起那种高级货，大概就是吃不到葡萄说葡萄酸呗。"

有一天，韩国或者朝鲜网友向中国网友介绍林庆业，"我们国家有个英雄叫林庆业，我们称他林将军，就跟你们那个岳飞一样，精忠报国，最后被奸人所害。""我知道，那个林庆业当年帮着咱明朝一起打仗来着，后来还直接跑中国来参加战斗呢，不仅是民族英雄，还是国际主义战士。握手握手！"

有一天，中国网友向韩国或朝鲜网友打听黄景源这个人，"我最近听说个事，我们国家历史上那个'南明'，最早的著作冠名权是被你们国家一个叫黄景源的人注册的？""哈哈，咱家黄景源写了一本书叫《南明书》，那个时候你们国家还在搞文字狱，写书压根儿不敢用那个词儿做标题，这能怪谁？嘿嘿！"

有一天，韩国或朝鲜网友跟中国网友谈起一个叫博明的人，"今天逛博物馆看到一个特展，展出的扇面、书帖、绘画、匾额啥的，落款都是一个叫博明的，是个中国人，他怎么有这么多东西留在我们这边？""这都是当年他送给朝鲜半岛上朋友的礼物啊，他可厉害了，那个时候估计你们国家一半的文人，都在他的好友列表里。"

有一天，中国网友考韩国或朝鲜网友一个冷门的历史人物——卢以渐，"知道清朝时候你们那边有个叫卢以渐的人不？60 多岁了，还跟着使团来北京旅游。""知道，卢以渐本来在我们这边没啥名气,后来有人发现他写的一本书,里面有他和博明整整两天的聊天记录,然后他就火出圈了。"

写到这里,突然意识到,作为一本学术专著,这样写是不是太不严肃了?但是,我还是想保留这些文字。也许有人会说,严谨的学术研究的成果,最终只是提供一些茶余饭后的谈资,是不是太掉价了?而我想说的是,阳春白雪,下里巴人,并非不能是同一事物的一体两面。

"白头如新,倾盖如故",回到这句话上来,就当下的状况而言,东亚国家之间的关系,如若比喻成人与人的关系,正符合"白头如新"之所指,历时之悠久无需赘言,但彼此相知之程度,却如新近结交那样浅薄。而最要命的是,彼此间加深相知和理解的主观意愿已经十分淡漠了。

假如有一天前述臆想式的对话情景成为现实,我愿称之为暌违已久的"倾盖如故"的回归,只有那种建立在真正彼此了解基础上的交流,才有可能拉近彼此心灵的距离。也只有人与人之间"倾盖如故"的实现,才会有国家之间关系的改善和拉近,才有可能扭转东亚国家间"渐行渐远"的趋势。

为了我大言不惭所说的学术理想,我脚踩大地,仰望星空,希望有那么一天,东亚世界的各国之间、人与人之间,都能够从当下的"白头如新",重新回归到"倾盖如故"的美好状态。毕竟,梦想总是要有的,万一哪一天就实现了呢?

王鑫磊

2024 年 10 月 9 日

于上海青浦家中

图书在版编目(CIP)数据
倾盖如故:人物研究视角下的近世东亚海域史/王鑫磊著. --上海: 复旦大学出版社,2024. 11.
ISBN 978-7-309-17676-6
Ⅰ. K833. 1
中国国家版本馆 CIP 数据核字第 20245GL379 号

倾盖如故:人物研究视角下的近世东亚海域史
王鑫磊 著
责任编辑/关春巧

复旦大学出版社有限公司出版发行
上海市国权路 579 号 邮编: 200433
网址: fupnet@ fudanpress. com http://www. fudanpress. com
门市零售: 86-21-65102580 团体订购: 86-21-65104505
出版部电话: 86-21-65642845
上海盛通时代印刷有限公司

开本 890 毫米×1240 毫米 1/32 印张 9. 875 字数 230 千字
2024 年 11 月第 1 版
2024 年 11 月第 1 版第 1 次印刷

ISBN 978-7-309-17676-6/K · 850
定价: 70. 00 元